주권자 국민이 만든다,
제7공화국

박 승 옥

기적의 마을책방

박승옥

충남 논산에서 태어나 돌베개출판사 편집장, 녹색평론 편집자문위원, 한겨레두레협동조합연합회 회장, 서울시민 햇빛발전협동조합 이사장 등을 역임했고, 지금은 충남 공주 사곡면에 있는 햇빛학교 이사장 일을 하며 수행하고 있습니다.

주권자 국민이 만든다, 제7공화국

목차

제1장_ 위대한 제1호 헌법기관

제2장_ 국민발의-국민소환제 헌법개정, 어떻게 가능할까

제3장_ 국민이 깨어나고 있습니다

제4장_ 국가주의에서 국민주의로

제5장_ 시민혁명과 체제전환, 제7공화국의 때가 도착했습니다

제6장_ 미래를 먼저 사는 사람들

마치고 광장으로! : '탈환'과 '점령'의 때가 왔습니다

제1장

◇◇◇◇◇◇◇◇◇◇◇◇

위대한 제1호 헌법기관

1장 위대한 제1호 헌법기관

위대한 국본(國本)님께

이 글은 지금 여기 대한민국 최고의 권력자, 국가의 근본이라는 뜻으로 위대한 국본(國本)에게 드리는 헌사입니다. 누구보다도 가장 존귀한 지존(至尊)에게 올리는 상소문입니다. 대한민국의 주인에게 바치는 제안문입니다.

이미 임계점을 지나 널뛰기하고 있는 기후지옥 비상사태, 극단의 불평등, 거대 행성의 돌진처럼 급속하게 다가오고 있는 초지능(SI, Super Intelligence) 등장을 목전에 두고, 기후지옥-불평등-초지능 세계의 적응과 극복 대책을 마련할 수 있는 유일한 주체는 지존인 국본뿐이라는 절박한 호소문입니다.

극에 달한 불평등을 해결하기 위해서는 대전환이 필요하다고 직접행동을 촉구하는 격문입니다. 극소수 엘리트 기득권자들에게 정치와 행정, 사법을 위임하는 어리석은 오늘날 한국의 대의정 정치, 사실상의 왕정 체제인 제6공화국을 과감하게 쓰레기통에 처박아버리고, 이제는 스스로 나서서 직접 민주주의 정치를 통해 제7공화국을 수립해야 하며, 수립할 수 있는 능력과 힘이 있다고 설득하는 요청서입니다.

혁명과 정치-경제-사회 체제의 전환을 뛰어넘어 새로운 세상을 만들자는 사발통문입니다.

주권자 국민이 만든다, 제7공화국

주권자, 국민, 시민, 인민.

그렇습니다. 대한민국 헌법 제1조가 명시하고 있듯이 대한민국의 주권은 국민에게 있고, 대한민국의 모든 권력은 국민으로부터 나옵니다. 국민 곧 시민이 대한민국의 최고 권력자이자 국본, 지존, 왕, 수령입니다. 국가의 주인이자 모든 국가 서사의 주인공입니다.

주권자 국민은 대한민국의 현재와 미래를 좌지우지할 수 있는 **〈원천 권력〉**을 갖고 있습니다. 대한민국의 정치, 경제, 사회, 문화 등 모든 분야의 결정권도 쥐고 있습니다. 권력과 돈 가진 자들의 탐욕과 무지, 부정과 부패가 켜켜이 두껍게 쌓이고 쌓여 도저히 수선 불가능한 대한민국의 현 체제를 완전히 뒤집어 엎을 수 있는 힘을 보유하고 있습니다. 눈을 뜨고 앞으로 나아가 당장 지금 여기 고속으로 기후 집단자살의 절벽을 향해 질주하는 '설국열차'를 멈춰 세울 수 있는 수단도 갖고 있습니다.

대한민국의 제1호 원천 헌법기관은 국민입니다.

구한말 서구의 충격 이래 근대 국민국가 개념이 도입되면서 조선에서 주권자를 지칭하는 용어는 영어의 피플(people)을 번역한 인민이었습니다. 일제 강점기 내내 그리고 해방 후 6.25동란[1] 이전까지도 국민이라는 국가주의 용어보다는 대부분 인민이라는 용어가 널리 사용되었습니다[2].

그런데 21세기 지금 여기 한국에서는 인민이란 말을 듣자마

---

1 이 글에서는 한국전쟁 대신 6.25동란이라는 용어를 씁니다. 주권자 국민의 입장에서는 1950년 6월 25일 북한의 전면 남침으로 일어난 전쟁은 목숨이 오락가락하는 난리가 일어난 '동란(動亂)'이었고, 변고가 일어난 '사변(事變)'이었습니다.
2 인민, 국민, 시민의 개념에 대해서는 박명규, 『국민·인민·시민: 개념사로 본 한국의 정치 주체』, 소화, 2009. 참조.

자 이거 빨갱이 용어 아냐 하며 많은 사람들이 거부감이나 두려움을 느낄 것입니다. 이러한 거부감과 두려움으로부터 자유와 해방을 되찾아야 진정으로 자유로운 주권자 국민국가와 공동체 사회는 가능해집니다.

인민이란 용어는 1948년 대한민국 헌법 초안에서도 사용했고, 대한민국 정부 〈재건〉[3] 후에도 대통령인 이승만의 공식 담화문에서조차 버젓이 썼던 말이었습니다.[4] 인민이란 말은 그나마 "인민의 인민에 의한 인민을 위한 정부는 지상에서 영원히 사라지지 않을 것"이라는 링컨의 유명한 게티즈버그 연설문을 통해 숨통이 끊어지지는 않고 근근이 명줄을 이어왔습니다. 지금도 '인민주권론'이라고 하지 국민주권론이라고는 하지 않습니다.

그럼에도 인민이란 용어는 거의 학살된 용어나 마찬가지입니다. 까닭은 단순합니다. 북한에서 쓰는 빨갱이 용어라는 게 그 이유입니다. 제헌 헌법을 기초했던 유진오는 좋은 우리 말 하나를 빼앗겼다고 한탄했습니다.[5]

주권자 인민이란 오직 '위대한 수령' 한 사람의 올바른 지도에 의해서만 역사 발전의 주체가 될 수 있는 북한식 수동의 인민대중 개념과는 완전히 다릅니다. 북한의 인민은 결사의 자유

---

3 제헌 헌법 전문은 1948년의 정부 수립은 1919년 건국한 대한민국을 '재건'한 것임을 분명히 하고 있습니다. "유구한 역사와 전통에 빛나는 우리들 대한민국은 **기미 3·1운동으로 대한민국을 건립**하여 세계에 선포한 위대한 독립 정신을 계승하여 이제 **민주 독립 국가를 재건**함에 있어서..."(국회, 법률정보시스템)
4 박승옥, 「동무, 인민… 언어의 종다양성을 위해」, 〈전태일통신 10〉, 프레시안, 2005. 12. 6.
5 "결국 우리는 좋은 단어 하나를 공산주의자에게 빼앗긴 셈입니다."(유진오, 『헌법 기초 회고록』, 65쪽, 일조각, 1980.)

도 없이 동원의 대상으로 존재하는 피지배 다중(多衆) 객체일 뿐입니다. 자유가 없는 사회와 국가의 인민은 자유인이 아니라 국가의 노예에 지나지 않습니다.

인민이란 말의 역사에 관해서는 이 책 맨 뒤의 붙임 동무, 인민이란 말을 되찾아야 사상이 꽃 핍니다 를 참조하시기 바랍니다.

이 글에서는 이런 거부감을 고려해 인민이란 말은 될 수 있으면 사용하지 않고, 국민과 시민이란 용어를 주로 씁니다.

주권자 국민이 대한민국의 권력자이고 수령, 왕, 국본, 지존이라는 너무도 자명한 사실의 환기로부터 이 글은 시작합니다.

결코 대통령이나 장관, 국회의원, 검사와 법관들이 대한민국의 권력자나 주인이 아닙니다. 대한민국 헌법 전체 조문 중에서 권력이란 말은 오직 단 한 번만 나옵니다. 1조 2항 "모든 권력은 국민으로부터 나온다." 이처럼 대한민국 헌법은 첫 조항에서부터 권력의 원천은 주권자임을 명확하게 선포해놓고 시작합니다. 나머지는 모두 주권자가 위임한 권한(權限)만 가질 뿐입니다. 말 그대로 대통령이란 제한된 사무를 보는 자입니다. 그래서 대통령 '권력 대행'이라고 하지 않고, '권한 대행'이라고 합니다.

입법, 사법, 행정부의 3~5년짜리 단기 기간제 공무원들은 주권자인 국민이 잠시 권한을 위임한 국민의 대리인, 비서, 서기, 공복(公僕)에 지나지 않습니다.

공산당이 당의 최고 지도자를 서기나 비서로 명명한 것은 인민이 주권자임을 충실하게 반영한 표현이었습니다. 김일성과 모택동과 레닌 모두 당의 직함은 서기, 비서였습니다. 그런데 현실 사회주의 국가에서 인민의 비서에 불과한 자들이 거꾸로 인민 위에 올라선 최고 권력자, 독재자로 변질되는 것은 순식간이었습니다.

절대 권력을 휘두르는 북한의 수령이나 중국의 국가 주석도 사실 형식상으로는 인민의 비서일 뿐입니다. 심지어 북한의 수령은 조선 시대 임금보다 더 막강한 세습 왕조 체제의 절대자, 절대 수령입니다. 2016년부터 2020년까지 잠시 북한 노동당에서 비서라는 직함이 사라진 적이 있긴 했습니다. 그러나 2021년 1월 북한 노동당 제8차 당대회는 다시 비서국을 부활시켰습니다. 김정은은 인민의 비서라는 직함으로 원대 복귀했습니다.

북한 헌법 제4조는 엄연히 조선민주주의인민공화국의 주권은 노동자, 농민, 군인, 근로 인테리를 비롯한 근로인민에게 있다고 규정하고 있습니다.

한국의 주권자 국민은 77년 동안 5번이나 독재자를 내쫓고 민주주의를 지켜왔습니다

이승만, 박정희, 전두환 등 남한의 대통령 또한 북한의 수령 못지않은 절대 독재 권력을 휘둘렀습니다.

그러나 대한민국과 조선민주주의인민공화국이 확연하게 구별되는 대단히 중요한 차이점이 하나 있습니다. 남한 국민의 민주주의에 대한 깨어 있는 의식과 집단 저항입니다. 1948년 대한민국이 재건되고 지금까지 80여 년도 채 안 되는 77년 동안 한국 국민은 5번이나 독재자를 내쫓아버렸습니다. 5번째는 이 글을 쓰고 있는 지금 이 순간 진행 중입니다.

역사를 되짚어 성찰해보면 불평등이 극에 달하고 민주주의가 무너지려고 하는 바로 그 순간 주권자 국민은 경외감에 사로잡히지 않을 수 없는 놀라운 각성과 집단행동의 분출을 대폭발처럼 보여주었습니다. 잠자고 있는 것만 같았던 주권자의 의식과 행동은 놀랍게도 어느 순간 동시에 집단으로 깨어나 손에 손을 맞잡고 죽음을 불사한 시위와 집회, 공동선의 헌신과 자비행으로 물불 가리지 않고 광장정치의 소용돌이 속으로 뛰어 들어갔습니다. 역사라는 공동의 문을 열고 역사 속으로 밀고 들어갔습니다.

6.25동란이 끝나고 1953년 마침내 휴전이 되었습니다. 이후 한국 사회는 빨갱이 사냥의 광풍이 전 국민을 공포에 몰아넣고 짓눌러 왔습니다. '땃벌떼'같은 관제 폭력조직을 제외하고는 거의 모든 사회운동이나 집단행동이 간첩이나 빨갱이들의 준동으로 낙인찍혀 아예 사라져버리고 말았습니다. 한국 사회에서 빨갱이란 용어는 지금까지도 곧 배제와 처벌, 고문과 죽음을 의미합니다.

그런데 7년이 지난 1960년 4월 기적같은 민주주의 혁명이 일어났습니다. 이승만 독재정권의 3.15 부정선거에 맞서 다름 아닌 10대 중학생이 분연히 일어선 것입니다. 중학생의 시위는 급기야 전국에 걸친 시위로 순식간에 확산되었습니다. 미국으로부터도 버림받은 이승만은 권력의 자리에서 쫓겨나 하와이로 망명할 수밖에 없었습니다.

피끓는 청소년들의 정의감과 목숨을 건 저항의 직접 민주주의 정치 행동이 대한민국의 민주주의와 피폐해질대로 피폐해진 시민의 삶을 구했습니다.

4.19혁명 직후인 1960년 6월 15일 3차 헌법개정으로 제2공화국이 출범합니다. 단 11개월만에 끝난 역대 최단명 공화국입니다. 제2공화국은 의원내각제를 채택한 공화국이었습니다.

1961년 5월 16일 박정희의 군사쿠데타 내란이 일어납니다. 대한민국 1호 쿠데타입니다. 6.25동란과 함께 지금까지도 생생하게 국민의 마음 깊은 곳 구석구석까지 트라우마로 남아 있는 군대 폭력이 국가 폭력으로 합법화되는 헌정 중단 사태였습니다.

박정희는 1962년 5차 헌법개정을 통해 대통령 중심제를 채택한 제3공화국을 출범시킵니다. 1972년에는 쿠데타를 또 일으켜 이른바 '10월 유신'의 7차 헌법개정을 통해 자신이 종신 대통령이 되는 제4공화국, 유신체제를 만듭니다. 북한의 김일성 독재와 대만의 총통 영구독재 제도를 그대로 본뜬 그야말로 박정희 절대왕정 독재 체제였습니다. 8년 내내 긴급조치가 발동되는 '겨울 공화국' 철권통치의 시기였습니다. 유신이란 말은 일본의 메이지 유신을 추종해서 따온 용어입니다. 창씨 개명으로 타카기 마사오가 된 일본 육사 출신다운 작명이었습니다.

그런 박정희도 청와대 근처 안가에서 '소행사'[6]를 벌이다가 1979년 부산-마산 시민의 대규모 유신반대 시위가 격발시킨

---

6 김순희, 「김재규 변호인 안동일 변호사가 털어놓은 '대통령의 사생활」, 『신동아』, 2005. 12. 14.

중앙정보부장 김재규의 권총에 맞아 즉사해 죽었습니다. 5.16 군사반란으로부터 18년의 장기집권은 그렇게 주권자 국민의 힘으로 하룻밤 사이 끝나버렸습니다.

박정희의 뒤를 이어 1979년 12.12 군사쿠데타 내란을 일으킨 전두환은 1980년 8차 헌법개정으로 제5공화국을 출범시킵니다. 전두환은 박정희와 똑같이 체육관 선거로 종신 제왕 대통령을 꿈꾸었습니다. 그러나 그도 1987년 전국에 걸쳐 시민들이 들고 일어난 대규모 6.10항쟁 시위로 직선제 개헌을 받아들이고 권좌에서 물러날 수밖에 없었습니다.

이명박근혜의 저강도 유사 독재 체제도 마찬가지로 2016/2017년의 끈질긴 비폭력 촛불시위로 무너지고 말았습니다.

1987년 직선제 개헌과 함께 제6공화국이 출범했습니다. 대통령의 임기는 5년 단임으로 제한되었습니다. 이제 한국에서 대통령의 장기집권은 헌법의 틀 내에서는 불가능해졌습니다. 적어도 대부분의 국민이 그렇게 생각했습니다.

1980년 5.18 '윤석열 비상계엄'을 진압한 2024년 12.3 '신세계 시민혁명'

2024년 12월 3일 화요일 밤 10시 23분. 갑자기 대통령 윤석열이 생중계로 대국민 긴급 담화를 발표했습니다. 그는 전매특허인 '격노'의 격앙된 목소리로 국회와 국회의원들을 종북 반국가세력으로 공격하더니 느닷없이 비상계엄을 선포했습니다.

10시 27분이었습니다. 거의 모든 국민이 어 이게 뭐야? 이거 딥페이크 아냐? 이거 진짜야? 하며 귀를 의심했습니다.

그런데 사실이고 현실이었습니다. 쿠데타 진압 이후 양파 껍질처럼 드러나는 사실들을 보면 윤석열은 전현직의 극소수 최측근 군 장성들, 대통령실 보좌관들과 적어도 1년 전부터 비상계엄을 치밀하게 기획하고 준비했습니다. 내란이 성공했다면 윤석열은 비상계엄과 긴급조치를 남발하면서 박정희-전두환 버금가는 종신 대통령이 될 수 있었습니다. 1980년 전두환의 쿠데타를 모방한 2024년의 윤석열 쿠데타였습니다.

윤석열은 심지어 북한을 도발해 남북 간 전쟁까지 일으키고자 했습니다. 하마터면 6.25동란같은 전쟁이 또다시 일어날 뻔한 위험천만한 순간이었습니다. 수백만의 시민을 죽음으로 내모는 전쟁이라니... 시민들은 윤석열이 이런 일까지 꾸미면서 친위 쿠데타를 일으키리라고는 상상조차 하지 못했습니다.

내란 수괴 윤석열은 12월 4일 새벽 4시 27분 비상계엄 해제 선언을 하기까지 정확히 6시간 동안 온 국민에게 평생 잊지 못할 비상계엄령과 군사쿠데타의 기억을 선물했습니다. 역사책에 길이길이 기록되고 전수될 내란과 주권자 민주주의 시민혁명의 경험을 던져주었습니다. 지금 와서 돌이켜 생각하면 전 국민에게 크리스마스 선물꾸러미를 선결제해 준 '선행'이 아닐 수 없습니다.

비상계엄 속보를 듣자마자 수많은 시민이 한밤중임에도 하던 일을 멈추고 급히 택시나 전철, 버스, 자가용을 타고 국회 앞에 모여들었습니다. 비상계엄 선포 소식을 듣자마자 고등학생들도 교복을 입고 한달음에 여의도 국회의사당으로 뛰어왔습니

주권자 국민이 만든다, 제7공화국

다. 서울시가 한국통신(KT)의 휴대전화 위치 추적을 통해 누리집에 공개하는 '생활인구' 통계에 따르면 순식간에 적어도 1만 6천 명 이상이 계엄군의 국회 진입을 막기 위해 달려왔습니다. 놀라운 일이었습니다.

국회 앞으로 가지 못한 국민들도 한숨도 잠을 안 자고 시시각각 실시간 중계 방송을 보거나 국회 앞에 있는 가족, 친구, 지인들과 SNS로 현장 영상과 속보를 공유하며 이들을 응원하고 지원했습니다. 잠들 수 없는 밤이었고, 뒤늦게 깨어난 시민도 실시간 생중계에서 눈을 뗄 수 없었던 쿠데타 의 깜깜한 밤이었습니다.

시민들은 쿠데타군의 총부리를 맨손으로 잡으면서까지 죽음을 각오하고 쿠데타군의 국회 진입을 가로막았습니다. 쿠데타군의 장갑차를 에워싸고 아예 움직이지도 못하게 만들었습니다. 수천수만 수십만 명의 시민을 무차별 학살하지 않는 한 쿠데타는 성공할 수 없었습니다.

2024년 명령에 따라 출동한 쿠데타군은 44년 전인 1980년 5.18 당시 '국민의 군대'가 아니라 전두환 하나회 일당의 사병들이었던 쿠데타군과 백팔십도 달랐습니다. 전두환의 쿠데타군은 주권자인 광주 시민에게 무차별 발포를 해 수많은 광주 시민을 학살했습니다. 지금도 그 트라우마는 지속되고 있습니다.

한강의 노벨상 수상은 그런 광주 학살의 트라우마에 대해 길고 긴 집단 치유 과정의 기념비와도 같은 이정표였습니다. 기가 막히게도 쿠데타가 일어나기 직전인 10월 10일 한강 작가의 노벨상 수상 발표가 있었습니다. 이 또한 놀라운 일이었습니다.

더구나 하필이면 기가 막히게도 1979년 12.12 전두환의 군사쿠데타를 다룬 영화 「서울의 봄」이 2023년 11월에 개봉돼 2024년 초까지 단숨에 1,300만 관객을 돌파하는 대기록을 세 웠습니다. 10대에서 30대까지 청년들의 관심이 폭발했고, 주 관객층 또한 이들이었습니다. 주인공 전두환을 '전두환 미친X' 을 연상시키는 전두광으로 명명한 것도 기가 막힌 시대의 예언 이었습니다.

　아직도 여전히 광주민중항쟁은 북한에서 침투한 간첩들이 일 으켰다고 가짜뉴스를 끊임없이 유포하고 선동하는 극우 유튜버 들이 있습니다. 그걸 또 사실로 믿는 사람들도 적지 않습니다.

　광주 현장에 있지도 않았던 지만원 같은 자가 그렇습니다. 그 는 멀쩡한 광주 시민을 북한 특수군이라고 지목하고, 천주교 광 주대교구 정의평화위원회에 대해 공산주의자들이라고 주장했 습니다. 마침내 2023년 1월 12일 대법원은 당시 81세이던 지 만원에 대해 명예훼손으로 징역 2년 확정 판결을 내렸습니다. 그는 고령임에도 죄질이 나빠 나흘 뒤인 1월 16일 감옥에 갇히 는 범죄자로 전락했습니다.

　스스로 보수주의자를 자처하는 조갑제는 광주항쟁에 대해서 만큼은 북한 간첩들이 일으킨 빨갱이들의 난동이 절대 아니라 고 자신있게 단언합니다. 1980년 5월 18일 일요일, 광주민중 항쟁이 발발하자마자 국제신문 기자였던 그는 즉시 병가를 내 고 광주로 달려갔습니다. 조갑제 기자는 목숨을 걸고 직접 눈 으로 생생하게 광주항쟁의 현장을 취재했습니다. 그는 당시 뼛 속까지 '참기자'였습니다. 이 일로 조갑제는 해직 기자가 됩니 다.

2024년 12월 3일 북한이 무력 도발을 일으킨 줄 알고 헬기를 타고 국회에 내린 밀레니엄(MZ) 세대 특전사 장병들은 속임수로 비상계엄에 동원되었다는 사실을 알고는 당황한 기색이 역력했습니다. 계엄군들은 헬기 기총소사도 하지 않았습니다. 그러기는커녕 특전사 대원들은 나름의 방식으로 쿠데타에 저항했습니다.

　일부는 편의점에서 라면을 먹으며 시간을 끌기도 하고, 느릿느릿 걸으면서 국회의원들을 체포하려는 시늉만 냈습니다. 애꿎은 국회 본관 유리창을 통통통 두드리며 한참 시간을 끌다 깨뜨린 뒤 국회 본회의장 진입을 시도하는 등 시간을 벌어 국회의 계엄 해제 의결을 도왔습니다.

　6시간 후 철수할 때는 고생했다며 격려하는 시민들을 향해 연신 죄송합니다 고개를 숙이기도 하고, 시민과 포옹을 하기도 했습니다.

　비상계엄이 해제되고 매일 수십만 명이 모인 탄핵 집회는 10대 20대 젊은 청년들의 재기발랄하고 새로운 케이팝 시위문화 공연장이었습니다. '전국 집에 누워있기 연합', '전국 해달은 수달이 아니야 협회', '전국 과체중 고양이 연합' 등등 풍자와 해학의 웃음을 자아내는 기발한 깃발들이 펄럭였습니다. 수십 수백만 명의 시민이 바람 불면 꺼지는 촛불 대신 바람 불어도 절대 꺼지지 않는 아이돌 응원봉을 들었습니다. 광장의 시민은 「다시 만난 세계」 등 케이팝 노래 가사를 바꿔 부르며 탄핵 집회를 흥겨운 축제의 현장으로 바꾸어 놓았습니다. 이보다 더 뜨겁고 열정이 넘치는 주권자 직접 민주주의 정치의 광장과 축제는 없을 것입니다.

이 또한 더더욱 놀라운 일이었습니다. 사실 모든 정치사회 운동은 늘 사람들의 생각을 뒤집어 엎는 새로운 문화운동, 문화혁명의 시작이기도 합니다.

2016/2017년 거리로 뛰쳐나와 촛불을 든 깨어있는 주권자의 시간은 한순간뿐이었습니다. 수많은 주권자가 모여 광장의 정치행동으로 권력자를 끌어내리는 데까지는 성공했습니다. 그러나 제7공화국 주권자 민주주의 시민혁명은 일어나지 않았습니다. 그저 청와대에 새로운 대통령을 입주시켜 권력자로 내세워 놓고는 각자의 칸막이 원룸으로 뿔뿔이 흩어져 버리고 말았습니다. 촛불은 꺼졌습니다. 촛불 비하 발언이 그래서 나온 것입니다.

시민의 직접 민주주의 촛불이 꺼지고 나면 어김없이 주권자는 사라지고, 구중궁궐 제왕 대통령의 깜깜하고 은밀한 정치, 여의도 엘리트 기득권 대의정이 정치의 주인으로 다시 반복해서 등장합니다.

그런데 2024년 대한민국의 광장정치 시민은 이전과는 완전히 달라진 주권자 국민이었습니다. 그들은 새로운 세상을 노래하면서 실제로 새로운 세상을 만들어 냈습니다. 광장정치의 시민은 다시는 윤석열같은 제왕이 등장할 수 없게끔 두더지 잡기 게임기 자체를 부숴버리고 있습니다. 6공 체제를 근본에서부터 허물어뜨리고 있습니다.

시민이 모인 국회 앞과 광화문 광장은 그리스 아테나이 시민이 만든 직접 민주주의 정치의 중심지 아고라(Agora)를 3천여 년이 지나 위대한 한국의 국본들이 재건하고 재현한 21세기 주권자 광장정치의 중심지로 탈바꿈되었습니다.

광장은 연결입니다. 네트워크의 네트워크의 다단계 결집입니다. 촛불이 꺼지고 흩어지고 해산되는 게 아니라 응원봉이 켜지고 결집하고 연결되는 재결속입니다. 나와 친구, 나의 나인 이웃 등과의 수많은 작은 모임과 카페 SNS 등 온오프 공동체에서 마침내 광장으로 대규모로 재연결된 민주정치의 거대한 다연발 폭발입니다.

전 세계의 언론과 정치인을 비롯한 거의 모든 지구촌 시민이 2번 연속해서 놀라고 충격을 받았습니다. 지구촌 시민들은 국민소득 세계 10위권인 한국에서 비상계엄이 선포된 사실에 놀랐습니다. 그리고 또 쿠데타를 진압한 한국 주권자의 비폭력 민주주의 정치와 집단저항 행동에 놀랐습니다.

친위 쿠데타는 권력을 가진 자가 권력 가용자원을 총동원해서 일으키기 때문에 대부분 성공합니다. 1972년 박정희의 10월 유신 친위 쿠데타가 그래서 성공했습니다. 1945년 이후 발생한 전 세계 46건의 친위 쿠데타 가운데 실패한 경우는 윤석열의 친위 쿠데타를 포함해서 단 4건뿐입니다.[7]

3건의 경우 권력자의 친위 세력 내부에 균열이 생기거나 군 장성들의 반기로 실패했습니다. 오직 대한민국만이 유일하게 주권자 국민의 집단저항으로 실패하고 말았습니다.

한국인들의 국민성과 유전자가 다른 국가나 민족보다 우월하다는 나치식 인종주의나 우월주의를 주장하고자 하는 게 아닙

---

7 임상훈, 「전 세계 쿠데타 연구자가 '윤석열 내란' 살펴보고 한 말」, 오마이뉴스, 2024. 12. 16.

니다. 문화에 선진과 후진은 없습니다. 문화는 그냥 서로 다를 뿐입니다. 선진문화 후진문화를 구분하는 것 자체가 서구 유럽과 미국을 앞선 문명국가로 미화하고 근대 산업화를 찬양하는 이데올로기에 지나지 않습니다.

모든 민족과 국가의 시민은 저마다 조금씩 결이 다르고 뚜렷이 구별되는 경로의존의 역사와 문화 속에서 각자 자신들의 지금 여기 역사와 문화를 창조해 나가는 크리에이터들입니다.

죽음을 불사하고 이처럼 불의에 저항하는 집단행동은 멀게는 19세기 후반 우리의 선조들인 당대 '지금 여기의 현존'들이 과감하게 들고 일어났던 광장의 집단행동과 연결되어 있습니다. 선조들이 선보였던 광장정치의 공동선과 자비행이 21세기 지금 여기 현존들에게서 되살아난 것입니다. 과거의 역사와 문화가 지금 여기 시민들과 대화하고 소통한 결과가 다름 아닌 광장정치의 축제입니다. 지금 여기 산 자들이 죽은 선조들을 다시 살려내고, 현재가 과거를 다시 소생시키고 재구성하는 역사 창조의 행위입니다.

동학농민혁명과 만민공동회, 조국의 자주독립과 해방을 위해 일제와 싸운 의병전쟁과 민족해방투쟁, 해방 후 독재에 저항한 4.19 혁명과 6.10 항쟁, 광주민중항쟁... 그들의 피를 토하는 외침이 면면히 이어져 내려와 지금 여기 현존들과 마음과 마음으로 소통하고 경청한 대화가 윤석열의 쿠데타를 무산시켜버렸습니다. 현재와 과거의 어깨동무가 비폭력 저항 행동의 강력한 힘으로 윤석열의 난을 진압했습니다.

목숨을 건 저항의 집단행동은 최고의 정치행동입니다. 그 다음 차례의 정치행동은 새로운 민주공화국을 건설하는 것입니다. 우리는 지금 그러한 최고의 순간 다음 날 새벽의 건설 현장에 서 있습니다.

시민의 광장정치가 역전시킨 윤석열의 난

전두환의 군사독재 체제가 무너지고 제6공화국이 들어서면서 국민들은 적어도 군사쿠데타와 내란만큼은 이제 불가능해졌다고 안심했습니다. 그런데 아니었습니다.

독재자의 딸이 등장해 박정희 유사 독재국가를 꿈꾸더니, 마침내는 손바닥에 왕(王)자를 쓴 이상한 대통령이 등장했습니다. 윤석열-김건희 부부는 보통 시민에게는 눈뜨고 볼 수 없는 왕과 왕비 놀음으로 수십 년 동안 국민이 피땀 흘려 축적한 국고를 텅텅 비게 만들었습니다. 국민의 고혈을 빠는 흡혈귀와 하나도 다를 바 없었습니다. 허구한날 술이나 퍼마시는 알코올성 치매 환자인 것 같았던 '장님 무사' 제왕 대통령은 치밀하고도 주도면밀한 준비를 거쳐 마침내 군사쿠데타를 시도했고, 다시 독재국가로 회귀할 내란을 획책했습니다.

대한민국 국가와 사회를 파괴하고 시계를 1979년으로 되돌려놓고자 했습니다.

1997년 대통령에 당선된 김대중이 1998년 내란 수괴 전두환-노태우 일당들을 사면한 그 씨앗이 26년이 지난 2024년 12.3 군사쿠데타로 발아한 것입니다. 전 재산 29만 1천 원인 전두환과 그 일당들은 국민으로부터 약탈한 엄청난 돈과 부동산을 쌓아두고 지금까지도 대를 이어 떵떵거리며 잘 살고 있습니다. 내란을 일으켜도 사형은커녕 오히려 편안히 더 잘 살 수 있다는 본보기, 그 뒤집혀진 정의가 만들어 낸 업보, 그것이 12.3 윤석열의 난입니다.

　야당에 대연정까지 제안하며 연대와 합작의 정치를 추구하고자 했던 노무현의 정치에서 교훈을 이끌어내지 못한 문재인의 무능이 윤석열이라는 괴물을 낳았습니다. 부동산 불평등을 극에 달하게 하고, 윤석열을 영웅으로 키워준 그 결과가 12.3 비상계엄 쿠데타입니다.

　김대중은 숱한 생사의 역경을 이겨내고 마침내 IMF 위기를 맞아 구원투수로 대통령에 당선되었습니다. 그는 IMF를 극복해냈고, 남북대화를 성사시키고, 정보화 사회 인프라를 구축하는 등 큰 업적을 남긴 정치 지도자입니다. 그러나 그는 공(功)과 과(過) 모두를 양산한 정치인이었습니다. 신자유주의를 뿌리내리게 하고, 고용 유연성이라는 이름 아래 비정규직 제도를 도입해 오늘에 이르게 했습니다.

　무엇보다도 김대중은 대한민국 민주주의를 파괴하고 수많은 제 나라 국민을 학살한 살인마 전두환 쿠데타 일당을 다시 부활시켰습니다. 그는 관용과 포용의 정치철학을 갖고 있었고, 전두환-노태우 일당의 진심어린 사과를 전제로 정치보복의 악순환을 끝내겠다는 의지를 밝혔습니다. 이런 주장에 대해 지금도 논란이 이어지고 있습니다. 김대중의 관용과 포용 정치철학과 정치보복의 악순환 단절 의지는 충분히 고매한 이상으로 존중받을 수 있습니다.

　그러나 대통령 사면권은 개인 차원의 정치보복과는 차원이 전혀 다른 국민과 국가의 헌법 체제 유지 문제이고 국민의 생존권 문제입니다. 진심어린 사과도 없는데 학살자를 다시 떵떵거리며 잘 살게 하는 것은 결코 국민과 국가 차원의 용서와 포용이 아닙니다.

붓다는 살인귀 앙굴리말라가 진심으로 뉘우치자 그의 출가를 받아주고 상가공동체에서 수행하게 허락합니다. 앙굴리말라는 깨달음을 얻었고, 그에게 살해당한 사람들의 가족이 원한을 품고 돌을 던지자 업보로 여기고 그대로 돌을 맞아 조용히 죽음을 맞이했습니다. 앙굴리말라가 나는 아무런 잘못이 없고 죽은 자가 이웃 나라 간첩들과 함께 나를 죽이려고 덤벼들어 할 수 없이 정당방위의 자위권을 발동해 살인을 저질렀을 뿐이라고 말했다면 붓다는 절대로 그의 출가를 받아주지 않았을 것입니다. 그것은 나치 전범이 남미로 도피해서 신분 세탁을 하고 살아가는 것과 똑같은 상가공동체 수행자로의 도피-은둔이기 때문입니다. 김대중은 살인마 전두환에게 신분 세탁의 면죄부를 준 셈입니다. 그것이 12.3 윤석열 난 일당들에게 반면교사로 작용했으리는 점을 부인할 수가 없습니다.

서구의 죄형법정주의와 달리 조선의 사법 체제는 '자복(自服) 필수주의'였습니다.[8] 사극에서 흔히 범죄자에게 "네 죄를 네가 알렷다!" 소리치는 것은 자백해야 범죄가 성립하기 때문입니다. 범죄자가 자신의 죄를 인정할 때 비로소 판관이 죄를 판결할 수 있고 죄를 뉘우치는 정도에 따라 형을 감해줄 수 있다는 인권 존중, 자신의 마음과 행동을 늘 닦아야 한다는 수기치인(修己治人)의 인간관과 법철학이었습니다. 사람의 마음은

8 문준영, 『법원과 검찰의 탄생』, 71~72쪽, 역사비평사, 2010.
박승옥, 「대한민국 지배하는 판검사, 그 탄생의 비밀」, 프레시안, 2011.10.14

한순간 범죄를 저지를 수 있지만 동시에 마음을 바꾸면 새로운 인간으로 재탄생할 수 있다는 깨달음의 유교 철학입니다.

문제는 왕정 체제의 유물인 대통령의 사면권 그 자체입니다. 제왕 대통령이 사면권을 개인의 이해관계에 따라 마구 남발해도 통제할 수 있는 장치가 6공 헌법 체제에서는 아무것도 없습니다. 이명박근혜에 이어 윤석열이 남발한 사면권은 코미디보다 더 코미디였습니다. 김대중의 살인마 전두환 사면과 그 뒤를 이은 제왕 대통령들의 사면권 남발의 업보가 그대로 12.3 윤석열의 난으로 응집되어 폭발하고 만 것입니다.

사면권 하나만 놓고 보더라도 6공 체제가 얼마나 주권자 국민을 죽음으로 내모는 기이한 체제인지 금방 깨달을 수 있습니다.

역사는 늘 역설의 역사입니다. 수많은 사람들의 삶과 행동이 씨줄과 날줄로 상호 교차하고 뒤엉켜 서로 무수한 영향을 미치고 영향을 받기 때문에 도저히 예측이 불가능한 역설입니다. 날씨도 국제정치도 영향을 주고받습니다. 날아오르는 비둘기 한 마리의 날갯짓이 폭풍을 불러오고 정권을 몰락시키기도 합니다.

「서울의 봄」 영화와 한강의 노벨상 수상이 수많은 시민의 마음속에 깊숙이 들어가 12.3 윤석열의 난을 진압하는 치유와 소통의 힘, 광장정치의 응원봉이 될 줄은 아무도 상상조차 하지 못했습니다.

역사에 예정조화란 없습니다. 운명이니 사주팔자니 하는 결정론은 역사 이전 구석기 시대의 주술사 세계관으로 애써 기어들어가 갇히는 어리석은 자들의 미망입니다. 매 순간 한 걸음

한 걸음이 기적을 일으키고 있는 지금 여기 기적의 삶을 깨닫지 못한 무지와 무명의 소치입니다.

역사는 현재와 과거와의 대화입니다. 1961년 영국의 역사학자 E. H. 카가 『역사란 무엇인가』라는 저서에서 밝힌 견해입니다. 그러나 이는 20세기 뉴턴 물리학의 세계관에 갇혀 있는 역사 인식입니다. 21세기 양자역학의 세계관에서는 기후지옥-불평등과 초지능 시대를 앞두고 역사는 '현재와 현재의 대화'입니다.

현대 과학기술의 발달로 과학자들은 물질을 쪼개고 또 쪼개고 극한까지 쪼갤 수 있었습니다. 그리고 전자와 쿼크의 세계를 들여다보았더니 텅 빈 시공간만 나왔습니다. 전자는 파동이면서 동시에 에너지이기도 합니다. 시간의 흐름도 뒤죽박죽입니다. 똑같은 입자가 마치 분신술을 쓰는 것처럼 동시에 두 군데서 존재를 드러냅니다. 한 궤도에서 다른 궤도로 순간 이동하기도 합니다. 우리 눈에 보이는 세상에서는 있을 수 없는 일입니다.[9]

우리의 몸을 구성하는 양자의 세계는 텅 빈 공(空)입니다. 그런 공(空)이 모이고 쌓여 일어나(集 samudaya) 우리 몸이라는 색(色)이 됩니다. 공즉시색(空卽是色) 색즉시공(色卽是空), 공이 곧 색이고 색이 곧 공입니다. 세상의 모든 사물이 그렇습니다.

---

9 카를로 로벨리, 김정훈 옮김, 『나 없이는 존재하지 않는 세상』, 쌤앤파커스, 2023.

과거는 오직 지금 여기 현재를 살고 있는 사람들의 기억, 현존하는 책과 유물과 유적에만 살아 있습니다. 따라서 역사는 〈지금 여기〉와 〈지금 여기〉의 대화입니다. 사회성 인간이 사회와 국가, 지구 생태계 속에서 생존을 모색해야 하는 〈지금 여기 현존〉과 〈지금 여기 현존들〉의 대화입니다.

한강은 노벨상 수상 연설에서 말합니다. 산자가 죽은 자를 살릴 수 있고, 과거가 현재를 도울 수 있다고. 깊은 성찰의 언어이고 진심으로 사람들을 위로하는 자비행의 서사 언어입니다. 한강이 말하는 그 과거는 지금 여기 현존하는 사람들이 살려낸 지금 여기 현존하는 사람들의 과거 서사입니다.

12.3 윤석열의 난은 역설입니다. 12.3 군사쿠데타는 거꾸로 윤석열의 난을 진압하는 21세기 새로운 형태의 '신세계 시민혁명'으로 순식간에 바뀌었고, 바뀌고 있는 중입니다. 주권자인 국민은 수명이 다한 제왕 대통령 제6공화국 헌정 체제를 휴지조각으로 불살라버리기 위해 새로운 체제 전환 혁명을 일으키고 있습니다. 어찌 보면 윤석열은 1945년 해방 이후 지금까지 어느 누구도, 어떤 집단과 세대도 해내지 못한 민주주의 시민 정치교육을 단 6시간만에 완벽하게 수행한 '역행(逆行) 보살'입니다.

러시아 제국의 몰락을 앞당긴 사람 중에 요승(妖僧) 라스푸틴이 있습니다. 윤석열-김건희는 국민이 보기에는 라프푸틴류의 점술과 사술, 음모론의 망상에 사로잡혀 있었습니다. 초지능 등장이 눈앞에 닥치고 있는 21세기 대명천지에 낡고 녹슨 구석기 시대 칼과 주술로 윤석열-김건희 왕국을 세우고자 했습니다. 하룻저녁에 주권자인 국민 모두를 깜깜한 암흑 속에 가두고, 모두의 삶과 일상을 송두리째 박살내면서 대한민국을 무너뜨리고자 했습니다.

그 주범이 다름 아닌 제왕 대통령제 6공 헌법 체제입니다.

그런데 놀랍게도 광장정치의 주권자 시민이 제6공화국 제왕 대통령 헌법 체제를 체포, 두건에 씌운 채 수갑과 포승줄로 묶어 통째로 낡은 선사시대 세계관의 지하 벙커에 가두고 있는 중입니다. 광장정치의 요정과 요괴들은 쿠데타를 일으키지도 않고 군대를 동원하지 않고서도 그렇게 하는 21세기의 신세대 마법을 선보이고 있습니다.

오직 평화롭게 응원봉을 흔들고 시끌벅적 노래 부르고 흥겨운 춤을 추고 축제와 잔치를 벌이면서 윤석열-김건희 일당으로 하여금 스스로 그렇게 기어들어 가도록 인도하고 응원하고 있습니다.

광장정치가 여는 '다만세', 제7공화국 민주주의 세상

인공지능과 인간의 유일한 차이점은 AI는 기계이고 인간은 생명체라는 사실입니다. 사회성 동물인 인간은 네트워크의 기계지능인 인공지능과 달리 지구 생태계와 연결되고 통합된 〈상호 존재〉, 〈서로 존재〉로서의 그물코 생명체들입니다. 생명체로 다시 연결되고 깨어나는 각성과 맑은 영혼의 사회성 자비행이 더없이 절실하게 요청되는 시대인 것입니다.[10]

---

10 울리히 두크로-프란츠 힌켈라메르트, 한성수 옮김, 『탐욕이냐 상생이냐』, 생태문명연구소, 2018.

12.3 윤석열의 난 진압 이후 광장에서 서로 연결돼 네트워크 생명체로 깨어난 수많은 주권자 국민은 놀라운 각성과 공동선의 자비행을 선보였습니다. 아직도 현재진행형인 내란을 다함께 더불어 응원봉을 흔드는 연대와 합작의 힘으로 진압하면서도 동시에 노래 부르고 춤을 추며 새로운 세상을 향해 나아가고 있습니다.

　지금은 이중권력의 상황입니다. 무너지는 윤석열의 행정부-국힘당 권력과 국회의 다수당인 민주당 권력의 이중권력 상황이 전혀 아닙니다. 행정부와 국회, 여당과 야당의 이중권력 상황도 결코 아닙니다.
　지금은 6공 구체제의 잔존 기득권 세력과 강력하고도 새롭게 형성되고 있는 주권자 광장정치 세력과의 이중권력 상태입니다.
　윤석열의 난을 일으킨 윤석열-국힘당의 마적떼 권력이 주권자 광장정치의 힘으로 무너지면서 권력의 공백 상태가 생겼습니다. 이 빈 공간을 밀고 들어가 명실상부한 주권자이자 권력자이자 대한민국의 주인으로서 이번에는 반드시 새로운 세상을 만들고자 하는 시민, 그 열망이 만들어낸 권력의 진공상태입니다.
　이중권력이란 권력을 차지하기 위한 치열한 쟁투의 시공간입니다. 윤석열이 탄핵되고 즉시 치러질 대선이 6공체제의 마지막 대선이 될지, 또다시 반복되는 마적떼 두목 체제의 지속일지, 헌법을 개정해 직접 민주주의의 제7공화국 체제에서 처음으로 치르는 선거가 될지는 오직 광장정치 시민의 힘과 능력에 달려 있습니다.

　　　　　　　주권자 국민이 만든다, 제7공화국

구체제는 기요틴처럼 단칼에 목이 잘리지 않습니다. 여전히 돈과 권력을 쥐고 있는 구체제의 기득권자들은 구체제를 존속시키고 부활시키기 위해 수단과 방법을 가리지 않고 시민혁명을 가로막습니다. 1789년 프랑스 혁명도 구체제를 무너뜨리는 데 짧게는 3년 길게는 80년이나 걸렸습니다.

하루라도 빨리 신속하게 제6공화국 체제를 무너뜨리고 새로운 공화국을 세우지 않으면 미치광이는 언제든 다시 등장할 수 있습니다. 비상계엄과 내란은 얼마든지 잠복해 있다 또다시 뛰쳐나올 수 있는 우리 안의 괴물입니다. 그것을 충분히 가능케 하는 6공 헌법 체제가 살아 있는 한 그렇습니다.

중국의 루쉰은 '페어플레이'를 논한 글에서 사람을 무는 개는 물에 빠졌건 안 빠졌건 간에 무조건 버릇을 고칠 때까지 계속 두들겨 패야 한다고 역설했습니다.[11]

국힘당은 말할 것도 없고 군대와 검찰, 경찰, 내각, 전광훈 등의 태극기 부대 곳곳에 포진한 내란 공범과 동조자들은 탄핵을 무산시키고 다시 권력을 되찾기 위해 사생결단으로 달려들어 혼란과 분탕질을 저지르고 있습니다. 이들을 차례차례 체포 구속하고 뿌리까지 뽑아내는 것도 주권자 광장정치 세력의 몫입니다.

1893년 3월 전국에서 도합 약 8만여 명의 동학교도가 충북 보은에 집결했습니다. 억울하게 참수당한 동학 창시자 최제우를 복권하고, 포교의 자유를 달라고 조정에 상소를 올리기 위해서였습니다. 동학교도들은 교조신원(教祖伸)과 함께 폭력

---

11 루쉰, 루쉰읽기모임 옮김, 『페어플레이는 아직 이르다』, 케이시아카데미, 2003.

을 반대하며 일체의 무기를 들이지 못하게 단속했습니다. 비폭력이 아니라 반폭력의 평화집회였습니다.[12]

동학교도들은 동시에 나라를 돕고 백성을 편안하게 한다는 보국안민(輔國安民), 왜구와 서양 오랑캐를 물리치자는 척왜양(斥倭洋) 등을 집회의 목표로 내걸었습니다. 조선왕조는 보은도회(都會), 보은취회의 대규모 인원에 경악했습니다. 당시 인구는 약 1,300만 명으로 추정합니다. 군대도 아니고 그렇게 많은 민(民)이 모여 집회를 연 것은 조선 왕조 개국 이래 처음 있는 일이었습니다.

더구나 동학교도들이 내건 구호의 정치성과 그것이 나라 전체에 영향을 미칠 그 파급력에 더 충격을 받았습니다. 1894년 동학농민혁명을 예고하는 밑바닥 백성들 주체의 민회였습니다. 한국 민주주의의 시원이라고 볼 수 있는 동학농민혁명의 집강소 민주주의와 폐정개혁안은 보은도회에서 이미 선을 보이고 있었습니다.

동학농민군의 폐정개혁안은 여러 종류가 있고 진위 논란까지 벌어지고 있긴 합니다. 그러나 그중에 유명한 12개조, 즉 노비문서를 불사르고, 탐관오리를 처단하고, 횡포한 부호를 벌하고, 부당한 조세와 채무를 없애고, 토지는 공평하게 분작(分作)하고, 과부의 개가를 허락하는 등의 요구사항은 봉건체제를 무너뜨리는 집강소 민주주의 혁명의 염원을 요약 정리한 것이라고 할 수 있습니다.[13] 오늘날에도 여전히 울림을 주는 밑바닥 백성들의 간절한 소망입니다.

130여년 전의 보은도회와 동학농민전쟁으로부터 채 3년도

12   지수걸, 『1894년 남북접 동학군의 공주 검거투쟁』, 역사비평사, 2024.
13   조경달, 박맹수 옮김, 『이단의 민중반란』, 역사비평사, 2008.

지나지 않은 1898년 3월 10일. 이번에는 한성부민 1만여 명이 만민공동회를 열어 러시아와 열강의 식민 침략 행위를 규탄하고 자주독립과 자유민권을 외쳤습니다. 11월 5일에는 42일간의 철야농성 시위를 벌여 요구조건을 관철시키기도 했습니다. 당시 한성부민들의 수는 17만여 명 정도였습니다.

2024/2025년 전국 각지에서 규모는 제각각이지만 날마다 열리고 있는 주권자 국민의 광장정치와 집회-시위는 보은도회와 동학농민혁명의 집강소 민주주의, 만민공동회가 21세기에 다시 만난 새로운 세상입니다.

전국에 걸쳐 중고등학교 학생들을 비롯 대학교수와 각계각층의 시국선언이 봇물 터지듯 쏟아져 나왔습니다. 10대 20대 엠지(MZ) 세대들이 집회에 대거 참여해 거침없는 신세대 정치 연설을 이어가고 있습니다. 걸핏하면 호통과 고함으로 봉숭아학당 같은 모습을 연출하는 국회의원들의 연설과는 비교할 수 없을 정도로 정직하고 참신하고 진심을 담아 시민의 마음을 뒤흔드는 직설들입니다.

보은도회의 동학교도들은 스스로 솥단지와 먹을 것을 들고 와 유무상자(有無相資), 즉 가진 것을 서로 함께 나누는 나눔과 공유의 자립자치 공동체를 유감없이 보여주었습니다. 광주항쟁 당시 전두환 쿠데타군에 포위되어 있던 광주 시민은 식량을 비롯한 모든 일상용품을 서로 나누고 함께 공유했습니다. 어떤 약탈 사태나 범죄도 일어나지 않았습니다. 2024년 광장정치 공동체도 이와 똑같습니다.

이런 공동선과 나눔의 공유공동체야말로 다름 아닌 예수가 행한 오병이어(五餠二魚)의 기적입니다. 예수는 가장 낮은 곳에서 억압받고 천대받는 최하층민들의 마음속으로 들어가 지상에서 천국을 건설하고자 했습니다. 오병이어의 기적은 예수의 말씀을 듣고자 모인 사람들이 모두 스스로 먹을 것을 가져와 함께 나누는 자비와 나눔의 공유공동체 기적과 다름없습니다.

윤석열 탄핵 광장에 가지 못한 사람들은 앞다투어 선결제로 먹을 것과 마실 것을 나누었습니다. 오뎅과 핫도그, 꿀떡과 라면, 죽과 김밥과 각종의 빵 등 다섯 개의 빵(五餠)과 두 마리 물고기(二魚)가 광장정치의 모든 시민에게 먹을 것을 제공해 줍니다. 줄어들지도 않습니다.

커피와 차와 생수 등 온갖 음료수도 끊이지 않고 광장을 채웁니다. 장갑과 목도리, 핫팩과 깔개, 무릎담요, 방수팩, 휴대폰 건전지 등 광장정치에 필요한 모든 물품이 들어오고 서로 나눕니다. 눈이 오면 은박덮개가 광장정치를 실천하고 있는 사람들을 은박요정과 은박요괴로 변신시켜 줍니다.

한밤의 강추위에 앉아 있던 옆 사람이 졸고 있으면 모르는 사람일지라도 차에 데리고 가 히터를 틀고 잠시 잠을 재우기도 합니다. 시민 스스로 버스를 대절한 '난방버스'들이 강추위에 얼어버린 몸들을 차례로 녹여주기도 합니다. 기저귀를 갈 수 있는 공간도 스스로 만들어 나눕니다.

한남동 대통령 관저 인근에 있는 꼰벨뚜알 프란치스코 수도회의 신부는 한밤중에 아미밤 응원봉을 들고 광장정치의 시민을 화장실과 쉼터로 안내했습니다. 시민은 이구동성으로 사탄을 내쫓는 등불처럼 따뜻했다고 말합니다. 인근 빌딩 1층의 갤러리도 고가의 미술품을 전시하고 있는 곳임에도 시설을 개방해 얼어붙은 몸을 녹이고 잠시 눈을 붙이는 쉼터로 제공해 주

주권자 국민이 만든다, 제7공화국

없습니다.

택배기사와 퀵서비스 노동자들이 분주히 물건을 나르고, 무대음향 노동자들은 무대를 지키며 중단되지 않는 무대를 만들어 냅니다. 문화예술인들은 새벽까지도 한달음에 달려와 언 손과 언 몸으로 노래 부르고 춤을 춥니다.

재능과 기술이 있는 사람은 재능과 기술로, 행동할 수 있는 사람은 행동으로, 돈이 있는 사람은 돈으로, 물건이 있는 사람은 물건으로, 시간이 있는 사람은 시간으로, 시설이 있는 사람은 시설로 유무상자 하는 광장정치의 공동체 세상입니다.

이것이 바로 다시 만난 세상입니다. 광장정치 세력이 만들고자 하는 제7공화국의 세상입니다.

이런 나눔의 공유공동체는 만인의 만인에 대한 투쟁과 경쟁이 최고의 가치인 자본주의 체제에서는 불가능하다고 여겨지던 이상사회의 신기루였습니다. 아닙니다. 얼마든지 현실에서 실현 가능하다는 사실을 우리는 두 눈으로 똑똑히 보고 체험하고 있습니다.

멀리 갈 것도 없습니다. 농업사회였던 조선의 마을공동체 모습이 그러했습니다. 1960년대 찢어지게 가난했던 한국의 농촌 사회에서도 적어도 원룸에서 홀로 굶어죽는 사람은 없었습니다. 인간사의 온갖 갈등과 분쟁이 끊이지 않아도 노동공동체였던 두레를 중심으로 공동으로 김매고 공동으로 가을걷이하고 공동으로 애경사를 나누며 함께 살았습니다.

제7공화국 직접 민주주의 공동체의 모습이 바로 지금 여기 광장정치 공동체에서 이미 실현되고 있습니다. 제왕 정치의 낡은 제6공화국은 이들 시민의 말과 행동으로 먼저 무너지고 있습니다. 대통령과 여의도 엘리트 기득권자들, 1%의 금수저들이 마음 놓고 약탈하고 착취하고 억압하던 6공 시대가 가고, 주권자 국민의 직접 정치, 직접 민주주의의 7공 시대가 일어서고 있습니다.

지금까지 우리는 마적떼 두목 '왕'을 뽑아 왔습니다

조선의 21대 임금인 영조(英祖) 대왕조차 지금의 청와대 공무원이라고 할 수 있는 궁녀 한 명을 마음대로 늘리지 못했습니다. 영조는 궁녀 한 명을 더 늘리고 별군직(別軍職, 조선 후기 국왕 친위군 조직의 하나로 오늘날 청와대 경호처에 해당)에 인척 한 사람을 임명하지 않았느냐는 과거 응시자의 호된 비판을 받아 조정과 비변사(備邊司, 조선 중·후기 의정부를 대신하여 국정을 총괄한 최고 관청으로 오늘날의 국무회의) 대신들 앞에서 울음을 터트린 적이 있을 정도였습니다.

궁인(宮人)을 선발하여 들이는 것에 이르러서는 내가 본디 이런 일을 좋아하지 않는데, 지난번 자전(慈殿, 어머니)께서 면전(面前)에서 부릴 사람을 초입(抄入)하라는 명이 있었고 대신의 말이 있었으므로... 별군직(別軍職)에 사정(私情)을 썼다는 이야기는 더욱 무상(無狀)한 말이다. 나의 외친(外親)에 대해서는 경들도 응당 알고 있는데, 어찌 이 직임에 합당한 사람이 없겠는가마는, 또한 임명한 적이 없다... 이 뒤로는 왕자(王子), 왕녀(王女)가 초사(草舍)나 토막(土幕)에서 살더라도 내가 알 바가 아니다.” 하고, 이어 눈물을 흘려 목이 메어 울며 말하기를, “내가 평일에 마음속에 맺힌 것이 있으면 털어버리지 못하였으므로, 근일에 목구멍에 환약만한 담(痰)이 엉겨 있다. 임금 노릇하기가 참으로 또한 괴롭다.” 하였다.[14]

영조의 권력은 지금의 한국 대통령이 갖고 있는 권력과 비교하면 초라하기까지 합니다. 왕이라는 이름만 붙이지 않았을 뿐 한국의 대통령은 영조 대왕보다 훨씬 더 세고 더 막강한 절대 권력을 확실하게 휘두르고 있습니다.

6공 대통령이 인사권을 행사할 수 있는 공직은 대통령실 공무원뿐만 아니라 행정부와 군, 경찰, 검찰 등 입법, 사법, 행정의 주요 직책 전체를 망라하고 있습니다. 사법부인 대법원장과 헌법재판소장도 대통령이 임명합니다. 입법부 의원도 대통령이 정당 공천권 행사를 통해 낙점하고 의원에 당선시킵니다. KBS 사장도 대통령이 낙하산으로 내려보내고 심지어는 시중은행장도 대통령이 낙점해서 내려보냅니다. 대통령이 주요 임원을 임명하는 정부 산하 기관까지 합하면 공직만 해도 1만 8천 개가 넘는다고 합니다.[15]

여기에 1만 개 이상의 각종 관변단체와 민간의 직능단체까지 포함하면 대통령이 임명할 수 있는 회전의자는 무려 4만여 개에 달한다고 추산하는 사람도 있습니다. 말이 3권 분립이지

---

14 한국사 데이터베이스, 영조실록 43권, 13년(1737년) 3월 26일(갑인) 2번째 기사

15 손국건,『대통령의 사람쓰기』, 세이코리아, 2022.

실제로는 대통령에게 거의 모든 권력이 집중되어 있는 제왕 대통령, 이것이 대한민국 6공 헌법이 정하고 있는 대통령의 실체입니다. 윤석열 후보가 공연히 손바닥에 왕(王)자를 쓰고 나온게 아닙니다.

한국의 자치단체장 권력은 이 같은 대통령과는 비교할 수 없을 정도로 작습니다. 그러나 지방자치단체장도 적어도 자치단체 안에서만큼은 공무원 인사권을 비롯해서 예산 집행권 등 막강한 권력을 행사합니다. 제왕 대통령 구조를 지방에 똑같이 복사해 놓은 '제왕 소통령' 제도가 한국의 지방자치 제도입니다.

오늘날 한국의 대통령 선거 캠프란 이처럼 수억 원씩 연봉을 받는 낙하산 공직 회전의자 전리품, 각종 특혜와 이권을 바라보고 모인 마적떼 도둑들의 집합소와 똑같습니다. 표현이 다소 과격하게 들릴 수 있습니다. 이런 용어는 불편하기도 하고 긍정의 에너지를 불러일으키지도 못합니다. 그럼에도 윤석열 제왕에게는 이런 표현 말고 다른 어떤 말과 개념으로도 설명이 불가능합니다.

윤석열뿐만이 아닙니다. 6공 대통령은 대선에서 승리하는 순간 대한민국이라는 국가 자체를 약탈할 수 있는 권력을 손에 넣게 됩니다. 수만 개의 공직은 약과입니다. 행정부의 각종 인허가권, 전투기 구입과 군수물자 납품 등 국가 예산 지출, 검찰 경찰 등 범죄 조사와 인신 구속 등을 둘러싼 거래 등등 사실상 대통령 한 사람이 대한민국 전체를 마음대로 주무를 수 있는 제왕이 됩니다.

박정희는 쌍용 재벌을 해체해버렸고, 김대중은 대우 재벌을 해체했습니다. 전두환은 뇌물을 적게 낸 국제그룹을 해체해 다른 재벌들에게 나누어주었고 이 과정에서 뇌물을 챙겼습니다. 그가 부실기업 정리라는 미명 아래 기업들로부터 받은 뇌물 액수는 지금도 그 액수를 알 수 없을 정도입니다. 노태우가 이동통신사 선정 특혜 등을 통해 SK를 급성장시켰고, 이 과정에서 막대한 뇌물을 대가로 받았다는 사실이 새삼 수면 위로 다시 떠올라 2024년 주요 뉴스가 되기도 했습니다.

김영삼의 3남 김현철이 한보그룹으로부터 뇌물을 받은 한보 비리 사건, 로비스트 린다김 사건으로 드러난 차세대 전투기 구입 비리 사건 등은 지금도 이어지고 있는 국가예산 비리 사건들의 전형입니다. 김대중의 두 아들도 뇌물을 받아 구속되었습니다. 액수는 작아졌지만 노무현도 태광실업 박연차로부터 후원금을 받았습니다. 이명박, 박근혜, 윤석열은 아예 드러내놓고 국가 예산과 각종 특혜 등을 통해 노략질을 벌였습니다. 적다 보니 한도 끝도 없고 키보드를 누르는 손가락이 아플 지경입니다.

그리고 더욱 명백해집니다. 6공 대통령제는 마적떼 두목을 뽑는 참으로 어리석기 짝이 없는 제도입니다. 누구라도 대통령이 되면 마적떼 두목이 되지 않을 수 없는 구조악입니다.

그럼에도 이런 제왕 대통령을 2025년 윤석열 탄핵 직후 또다시 뽑는다는 것은 어리석은 선택이 아닐 수 없습니다. 야당의 누가 대통령에 당선되더라도 이런 구조악의 희생자가 될 뿐입니다.

구조악 자체를 없애야 합니다. 마적떼 두목을 뽑는 게 아니라 마적떼 두목이 아예 될 수 없는 헌법으로 개정하고 대통령이든 뭐든 선출해야 합니다.

그것이 바로 국민발의-국민소환제 헌법개정입니다. 제7공화국이 이전의 공화국과 확실히 구별되는 지점은 마적떼 두목이 나올래야 나올 수 없는 시스템을 갖추는 것입니다. 국민이 원천 권력을 제대로 행사하는 세상을 만드는 것입니다.

마적떼 두목 윤석열은 2022년 5월 10일 대통령에 취임하면서부터 2024년 12.3 윤석열의 난을 일으키기까지 하루가 멀다 하고 끊임없이 캠프 인사들의 '낙하산 공직 약탈하기'를 일삼았습니다. 거의 모든 공직 인사가 그랬습니다. 일일이 거명하는 것조차 입이 아플 지경입니다. 심지어 윤석열의 난이 진압되고 내란 피의자 신분임에도 거리낌 없이 진실화해위원장을 임명했습니다. 그녀의 가까운 친인척이 헌법재판관이라고 합니다.

12.3 윤석열의 난 이후 대통령실이나 국힘당 마적떼 행동대장들의 행동 또한 국민의 혈세로 봉급을 받는 대한민국 공직자로서의 처신이 전혀 아닙니다. 그냥 두목을 옹호하고 방어하기 위한 마적떼 도둑들의 장물 지키기, 주권자 국민에 대한 협박과 공갈입니다.

이들의 행동은 무대포 행동이 아니라고 합니다. 그들의 정교한 선거공학 계산으로는 가두리 양식장 안의 지지층을 똘똘 뭉치게 하고, 야당 대표를 극도로 혐오하고 기피하는 중도층 일부의 지지를 이끌어 내면 마적떼 두목 자리를 다시 차지할지도 모른다는 것입니다. 명태균이 지지율 여론조작과 메시지 조작으로 선거에서 승리하는 전략과 같은 방식이라고 합니다.

6공 마적떼 도둑들의 선거에 대한 인식과 세계관이 이렇습니다.

6공 출범 이후 정도의 차이는 있지만 마적떼 도둑 패로서의 대선 캠프 성격은 일관되게 점점 더 강화되어 왔습니다. 그 끝 판왕이 윤석열입니다.

물론 1987년 이후 공직에 임명된 모두가 다 그렇다고 말할 수는 없습니다. 낙하산으로 내려온 공직자 가운데는 민주주의에 대한 뚜렷한 소신을 갖고 국민을 위해 일하고자 헌신하는 사람들도 적지 않았습니다.

12.3 윤석열의 난 당시 국회 본관과 의원회관에 진입하는 특전사 계엄군에 맞서 책상과 의자로 바리케이트를 치고 육탄으로 저지한 야당의 국회의원 보좌진들도 그런 사람들입니다. 사오십대의 국회의원 여성 보좌진들은 내 아들도 군인이라고 소리치며 특전사 군인들을 가로막고 이들의 뺨따귀를 후려치기도 했습니다.

오랜 군사독재가 끝나고 김영삼 문민정부가 들어선 이래 군인과 관료 출신 낙하산 대신 민간인 전문가들이 입법과 행정의 주요 국가기관에 낙하산으로 내려갔을 때는 국가기관에 일대 개혁과 쇄신의 충격이 가해지기도 했습니다. 그러나 일순간뿐이었습니다.

새마을중앙회는 박정희가 만든 관변단체의 대명사입니다. 그런데 문재인 정부 들어서고 2018년 평생을 농민운동에 헌신했던 정성헌 회장이 취임하면서 새마을중앙회는 21세기 기후지옥에 대응하는 생태문명 대전환의 생명살림 마을공동체 운동으로 재탄생하게 됩니다. 정성헌 회장이 상명하복 식으로 밀어붙인 것도 아닙니다. 새마을 지도자들과 간부들 전체가 긴 토론과 공부를 거쳐 스스로 만들어 낸 비전과 방향이었습니다. 새마을 회원뿐만 아니라 지역 주민들 사이에서도 놀라운 일로 회자되기 시작하고 있었습니다.

그런데 문재인과 당시 행안부 장관이던 전해철은 2021년 정성헌 회장을 재선 후보에서 강제로 물러나게 하고는 민자당, 한나라당, 열린우리당, 자유선진당 등 당적을 13번이나 바꾸고, 뇌물죄로 구속까지 되었던 염홍철 전 대전시장을 낙하산으로 새마을중앙회장에 내려보냅니다. 마적떼 두목으로서 문재인이 민주당 대선 캠프의 유력 인사에게 주는 논공행상의 전리품 분배 자리였다고 합니다. 새마을중앙회의 재정립은 물거품으로 돌아가고 맙니다.

문재인을 지지하고 존경했던 사람들은 거북할 수 있습니다. 개인 문재인은 인품도 훌륭하고 가톨릭 신자로서 선한 마음의 소유자일 수 있습니다.

그러나 대통령 문재인은 2016/2017 촛불로 불타올랐던 수많은 주권자 국민의 민주주의에 대한 열망을 헌법개정과 제7공화국 출범으로 현실화시키지 못한 정치인이었습니다. 박근혜 탄핵을 찬성한 국회의원은 234명이었습니다. 박근혜당과 결별한 바른미래당 의원들과 연합내각을 구성할 수 있는 절호의 기회였습니다. 노무현이 꿈꾸었던 보수-진보 합작의 연대연합 정치를 실현시킬 수 있는 절호의 정치 환경이었습니다.

문재인은 그같은 연대와 합작의 정치를 걷어차 버렸습니다. 그리고는 이명박근혜와 똑같은 6공의 마적떼 두목으로서 캠프 주요 인사들에게 전리품을 분배하는 제왕 대통령제에 그대로 포섭되어 버렸습니다. 그가 윤석열 검찰총장, 최재형 감사원장 등 극우 인사들을 권력의 자리에 앉혀 12.3 쿠데타 세력을

키운 것은 촛불 민주주의를 뒤집어엎은 반동의 배신이라고까지
극언할 수 있을 정도입니다.

마적떼 도둑 패를 양산한 6공화국 끝내기

　우리는 그동안 원인을 찾기보다 범인을 찾는 데 너무 시간을
허비했습니다. 범인을 찾아 처벌하는 일은 물론 당연히 중요합
니다. 문재인이 벌인 적폐 청산이 그러했습니다.

　그러나 그보다 더 중요한 과제는 원인을 찾아 해결하는 일입
니다. 이명박근혜와 윤석열, 국힘당은 말할 것도 없고 문재인과
민주당도 그 중요한 일을 시도조차 하지 않았습니다.

　대통령을 국민투표로 뽑은 것은 주권자 국민입니다. 대통령
탄핵 또한 당연히 주권자인 국민이 국민투표를 통해 결정해야
합니다. 대통령 탄핵을 왜 300명의 국회의원과 9명의 헌법재판
소 재판관들에게만 맡겨야 하는지 참으로 불합리한 제도가 아
닐 수 없습니다. 헌법재판관 9명의 정치 성향부터 친인척 관계
까지 일거수일투족에 일희일비하는 이런 이상한 제도는 당연하
고도 신속하게 노비문서처럼 불태워버려야 합니다. 대통령 임
기 단축 개헌이든 내각제든 이원집정부제든 대한민국의 정치
체제는 국민이 결정해야 마땅합니다.

　대리인을 선출할 권한만 있는 주권자 권력이란 그냥 무늬만
주권자일 뿐입니다. 허울좋은 개살구입니다. 이런 6공 헌법 체
제는 주권자인 국민을 '개돼지'로 여기는 것이나 똑같습니다.

1948년 미군정 치하에서 대한민국 헌법을 제정할 때 미국은 조선인은 자치능력이 없다는 확고부동한 편견을 가지고 대한민국의 헌법을 설계했습니다.

1945년 미군의 한반도 진주 이후 점령 사령관이자 군정장관은 미국의 일개 군단장이었습니다. 미8군 사령관 하지 중장은 행정가, 정치가로서는 무능하기 짝이 없는 자였습니다. 그는 뿌리깊은 백인 우월주의의 인종차별 의식으로 조선인을 열등한 민족으로 치부하는 언행을 서슴지 않았습니다. 좌익뿐만 아니라 우익의 이승만과 김구와도 사사건건 부딪쳐 미군정 3년은 미국인들조차 "엉망진창(Hodge Podge)"이었다고 평가합니다.

이에는 1945년 미군 진주 이후 하지의 특별 보좌관으로서 개인 정치 자문역이었던 군의관 조지 윌리엄스 해군 소령의 역할이 지대하게 영향을 미쳤습니다. 윌리엄스는 1906년 충남 공주에 영명학교를 설립한 선교사 프랭크 윌리엄스의 아들이었습니다. 그는 조선에서 태어나 15년간 조선에 살다가 일제에 의해 아버지와 함께 추방돼 조선어를 조선인과 똑같이 유창하게 구사할 줄 알았습니다.

1945년 9월 8일 미군이 인천항에 진주했을 때 이를 기다리던 건국준비위원회의 여운홍 등이 영어로 대화를 시작하자 조지 윌리엄스가 조선인처럼 조선어로 대답을 해 이들을 깜짝 놀라게 한 장본인입니다.[16]

조지 윌리엄스는 조선인은 일본인에 비해 더럽고 미개하고 자치능력이 없다는 편견을 서슴없이 주장하는 자였습니다. 윌리엄스는 조선에 3개월이라는 짧은 기간 머물다 미국으로 갔지

---

16 정병준, 『1945년 해방직후사』, 돌베개, 2023.

만, 80여 년이 지난 지금까지도 한국에 지대한 영향을 미치고 있는 2개의 굵직한 일을 기획하고 실행했습니다.

첫째, 거의 모두 친일파이고 영어를 할 줄 아는 기독교인들을 중심으로 7만 5천여 명의 미군정 관리 채용을 주도했습니다. 둘째, 적산이 교회와 친일파들에게 불하될 수 있게끔 길을 터놓았습니다. 오늘날 일부 극우 광신의 개신교 교회들이 태극기 부대의 주류가 된 뿌리에는 미군정과 조지 윌리엄스가 있습니다.

대한민국의 헌법이 주권은 국민에게 있다고 선언은 해놓고, 실제로는 대의정을 택하고 있는 한 지붕 두 가족이 된 것은 이런 배경 때문입니다. 특히 검찰과 법원 등 사법권이 그렇습니다.

미군정은 미국의 자치주(state)와 지방 검찰-법원의 대표를 주민투표를 통해 선출하는 미국의 제도조차 대한민국 헌법에 적용하지 않았습니다. 신생 국가 미국하고는 비교가 될 수 없는 수천 년 전부터 사법제도를 운영해 온 조선 인민을 '개무시'해서 그런 것입니다.

이런 '개돼지' 헌법 체제는 하루라도 빨리 폐기처분해야 합니다. 대통령을 다른 사람으로 갈아치워봐야 또다시 도돌이표의 반복일 따름입니다.

이미 주권자는 이승만, 박정희, 전두환도 끌어내리고 다른 대통령을 세워도 보았습니다. 노태우, 김영삼, 김대중, 노무현, 이명박, 박근혜, 문재인, 윤석열 등등 대통령이 바뀐다고 국민의 삶과 국가, 지역공동체가 사람이 사람답게 살 수 있는 공동체로 결코 바뀌지 않는다는 사실을 뼈에 사무치게 통감했습니다. 오히려 국민의 삶은 나날이 더 힘겨워지기만 하고 있습니다.

국민의 국회에 대한 불신은 이미 극에 달해 있습니다. 「2024 경제협력개발기구(OECD) 공공기관 신뢰도 조사」는 한국 국민의 국회에 대한 신뢰도가 20.56%로 30개국 가운데 최하위인 28위임을 보여주고 있습니다. 통계청이 해마다 실시하는 사회지표조사에서도 국회 신뢰도는 2021년 34.4%, 2022년 24.1%, 2023년 24.7%로 전체 16개 기관 가운데 늘 꼴찌입니다.

서구에서 절대왕정이 무너지고 대의정이 출범할 때 대다수 국민은 문맹이었습니다. 대의정은 국민이 문맹이었을 때에나 적용되는 정치 제도입니다. 영국에서 자본주의가 태어나고 농촌에서 쫓겨나 생존을 위해 대도시 공장에 몰려든 노동자들이 제일 먼저 시작한 것은 글을 배우고, 신문을 돌려보고 정치토론을 하면서 시작한 차티스트 운동, 참정권 운동이었습니다.

이제 문맹인 한국인들은 거의 없습니다. 전체 국민 삶의 질을 결정하는 문제를 국민보다 별로 더 나을 것도 없는 300명에게만 맡길 하등의 이유가 하나도 없습니다. 현직 국회의원보다 비교할 수 없을 정도로 행정과 입법, 사법 등의 모든 분야에서 전문 식견을 가진 시민은 차고 넘칩니다.

더구나 이제는 이미 인공지능이 변호사, 회계사, 의사, 세무사 등등 '사'자 붙은 거의 모든 전문 영역에서 사람보다 더 뛰어나게 답을 해주는 시대입니다. 각종 법안과 행정부의 숱한 정책에 대해 외국 사례부터 제도와 정책의 장단점과 문제점, 문제점의 해결 방안까지 세세하게 일목요연하게 정리해서 답을 주고 있습니다.

공무원들의 업무 대부분이 사람과 사물의 데이터를 패턴(유형)으로 분류하고, 가공하고, 핵심을 요약하고 다양한 제도와 정책 방안을 세우고 집행하는 일입니다. AI가 가장 잘하는 일입니다. 이미 AGI 3단계인 AI 에이전트(Agents)[17] 제품들이 쏟아져 나오기 시작하고 있습니다. 초지능 등장도 예상보다 훨씬 앞당겨질 것으로 전망하고 있습니다. 대화와 소통 또한 디지털 미디어를 통해 실시간으로 이루어지고 있습니다.

트럼프는 대통령 당선 확정 직후인 2024년 11월 12일 미국의 차기 정부효율부(DOGE) 책임자로 테슬라의 일론 머스크와 사업가 비벡 라마스와미를 지명했습니다. 머스크는 지명되자마자 기다렸다는 듯이 바로 다음 날 자신의 엑스 계정에 구인광고를 냈습니다.[18]

더 이상의 파트타임 아이디어 제안자들은 필요없다. 매주 80시간 이상을 일할 의향이 있는, 지극히 높은 아이큐(super high-IQ)를 가진 작은 정부 혁명가들이 필요하다... 일론과 비벡이 상위 1%를 검토할 것이다.

'작은 정부 혁명가들'이란 다름 아닌 인공지능을 말합니다.

---

17 오픈AI는 2024년 7월 직원 전체회의를 통해 인공일반지능(AGI)으로 가는 AI 능력 수준을 5단계로 나눠 공개한 바 있습니다. 1단계 챗봇(Chatbots): 챗GPT 같이 사람과 대화형 언어로 상호작용하는 AI. 2단계 추론자(Reasoners): 박사 수준 교육을 받은 사람처럼 고도의 추론이 가능한 AI. 3단계 에이전트(Agents): 인간을 대신해 복잡한 작업을 수행할 수 있는 AI. 4단계 혁신가(innovators): 새로운 발상으로 직접 혁신을 기획하는 AI. 5단계 조직화(Organizations): 혼자서 스스로 조직 업무를 총괄 수행할 수 있는 광범위한 능력의 AI.
18 박승옥, 「트럼프 당선 직후 기괴한 구인광고 낸 머스크, 주 80시간 일하라고?」, 프레시안, 2024.11.21.

일론 머스크가 트럼프식의 밀어붙이기로 미국 연방정부의 인간 지능 90% 이상을 해고하는 일은 가능하고도 남을 일입니다. 연방정부 예산 6.7조 달러의 1/3인 2조 달러 예산을 감축하겠다는 호언장담도 결코 허풍이 아닙니다. 이미 일론 머스크는 트위터를 인수한 직후 약 8천여 명의 직원 가운데 80%를 해고하고 1,300명 남짓으로 줄인 전력이 있습니다.

미국의 선례에 따라 OECD 국가들뿐만 아니라 전 세계 정부가 공무원들을 대폭 줄일 것은 불문가지입니다. 조만간 한국의 공무원들도 감원 태풍 속으로 휩쓸려 들어갈 것입니다. 공무원이 철밥통인 시절은 이제 먼 과거의 일로 변할 것입니다.

요컨대 300명의 국회의원들은 이제 더 이상 엘리트가 아닙니다. 주권자 국민 모두가 박사급 인공지능을 비서로 둔 엘리트로 변했고 변하고 있는 시대입니다. 이제 엘리트 대의정은 비효율의 낡고도 낡은 정치 제도일 뿐입니다. 더구나 노동자의 생활 문제는 당사자인 노동자 자신이, 성 불평등 문제는 여성 자신이, 노인 문제는 노인 자신이, 청년 문제는 청년 자신이 더 잘 알고 정책 대안을 마련할 수 있습니다.

대통령에게 모든 행정 권한을 통째로 맡기고, 이른바 엘리트라는 300명에게 입법 권한을 통째로 맡기는 제도 자체가 시대에 뒤떨어지고 주권자 국민을 개돼지로 여기는 무례하고도 무식한 것입니다.

가장 확실한 디지털 적대 정치의 종식, 직접 민주주의

주권자 국민이 만든다, 제7공화국

정치는 서로 다른 인간과 인간의 대화와 소통입니다. 대화와 소통의 전제는 '나의 나'인 상대방에 대한 인정과 존중, 그리고 경청입니다. 다른 사람과 집단의 의견에 아예 귀를 막고 배제하고 폭력을 휘두르고 공격하는 것은 정치가 아니라 정쟁일 뿐입니다.

몇몇 보수주의자들의 윤석열과 국힘당에 대한 비판은 놀라울 정도로 군더더기 없이 간명하고 핵심을 찌릅니다.

대통령 두 명을 잇달아 탄핵해야 하는 당이라면 무언가 근본에서 잘못되었다는 것을 시인해야 한다... 국민의힘이 선택할 것은 탄핵 찬성 여부가 아니라 폐업하는 것...

-정규재 페이스북, 2024. 12. 7.

명백하고 현존하는 미치광이 역적 대통령을 제명도 할 줄 모르는 국힘당은 이적단체이다. 썩은 새끼줄을 잡고 인수봉으로 오르려 한다. 미치광이를 끼고도는 집단도 미치광이다. 곱게 미친 것이 아니라 더럽게 미친 것이다.

- 조갑제, 「사람이 미치지 않고서야 이런 짓은 못한다!」, 『조갑제닷컴』, 2024. 12. 18.

윤석열의 탄핵을 저지하고 기득권을 연장하려는 국힘당 의원들을 보면서 강준만은 "국힘을 조폭에 비유하는 게 오히려 조폭에게 결례가 되는 건 아닌지 염려될 정도"라고 했습니다.[19]

우리는 이제 왕을 끌어내리고 또 다른 왕을 뽑는 어리석은 반복을 더는 되풀이할 시간 여유가 없습니다. 기후지옥-불평등

---

19 강준만, 「정당은 '정치적 조폭'인가」, 한겨레, 2024. 12. 30.

의 쓰나미에 초지능 등장을 눈앞에 두고 있음에도 3년여의 시간을 허송세월로 보냈기 때문입니다. 앞으로도 얼마나 더 손 놓고 있어야 할지 불확실하기만 합니다.

이제는 대한민국의 제1호 원천 권력기관인 국민이, 국본이자 수령인 주권자 시민이 직접 민주주의 정치를 실행해야 합니다. 나날이 버전업 되는 첨단 디지털 미디어를 적정하게 적용하고 활용하면 300명의 정치에서 5천만의 정치는 지금과는 비교할 수 없는 신세계를 만들어 낼 수 있습니다. 직접 민주주의의 제7공화국을 출범시키는 것은 결코 어려운 일이 아닙니다.

마적떼 정치는 엄청난 국민 혈세 낭비만 일으키고 있습니다. 이른바 보수-진보로 나뉜 거대 양당의 적대 정치는 경상도와 전라도를 분열시켰을 뿐만 아니라 정치, 경제, 사회, 문화 등 우리 사회 모든 분야를 2개의 적대 진영으로 갈라놓았습니다.

나라의 현재와 미래에 대한 진지한 대화와 토론은 사라지고, 4년 내지 5년 내내 날이면 날마다 두목과 행동대장 자리를 놓고 벌이는 무한 투쟁만 계속됩니다. 대선이 끝나자마자 곧바로 패배한 마적떼 측에서 대통령 공격과 퇴진 투쟁이 시작됩니다. 이런 말도 안 되는 제도와 적폐는 하루라도 빨리 폐차장으로 보내 해체해야 합니다.

두 진영으로 나뉜 디지털 미디어의 폐해는 이미 극에 달해 있습니다. 숱한 유튜브 채널들이 가짜뉴스와 음모론 바이러스 전파의 온상지로 변했고, 유튜브 음모론 산업은 날로 번창하고 있습니다. 12.3 윤석열의 난이 일어난 2024년 12월부터 극우 유튜버들의 수입은 2배로 뛰어 1달에 1억 이상을 번 자들도 있

주권자 국민이 만든다, 제7공화국

다고 합니다.[20]

윤석열이 관저에서 체포되는 날 구독자 수 수위를 다투는 극우 유튜버들은 2시간에 5천만 원씩 벌었다고 합니다.[21] 이들은 오직 더 많은 돈을 벌기 위해 국민과 나라를 분열시키고 이간질하는 파렴치한 내란 선동자들입니다.

사회를 혼란에 빠트리고, 유명 연예인들과 청소년들을 비롯한 수많은 시민을 자살이라는 극단의 선택으로 내모는 가짜뉴스와 음모론 유튜브 산업에 대해서는 이미 전 세계에 걸쳐 강력한 규제 대책이 세워지고 있습니다.

고객을 이용자(user)라고 부르는 것은 마약과 소프트웨어 사업뿐입니다. SNS는 소프트웨어 개발을 시작할 때부터 이용자들이 더 자주 더 많은 시간 동안 머무를 수 있게 중독 관련 호르몬인 도파민과 세로토닌 등이 과도하게 분비되도록 설계되었습니다. 실리콘밸리의 개발자들은 자기 자식에게는 성인이 될 때까지 SNS 중독증을 일으키는 디지털 기기를 아예 주지도 않습니다.

2004년 2월 세계 최초의 SNS 서비스 페이스북이 선을 보였습니다. 페이스북은 12년이 지난 2016년 2월 '좋아요' 하나만 있던 감정 반응 버튼을 '싫어요', '화나요' 등 6개의 버튼으로 늘렸습니다. 2018년에도 추가로 일부를 더 개편합니다. 문제는 좋아요 버튼에는 1점을, 화나요 버튼에는 5점을 주도록 알고리즘을 변경했다는 것입니다. 당시 페이스북 데이터 과학자들은

20 홍민성, 「계엄 한 달에만 '1억' 잭팟 터졌다… '유튜버' 세무조사 해야」, 한국경제, 2025. 1. 20.
21 김다은, 「주진우 "전광훈, 이번 주 트럼프 취임식 간다"」 [김은지의 뉴스IN], 『시사IN』, 2025. 1. 15.

저커버그에게 이는 페이스북을 '화난 공간'으로 만들 것이라고 경고했다는 사실이 나중에 드러났습니다. 구글 유튜브도 2016 년 인공지능이 결합한 딥러닝 알고리즘을 개인별로 특화해서 적용하는 새 버전을 출시합니다.

올더스 헉슬리의 21세기판 '멋진 디지털 신세계'는 이렇게 확증편향과 갈기갈기 찢어진 적대 세계의 등장으로 시작되었습니다.

2021년 9월 월스트리트저널이 「페이스북 파일즈」라는 제목으로 페이스북 내부 문건을 폭로했습니다. 인스타그램과 10대 소녀들의 자살 급증 현상의 연관성 등 놀라운 사실들이 속속 드러났습니다. 페이스북의 2018년 알고리즘 변경 이후 유럽 정당들은 페이스북에 민주주의를 파괴할 수도 있다는 깊은 우려를 전달합니다. 개편 이후 정당들의 트래픽이 대폭 감소했고, 이전에 5:5였던 긍정 부정 게시물 비율을 2:8로 부정 게시물 비중을 대폭 올렸을 때 비로소 이전의 조회수를 회복할 수 있었다는 것입니다.

수많은 청소년의 부모가 들고 일어났고, 의회에서 청문회가 연이어 열렸습니다. 그러나 페이스북의 저커버그는 무대응으로 일관했습니다. 그러다 2024년 1월 31일 상원 법사위 청문회에서 상원의원들의 질타와 독촉에 마지못해 피해자 가족에게 사과했습니다. 뉴욕주는 2024년부터 SNS가 알고리즘에 의한 게시물 추천을 못하도록 법률로 강제하고 있습니다.

인터넷 중독 현상을 밝혀내고 일찍이 1995년부터 '인터넷 중독센터'를 설립했던 미국의 심리학자 킴벌리 영을 비롯한 수많은 과학자들이 입증한 명백한 사실은 알고리즘 중독은 현대사

주권자 국민이 만든다, 제7공화국

회의 가장 큰 질병 가운데 하나라는 것입니다.

적대 정치의 구조와 실태를 알면 알수록 그 심각성과 비효율, 낭비에 절로 한숨이 나오지 않을 수 없습니다. 2023년 기준 전체 2,207만 3천 가구 중 43.6%에 이르는 961만 8천 가구가 무주택 가구입니다. 대한민국의 진정한 주인인 주권자 국민 가운데 절반이 전세나 사글세로 평균 2년에 한 번씩 이사를 다녀야 하는 불안한 삶을 살고 있습니다. 월세 부담에 허리가 휠 정도입니다. 지금까지 수십년 간 이런 적대 정치로 낭비된 국민 혈세만 아끼고 무분별한 전월세 제도만 손질해도 무주택 가구 모두에게 저렴한 공공주택을 제공하고도 남았을 것입니다. 그게 공직자들이 국민을 위해 일하는 민주공화국의 헌법 정신입니다.

임기 단축 개헌이나 내각제, 이원집정부제 개헌도 좋지만 그건 두 번째 세 번째 과제입니다. 다른 어느 것보다도 중요한 첫 번째 과제는 국민이 직접 헌법과 법률을 제정하고 개정할 수 있는 국민발의제와 국민이 뽑은 공직자를 직접 소환해 탄핵할 수 있는 국민소환제 개헌입니다. 직접 민주주의 개헌이 핵심입니다.

그래야만 수많은 국민이 서로서로 손을 맞잡고 기후-불평등-초지능의 쓰나미를 헤쳐나갈 수 있는 확실한 사회안전망의 공동체를 다시 일으켜 세울 수 있습니다.

닫혀 있는 5천만 개의 칸막이 문을 활짝 열면 국민이 직접 정치의 주인이 되는 제7공화국의 드넓은 푸른 광장이 생생하게 펼쳐져 있습니다. 거대한 극장정치 스크린에서 매일매일 실시간

중계되는 여의도 보수-진보 적대 정당들의 투쟁과 전쟁 게임 전원을 끄면, 기득권 금수저들보다 훨씬 더 진솔하고 똑똑한 지역공동체의 흙수저 이웃 정치인을 만나 볼 수 있습니다.

나와 내 옆의 이웃들이 다름 아닌 대한민국의 주인, 수령, 왕, 내 삶의 지존, 수많은 대통령들과 국회의원들입니다.

광장에 모인 사람들이 남녀노소를 막론하고 이구동성으로 공감하는 공유의 감정은 광장에서는 누구나 자신의 정체성과 주장을 다른 사람들이 경청해주고 인정해준다는 점이었습니다. 성소수자나 장애인이나 비정규 노동자나 여성이나 노인이나 모두 당당하게 자신의 신분과 정체성을 밝혀도 무시당하거나 공격받거나 위협당하지 않았습니다.

또한 광장정치 공동체는 낯선 사람들일지라도 서로가 서로를 지켜주는 가장 안전한 안전공동체였습니다. 광주항쟁 당시의 저항공동체가 그랬습니다. 광주 시민은 전두환 살인폭력 계엄군으로부터 서로가 서로를 지켜주고 서로가 서로를 돌보았습니다.

밤을 새우고 새벽까지 전봉준 트랙터의 농민들을 지원하러 몰려든 여성들과 시민은 남태령 도로를 나눔과 자비행의 광장정치 공동체 시공간으로 만들었습니다. 이들이 최우선으로 느낀 감정 또한 주권자가 모이는 그곳이야말로 거대한 안전공동체라는 사실이었습니다.

그렇습니다. 가장 강력한 사회안전망은 열려 있는 광장정치 공동체입니다.

새는 좌우의 날개가 있어야 날 수 있습니다. 일제 36년간 가장 강력한 항일운동 조직체는 1927년~1931년 활동했던 좌우합작의 신간회 운동이었습니다. 1945년 8월 15일 해방이 되자마자 전국에 걸쳐 조선 인민들이 스스로 조직한 좌우합작의 인민위원회는 일제가 물러간 직후의 치안과 행정업무를 훌륭하게 수행하며 조선 인민의 자치능력을 유감없이 보여주었습니다.

동물이나 식물이나 근친혼과 단일종 재배는 멸종으로 이어집니다. 정치도 마찬가지입니다. 연대와 합작의 정치야말로 대한민국이 날 수 있는 좌우의 날개입니다. 연대와 합작은 힘이 셉니다. 그리고 안전합니다.

21세기 한국의 주권자는 좌우의 날개만이 아니라 앞선 세대와 미래 세대의 전후 몸통 전체가 한 몸으로 광장에 모여 합작해서 새로운 세상, 제7공화국으로 비상해가는 기적을 만들어내고 있습니다.

연대와 합작이란 그저 나 또는 우리 조직을 중심에 놓고 나 또는 우리 조직의 이해관계를 위해 다른 사람이나 조직을 끌어들이고 활용하는 이른바 포섭과는 전혀 다른 개념과 행동입니다. 상대방을 상호 동등한 '다른 나', '다른 우리'로 인정하고 존중하지 않으면 연대와 합작은 성립조차 될 수 없습니다. 특히 한국에서 연대와 합작은 민주주의 그 자체나 다름없습니다. 민주주의의 핵심 원리인 다른 주권자의 견해와 주장에 대한 인정과 경청이야말로 연대와 합작의 핵심 원리이기 때문입니다.

1987년 6월항쟁의 승리 직후에 시민이 모였던 광장에는 '비판적 지지'라는 용어가 널리 퍼졌습니다. 김대중을 지지하는 재야 민주화운동 세력의 한 분파였습니다. 숫자로는 가장 다수였습니다. 이른바 비판적 지지는 '비판'은 사라지고 '지지'만 남았습니다. 지금은 역사의 유물이 되었습니다.

비판이란 말은 안타깝게도 한국의 토론문화에서는 비난 또는 인신 공격과 동의어로 인식되고 있습니다. 토론 자체가 적대 정치 문화의 세력권 안에 들어 있고, 승패가 명확한 전투로 여겨지고 있기 때문입니다. 사실에 근거한 상대방의 주장이나 의견이 나의 의견이나 주장보다 더 나은 것이라고 생각하면 그 자리에서 주저없이 자신의 의견을 폐기하고 상대방의 의견을 찬성하는 것이 토론의 목표일 것입니다. 그러나 그런 행위는 수치스러운 패배로 여겨져 한국의 적대 토론문화에서는 일어날 수조차 없는 일입니다.

그런데 2024/2025년의 광장정치에는 놀랍게도 상호 인정과 경청의 용어가 수도 없이 등장하고 있습니다. 포용적 추동, 포용적 조언이라고도 할 수 있는 서사와 행동들이 정당 정치인에 대한 비판까지도 포함해서 부지기수로 나타나고 있습니다.

주권자인 국민은 광장에서 보수-진보 할 것 없이 서로 손을 맞잡고 합작하고, 노인 학생 할 것 없이 노학(老學) 연대하고 합작하고 있습니다. 광장정치 공동체에는 국힘당 당원도 민주당 당원도 조국신당, 개혁신당, 정의당, 녹색당 당원도 무당파도 있습니다. 노동자도 농민도, 소상공인, 초중등 학생, 대학생, 교사, 교수, 의사, 간호사, 기업가, 무직자 등등 거의 모든 계층의 시민이 있습니다. 심지어 서울의 풀뿌리 25개 자치구 지역에서 온 재벌가 사람도 있을 것입니다.

스위스의 최대 슈퍼체인 미그로 협동조합은 삼성전자보다 많은 10만 명 이상의 직원을 고용하고 있습니다. 조합원 수도 2백만 명이 넘습니다. 직거래를 통해 유통 재벌이 된 고틀리프

두트바일러는 1942년 자신의 주식을 조합원들에게 나누어주고 미그로를 협동조합으로 바꾸었습니다. 오늘날 대통령 이름은 몰라도 두트바일러를 모르는 스위스 국민은 없을 정도입니다. 두트바일러는 스위스 직접 민주주의가 낳은 재벌이고, 직접 민주주의의 가장 강력한 지지자였습니다. 재벌도 한 걸음을 내밀면 공유와 공동선의 자비행을 실천하는 선각자가 됩니다.

사실 김종철의 『녹색평론』 주요 후원자이자 김종철이 주도한 녹색당의 주요 후원자 가운데는 재벌가 사람도 있었습니다.

204명의 탄핵 찬성 국회의원들도 당연히 연대하고 합작해야 살길이 열립니다. 이른바 '별의 순간'이 왔다고, 마적떼 두목의 봉황무늬 앞 넓디넓은 대통령실 회전의자가 눈앞에 어른거린다고, 국회의사당 안에서 허구한날 선거 공학에 따라 지리한 적대 정치의 공방이나 계속하고 언론플레이나 한다면 광장정치의 주권자는 이들부터 먼저 심판할 것입니다.

인도의 간디가 한 말은 지금 여기 한국의 주권자 국민과 여의도 정치인이 깊은 성찰과 함께 경청해야만 하는 말 같습니다.

영국이 인도를 뺏은 것이 아니라 우리가 인도를 바친 것이다. 영국인들이 자력으로 인도에 살고 있는 게 아니라 우리가 영국인들이 살도록 만들어 준 것이다... 그 회사(동인도회사) 사람들을 도운 것은 누구였던가? 회사 사람들의 돈을 보고 유혹을 당한 것은 누구였던가? 회사의 상품을 누가 사주었던가? 역사는 증명하고 있다. 바로 우리들이 그 모든 것을 했던 것이다... 우리가 영국인들에게

인도를 바치고, 영국인들에게 인도를 지배해달라고 한 것이다.[22]

    윤석열 마적떼 두목에게 권력을 준 것은 우리들 주권자 국민입니다. 윤석열뿐만 아니라 내란 공범들과 잔당들을 단죄하는 것도 시급하고 중대한 일입니다. 그보다 더 중요한 것은 그렇게 단 한 번의 투표로 권력을 몰아주게끔 만든 원인, 6공 헌법을 단죄하는 일입니다. 다시는 이런 쿠데타와 내란이 일어나지 않게끔 폐기 처분하는 일입니다.

    그러기 위해서는 광장정치 주권자 국민의 매섭고 힘쎈 눈이 여의도 정당 정치인으로 하여금 연대와 합작 정치를 실천하게 추동하고 강제해야 합니다. 윤석열의 난을 차분하고도 신속하게 진압하고 마적떼 6공 정치가 더 이상 작동하지 못하도록 좌우-상하-전후의 연대와 합작 정치를 실천하게끔 매서운 채찍을 들어야 합니다.

    내 삶과 세상을 바꿀 제7공화국, 주권자 국민이 광장정치로 한 걸음 내딛기만 하면 일어섭니다.

22　더글러스 러미스, 김종철 옮김, 『간디의 위험한 평화헌법』, 43쪽. 녹색평론.

제2장

국민발의−국민소환제
헌법개정, 어떻게 가능할까

소수가 다수가 되는 3가지 경로

21세기 들어 뇌과학과 진화생물학, 네트워크 이론의 발전은 사회성 동물인 호모 사피엔스의 집단행동에 대해 몇 가지 특징을 정리해서 알려주고 있습니다. 그중에서 소수가 다수가 되기 위해 필요한 3가지 법칙이 있습니다.

첫째 도원결의, 둘째 던바의 수, 그리고 셋째 3.5%의 법칙이 그것입니다.

어떤 정치사회 운동과 체제 전환 운동도, 하다못해 자본주의의 주식회사 사업도 초동주체의 결의가 있어야 운동이든 사업이든 시작할 수 있습니다. 삼국지의 도원결의는 예수의 12제자, 붓다의 초전법륜 수행자 5명과 같은 맥락에서 모든 정치사회문화 운동과 체제 전환, 종교와 단체, 사업의 출발점입니다. 자신의 삶부터 먼저 바꾼 도원결의의 초동 주체가 사회와 국가, 세상을 바꾸는 시작입니다.

한 사람이 터놓고 신뢰하는 사람의 숫자는 150여 명 안팎입니다. 수십만 년 동안 수렵채취의 부족공동체 생활을 영위해온 호모 사피엔스의 뇌는 이에 적응해 진화해 왔습니다. 아마존 원시 부족공동체의 평균 구성원 수는 150여 명 안팎입니다. 구성원 수가 2백 명을 넘어서면 공동체의 일부가 따로 다른 지역으로 떨어져 나가 새로운 공동체를 만듭니다. 수렵채취를 할 수 있는 부족공동체 영역의 주위 지역 환경이 2백여 명 이상은 먹여 살릴 수 없기 때문입니다.

주권자 국민이 만든다, 제7공화국

이들 150여 명이 다름 아닌 가족을 넘어선 사회의 기본 단위, '기초사회'입니다. 모든 사회와 국가의 주춧돌인 기초공동체이고 지역공동체입니다. 씨족사회, 부족사회, 지역사회, 시민사회, 국가 등 더 큰 규모의 사회는 이들 수많은 주춧돌 위에 세워진 연대연합과 합작의 건축물입니다.

　진화인류학자 로빈 던바는 무수한 역사 기록과 최근의 트위터 등 SNS까지 조사 연구한 뒤 인류가 출현한 이래 이 숫자는 변하지 않았다고 설명합니다. 인간의 뇌는 아직 수렵채취 사회의 뇌에 머물러 있어서 그 이상은 수용하지 못하기 때문입니다. 실리콘밸리 빅테크 기업들과 고어텍스를 비롯한 글로벌 대기업들도 사업부를 150여 명으로 구성합니다.

　이것이 던바의 수입니다.[23] 인류의 전쟁사를 살펴보아도 전우애로 똘똘 뭉친 전투 핵심부대는 150명 안팎의 중대 단위입니다.

　사람의 감각 가운데 촉각은 친밀감을 전달할 수 있는 가장 강력한 감각입니다. 단 한 번의 접촉이 천 마디 말보다 더 많은 정보를 전달합니다. 디지털 미디어의 얕고 넓고 약한 네트워크가 할 수 없는 영역이 바로 이런 접촉의 친밀감을 통한 강한 결속과 유대입니다.

　어떤 정치사회 운동 단체 또는 사업체도 그 이름이 활동가든 선각자든 촉진자든 전위든 조합원이든 그 무엇이든 도원결의한 초동 주체들이 150여 명의 핵심 구성원을 결집시켜야 비로소 최소한의 기초사회, 기초공동체로서 활동을 시작할 수 있습니다. 지속가능한 하나의 단위로서 인정을 받고 활발한 조직 활

23　로빈 던바, 김정희 옮김, 『던바의 수』, 아르테, 2018.

동과 사업 확대 활동을 벌여나갈 수 있습니다. 그리고 조직 내의 핵심 연결자-촉진자(node)들이 다단계 방식으로 다른 핵심 연결자-촉진자들과 네트워크 그물망으로 연결되어, 네트워크를 통해 수천 수만 명, 수십만 수백만의 사람들을 결집시킬 수 있습니다.

미국 덴버대 정치학과 교수인 에리카 체노웨스는 국제 비폭력 갈등 센터(ICNC)의 연구원 마리아 스티븐과 함께 1900년부터 2006년까지 총 323개의 전 세계 국민 저항행동 사례를 문헌 조사를 통해 분석했습니다. 그리고 국가 차원이건 단체 차원이건 구성원 가운데 3.5%가 비폭력 행동에 나서면 그 집단행동은 성공한다는 공식을 발표했습니다.[24]

2016/2017 촛불시위가 대표 사례입니다. 2024년 12월 3일부터 2025년 내내 그리고 아마도 그 이후까지도 대한민국 시민이 행동으로 선보이고 있는 주권자 광장정치는 전 세계 시민에게 3.5% 법칙의 성공 사례를 실시간으로 생생하게 생중계해 주고 있고 앞으로도 그럴 것입니다.

체노웨스의 3.5% 법칙은 사회성 동물인 인간이 지역공동체와 사회, 국가를 어떻게 바꿀 수 있고 바꾸고 있는지 매우 귀중한 시사점을 던져줍니다.

---

24 에리카 체노웨스 마리아 J. 스티븐, 강미경 옮김, 두레, 2019.

낭만에 대하여 최백호가 한국 정치에 던지는 뮤지스땅스 이야기

　삼등이 편하다. 일등과 이등이 싸우는 것을 구경하는 게 최고다.[25]

　가수 최백호의 생활 철학입니다. 최백호는 2015년부터 2020년까지 마포 아현동에서 한국음악창작소를 운영했습니다. 무명 가수들에게 무대를 제공하고 음악에 대한 꿈을 키워주는 곳이었습니다. 그는 이곳을 뮤직에 레지스땅스를 더해 '뮤지스땅스'라고 이름 붙였습니다.

　한국의 거대 양당 체제에서는 최백호의 노래 가사처럼 내 마음 갈 곳을 잃은 수많은 주권자가 늘 있었습니다. 이름만 바꿔 대를 이어 내려오는 거대 양당 민주당도 국힘당도 지지하지 않는 이른바 부동층들입니다. 당연히 지금도 있습니다. 여론조사 전문가들은 대략 유권자의 1/3 가량 된다고 말합니다.

　윤석열 정권 탄생의 일등 공신은 문재인 정부와 민주당이었습니다. 2018년 지방선거에서 주권자는 7대 3의 비율로 민주당에 압승을 안겨주었습니다. 2020년 총선에서는 민주당에 180여 석에 달하는 의석을 몰아주었습니다.

　2020년 지방선거에서는 정반대로 국민의힘이 7대 3으로 압승했습니다. 이어 2021년 대선에서도 역시 국힘당 후보였던 윤석열이 대통령으로 선출되었습니다.

25　윤춘호, 「내 인생의 클라이맥스는 아직 오지 않았다」, 『어떤 어른』, 개마고원, 2021.

내 마음 갈 곳을 잃은 부동층 주권자가 선거 당일 그래도 정권 심판을 택한 결과입니다.

여론조사의 해석은 시민의 눈에 편광 안경을 씌우고 현실을 착각하게 만드는 일종의 폭력인 경우가 대부분입니다. 사람의 마음은 늘 바뀝니다. 개인의 의견과 견해도 늘 바뀝니다. 오늘은 이 정당을 지지했다가 그 정당 대표의 사생활이 폭로되거나 비리와 뇌물 사건이 터지면 내일은 저 정당을 지지합니다. 오늘은 이 후보를 지지했다가 내일 그 후보가 과거 특정 지역을 비하했다는 뉴스가 공개되면 지지 후보를 바꾸기도 합니다.

더구나 인간은 낯선 사람에게는 좀처럼 속마음을 겉으로 잘 드러내지 않습니다. 국내든 외국이든 여론조사가 대부분 잘못된 예측으로 드러나는 것은 이 때문입니다. 실제로 정치 여론조사의 경우 ARS 응답률은 2~4%, 전화 여론조사는 10~20%에 불과합니다. 10명 가운데 한 사람도 만나보지 않고, 또는 한두 명만 만나고서 어떻게 그 연령층 사람들은 이런 의견을 갖고 있다고 자신있게 말할 수 있는지 이상하기만 합니다.

2030 이대남 남성들은 다수가 반페미니즘이라느니 정치에 관심이 없다느니 하는 미디어의 여론조사 해석도 시민을 잘못된 인식의 세계로 빠지게 할 수 있는 프레임 씌우기 폭력입니다. 시민과 주민을 퍼센트라는 숫자의 두건을 씌워 닫혀 있는 특정 세계관에 가두어 더욱 강화하는 폭력입니다. 전화 여론조사에 적극 응하는 극히 일부의 의견으로 현실을 왜곡하고 이를 확대 재생산할 수 있는 폭력입니다. 인간은 될 수 있으면 동년배 이웃들과의 특정 견해나 무리에 속하려고 하기 때문에 이런 기사와 정보는 미디어 여론 조작의 전형이기도 합니다.

이미 수많은 주권자 국민은 이런 프레임 씌우기와 정보의 조작을 통해 거대 미디어 재벌들이 국민의 심리를 조종하고 조작하면서 윤석열을 '국민이 키운 윤석열, 내일을 바꾸는 대통령'이란 슬로건 아래 '정의와 공정'의 상징으로 포장해 대통령으로 만들었다는 사실을 잘 알고 있습니다.

　한국 정치에서 주권자 국민은 늘 3등입니다. 1등이어야 마땅하지만 최백호의 고백과 달리 3등의 구경꾼으로 전락한 주권자의 마음은 늘 편치 않았습니다. 최선의 선택이 아니라 늘 차악의 선택을 할 수밖에 없었습니다. 6공 구조악의 청치 제제가 그렇게 아예 최선의 정치를 배제해 놓고 있기 때문입니다.
　그리고 늘 차악을 선택할 수밖에 없었던 수많은 주권자가 마침내 광장정치의 합작 대열을 창조해냈습니다.

　민주주의는 1등과 2등의 기득권 엘리트들이 권력투쟁을 벌이고, 이를 3등인 국민은 개싸움 구경하듯 구경만 하는 관음증 정치가 결코 아닙니다. 민주주의는 3등인 국민이 1등이 되는 정치입니다. 주권자가 나라의 주요한 정책을 직접 의결하고 또 스스로 이를 따르는 국민발의-국민투표제의 주권자 직접 정치입니다.

한국 정치 3분지계, 대전환의 정치[26]

26　유승찬, 「새로운 1당 상상력」, 비공개 발제문, 2024. 10. 8.
유승찬, 「정치변화를 위한 두 가지 전술」, 반전 강의록, 2024. 11. 2.

기자 출신의 작가이자 빅데이터 전문가인 유승찬 '정치학교 반전' 소장은 한국정치 천하 3분지계를 주장해 왔습니다. 최백호의 3등 전략입니다. 12.3 윤석열의 난 진압 이전인 2021년부터 줄곧 이런 전략을 비공개로 여러 번에 걸쳐 발제했습니다.

극단의 적대 정치를 통해 엎치락뒤치락 1등과 2등을 독점해 온 한국 대의정 정치를 미래세대와 함께 정치 구도 자체를 바꾸어 보자는 주장입니다. 3등인 주권자 국민이 더는 방관하지 말고, 1등으로 직접 나서서 제대로 된 민주공화국을 만들어야 한다는 정치혁명 촉진 전략입니다.

다소 길지만 요지는 이렇습니다.

1987년 이후 40여 년 가까이 지속되는 제6공화국 체제에서 산업화 세력의 이익을 대변한 국민의힘과 민주화세력의 이익을 대변한 더불어민주당이 각각 보수-진보의 깃발을 걸고 교차 집권해 왔다. 특히 산업화 세력과 민주화 세력이 적대적으로 공생하면서 재벌, 관료 중심의 기득권 체제를 공고히 하는 데 기여했다. 이 체제는 불평등 심화, 차별과 혐오 확대, 기후지옥 등 미래 의제 대응 실패 같은 근본적 한계를 드러냈다.

이제 한국 정치의 프레임은 보수 대 진보에서 기득권 대 국민으로 급격히 이동 중이다. 보수와 진보 엘리트들이 기득권 체제에 편입됨으로써 이념은 기득권의 이익을 지키기 위한 미사여구의 정치 수사로 전락하고 말았다.

한국 정치는 이제 산업화 세력, 민주화 세력을 과거 기득권 정치세력으로 규정하고 이에 대항할 새로운 미래 세력을 구축할 필요가 있다. 이것이 한국 정치 천하 3분지계의 요체다.

　미래 세력의 핵심 가치는 기후 파국을 막고 평등, 평화 세상을 만드는 것이다. 기후지옥에 대한 전면 대응을 중심으로 불평등을 완화하고, 온갖 종류의 차별을 해체하며, 평등하고 평화로운 지속가능한 공동체를 만드는 것이다.

　강고한 기득권 양당 세력에 맞서 새로운 세력을 만들기 위해서는 여의도 정당정치를 뛰어넘는 새로운 상상력이 필요하다. 기후 대전환 운동의 중심을 세우고 이를 지역운동, 풀뿌리 조직과 결합시키며 이를 기반으로 한 새로운 차원의 시민 연대운동이 필요하다.

　글쓴이는 유승찬의 발제를 듣고 전폭 공감하는 소감문을 글로 썼습니다.[27]

　유승찬의 천하 3분지계와 3등 전략이 최고의 전략이 되려면 최백호와 같은 레지스땅스 서사가 있어야 합니다. 1등과 2등이 피터지게 싸울 때 무명의 3등은 소리를 갈고 닦으면서 밑바닥에서 국민 대중들의 심금을 파고들어 함께 울고 웃는 레지스땅스의 서사를 확대해 나가야 합니다.

　1등과 2등이 서로 피투성이로 엘리트 대의정 선거의 옥타곤 바닥에 나가떨어지도록 만들어야 합니다. 아니 만들지 않아도 그렇게 됩니다. 그리고 마침내 3등인 인민이 직접 나서서 기후-불평등 타파의 정치를 할 때가 옵니다.

27　박승옥, 「3등이 이긴다: 한국정치 3분지계」 ②, 프레시안, 2022.7. 25.

그런데 정말 놀랍게도 그런 때가 도착했습니다. 그것도 어느 누구도 상상할 수 없었던 방식으로, 상상할 수 없었던 주권자가 나서서 만들어 냈습니다.

하늘의 무지개는 곧 사라지고 말지만 국회 앞과 광화문, 헌법재판소, 남태령을 비롯 부산, 창원, 광주, 대구, 전주, 대전, 세종, 수원, 춘천 등등 전국 각지의 광장에 모인 무지개 연합의 응원봉은 결코 꺼지지 않습니다. 전국의 시군구 지역에서 경이와 기적이 연이어 일어나는 나날입니다.

유승찬의 한국정치 3분지계는 12.3 윤석열의 난 진압 이전의 6공 한국 정치 현실에서 제안한 전략이었습니다. 그리고 지금도 여전히 체제 전환의 가장 유력한 전략일 것입니다. 각각 경상도와 전라도를 가두리 양식장처럼 거느린 2개의 거대 정당 구조를 허물어뜨리는 것 자체가 강고한 구체제의 구조를 허무는 현상타파의 출발입니다. 다만 12.3 내란 이후 확연하게 달라진 점은 이전의 전략이 장기 전략이었다면 지금은 급속한 속도전의 압축 전략과 장기 전략이 결합된 현실성 있는 대안의 전략이 필요하다는 사실입니다.

상황이 이렇게 순식간에 바뀐 것은 오로지 광장정치의 주권자 국민이 스스로 이룩한 연대와 합작 정치의 힘입니다. 주권자 국민의 마음과 마음이 연대합작해서 쿠데타군의 총을 가로막고 6공 체제의 벽을 무너뜨리며 밀고 들어간 광장정치의 폭발이 바꾼 새로운 세상입니다.

국힘당으로 상징되는 80여 년의 국가주의 기득권 세력은 이제 허물어져 가고 있습니다. 물론 여론조사는 여전히 20% 안

밖의 사람들이 지지하고 있다고 말하지만 시간이 가면 갈수록 점점 축소될 것입니다.

지금 광장의 민주주의 정치세력은 눈덩이처럼 점점 불어나는 새로운 권력으로 등장해 구체제 기득권 세력을 하나씩 단죄하고 몰락시키고 있습니다. 그리고 국민이 엘리트 정치인으로서 직접 통치하고 통치받는 새로운 세계, 주권자 국민이 진정한 대한민국의 주인이 되는 제7공화국을 건설하고 있습니다.

새로운 시대에는 새로운 언어와 서사가 사람들의 마음속으로 들어가 사람들의 마음을 바꾸고 행동을 이끌어냅니다.

무엇보다도, 광장정치의 선각자들이 먼저 달려와 실천한 성찰과 공동선의 자비행이 사람들의 마음을 움직입니다. 우애와 환대의 이웃공동체, 나눔과 공유의 지역공동체 복원, 광장의 합작정치가 새로운 언어와 서사입니다.

그동안 노동단체, 농민단체, 환경단체, 시민사회단체, 여성단체, 풀뿌리 지역 단체, 소수자 단체 등등은 따로국밥의 정치활동을 해 온 것이 사실입니다. 그런데 지금 서울과 지역에서 무지개 잔치밥으로 한 묶음으로 결합된 시민의 광장정치는 그야말로 괄목할만한 연대합작 정치의 결사체로 거듭나고 있습니다. 윤석열 탄핵 집회를 주도하는 연대합작의 비상행동은 즉각 탄핵과 함께 사회대개혁이라는 새로운 언어와 서사를 내걸고 광장정치를 이끌어가고 있습니다.

두 번째 무엇보다도, 거기서 한 걸음 더 나아가 서울의 광장정치가 지역공동체의 광장정치 세력화로 우뚝 서야 새로운 세상을 열 수 있습니다. 그래야 2017/2018년 촛불이 꺼져버린 뼈아픈 실수의 되풀이를 방지할 수 있습니다. 서울의 광장정치를 지탱시키고 지속가능하게 하는 원천은 전국의 230여 개 시군구 지역공동체 광장정치 세력의 꺼지지 않는 응원봉들입니다. 서울도 지역 가운데 특별한 하나의 지역이며 자치구와 읍면동이 풀뿌리 지역입니다.

지역공동체 광장정치 세력으로 거듭나 더 많은 시민이 전국에서 상경해 결집한 서울의 연대합작 광장정치는 이전보다 훨씬 더 크고 강력한 초강력 태풍을 몰고 올 것입니다. 이런 초강력 태풍이 불어야 6공 구체제의 피라미드 맨 밑바닥 지역주민들의 세계관이 출렁거리고 뒤흔들립니다. 그래야 지역공동체 광장정치 세력들이 힘을 얻고, 그래야 지역의 마적떼 소두목들이 흔들리고, 그래야 중앙의 마적떼 패거리들이 해체될 수 있습니다.

중앙이란 권력 집중의 표현입니다. 북한에서 수령을 당 중앙이라고 하듯이 민주집중제라는 형용모순의 용어와 국가주의 사고의 핵심 용어입니다. 주권자 국민이 중앙이고 수령이고 왕이고 대통령인 직접 민주주의에서는 주권자 주민이 있는 곳이면 모두 중앙입니다. 중앙이란 용어는 이제 사라져야 할 용어와 개념입니다. 풀뿌리 지역공동체 광장정치 세력들이 연대하고 합작하는 정치 현장이 바로 중앙입니다. 이들이 연방주의로 뭉쳐만든 서울의 연대합작 결사체 토네이도가 구체제를 허물고 새로운 세상을 만들어 낼 것입니다.

세 번째 무엇보다도, 이 점이 중요합니다. 우리에게는 2016년/2017년 촛불 이후를 또다시 반복할 시간 여유가 없습니다. 주권자 국민에게는 1987년 6월항쟁 이후 곧바로 대선의 광풍으로 휩쓸려 들어간 뼈아픈 실패의 경험이 공유되고 있습니다. 세 갈래로 갈라져 권력을 전두환 쿠데타 세력에게 헌납한 역사를 또다시 반복할 여유는 전혀 없습니다. 2016/2017년 촛불이 마찬가지로 권력자 교체로만 끝난 교훈도 잊지 않고 있습니다.

역사를 되돌아 보면 전쟁과 권력투쟁은 늘 되풀이 반복됩니다. 출연자가 다르고 서사가 다르고 전개가 다르고 시작과 끝이 다르긴 합니다. 그러나 전쟁과 권력투쟁은 불사조처럼 틈만 나면 어느날 한순간에 갑자기 이웃의 괴물처럼 뛰쳐나옵니다. 인간의 탐욕과 성냄과 무지가 늘 되풀이되기 때문입니다. 권력과 돈을 둘러싼 쟁투는 돈과 권력이 집중된 마적떼 패거리들과 재벌이 존재하는 한 늘 되풀이됩니다.

돈과 권력의 집중 자체를 불가능하게 만들어야 국민이 사람답게 살 수 있는 제7공화국 직접 민주주의 세상이 건설될 수 있습니다.

광장의 합작정치 세력이 지금 여기 이웃과 맞잡은 손을 놓지 않고 흩어지지 않는 끈끈한 우애와 지혜, 튼튼한 준비가 무엇보다도 필요한 이유입니다. 곧 닥칠 마적떼 도둑들의 대선 소용돌이에 함몰되지 않는 광장정치 세력의 힘을 길러야 합니다. 지역별로 모여 광장을 여는 지역공동체 합작정치의 이웃들이 힘입니다.

가장 강력한 걸림돌은 마적떼 도둑 패들의 탐욕과 전리품 분배라는 강력한 유혹입니다. 2026년 지방선거를 앞두고 있기에 전리품의 유혹은 더 강렬하고 더 배가됩니다.

6공 구체제의 헌법에 따라 윤석열이 탄핵당하면 즉시 대선은 일정표대로 진행될 것입니다. 2025년 대선은 국민발의-국민소환제 헌법 개정을 관철할 수 있는 절호의 기회입니다. 두 번 다시 올 수 없는 선거 정치의 시공간, 주권자가 스스로에게 만들어 준 선물입니다. 대선이 치러지기 전에 개헌이 이루어지는 것, 그것이 가장 현명한 선택입니다.

국민발의-국민소환제 헌법개정, 지금이 때입니다

광장에 모인 시민의 소망은 상식의 세상입니다. 왕도 없고 쿠데타도 없고 내란도 없고 고문도 없는 세상입니다. 손쉽게 내 집을 마련하고 해고의 불안 없이 평생 일할 수 있는 직장입니다. 가족과 이웃과 친구와 더불어 함께 삶을 누리는 축제와 잔치밥의 세상입니다. 이것이 주권자 국민이 명실상부하게 주권자가 될 수 있는 국민발의-국민소환제의 제7공화국 세상입니다.

광장의 주권자는 누가 마적떼 두목이 될지 여부는 생각조차 하고 싶지 않습니다. 그래서 더더욱 대선의 광풍조차 흔들 수 없고, 광장의 시민을 낙엽처럼 흩어지게 만들 수 없게 하는 강력한 연대와 합작의 대동단결 접착제가 필요합니다. 그것이 다름 아닌 지역공동체의 연대합작 정치입니다. 광장정치의 지역주민 조직화 전략입니다.

광장에 모여 세대와 성별, 지역과 가치관의 차이를 뛰어넘어 서로 어깨동무하는 수많은 시민 속에는 보수주의자도 있고 진보주의자, 공동체주의자, 녹색주의자도 무(無)주의자도 있습니다. 이들이 모두 서로 손을 잡고 함께 응원봉을 흔들고 합작해 만들어 낸 열린 광장의 정치행동은 놀랍기만 합니다. 개인의 세계를 뛰어넘는 연대와 합작의 새로운 세계가 펼쳐지고 있습니다.

구체제의 기득권 세력은 무슨 수를 써서라도 모든 미디어와 구체제 조직들을 총동원해 뭉쳐있는 광장정치 세력을 수많은 정체성으로 갈기갈기 쪼개놓기 위해 혈안이 될 것입니다. 경상도니 전라도니, 페미니 반페미니, 이대남이니 틀딱이니, 무슨 파 무슨 파 등등으로 편을 가르고 일부러라도 편을 만들기 위해 새로운 이슈와 이름으로 공작정치까지 시도할 것입니다.

이른바 극우의 주류 미디어와 숱한 유튜브 채널들 대부분이 이런 미디어 공작정치를 하고 있습니다. 이들은 여론조사 조작과 여의도 정치 중계방송을 통해 연대합작을 깨고자 하는 행태를 서슴없이 보이고 있습니다.

지금 개헌을 의제로 내세우는 것은 주권자 국민의 힘을 분산시키는 일이라는 주장이 있습니다. 헛소리입니다. 오히려 대선의 광풍이 주권자 광장정치 세력의 힘을 두 패 세 패 여러 패로 찢어놓고 분산시킬 것입니다. 이런 주장은 광장정치를 실천하고 있는 주권자 국민의 시선과 삶과는 전혀 다른 입장과 눈높이의 시각입니다. 국민의 미래를 걱정하는 마음이 아닙니다. 마적떼 도둑 패로서 두목의 봉황 의자에만 눈이 먼 사람들의 이치에 맞지 않는 억지 주장입니다. 마적떼 두목의 이익에 부화뇌동하는 짓일 따름입니다.

서울과 지역의 광장에 모인 시민이 국민발의-국민소환제 헌법개정을 최우선의 의제로 관철시켜야 할 이유는 무수히 많습니다. 선거 정치는 그중 하나입니다. 선거 정치는 국민에게는 단순한 1표의 주권을 행사할 수 있는 기회에 그치지 않습니다. 선거는 광장 정치세력이 가장 활발하게 주민조직화를 실현시킬 수 있는 직접 민주주의 정치활동의 축제입니다. 다양한 트로이 목마를 얼마든지 만들 수 있는 광장정치의 시공간입니다.

광장 정치세력이 요구하지도 않는데 지금 국회의원들이 나서서 국민발의-국민소환제 헌법개정을 할 리는 전무합니다. 요구해도 할까말까입니다. 다음 선거에서 당선되는 것이 최고의 목표인 국회의원들에게 지역구 표들의 요구가 아닌 것은 일고의 가치도 없습니다.

그렇습니다. 바로 그런 한 표가, 주권자의 쪽수가 핵심입니다. 서울과 지역의 광장정치 공동체는 지금 당장 지역구 국회의원들을 움직일 수 있는 현찰의 표들입니다.

모두가 알고 있듯 6공 헌법 체제에서 개헌은 국회의원 2백명 이상이 찬성해야 통과됩니다. 당연히 2025년 현재 국민발의-국민소환제 개헌에 찬성하는 국힘당 의원들과의 합작은 필수이고 현실입니다. 탄핵에 찬성했던 국힘 의원들과 여러 가지 사정으로 국회 본회의장에 참석 못 한 다른 의원들까지 지역별로 광장정치 세력들은 지치지 않고 끈질기게 진심을 다해 마음으로 설득하고 연대하고 합작해야 합니다. 진심이 담겨야 합니다. 사람들은 진심인지 아닌지를 금방 압니다.

민주당은 이들과의 연대와 합작을 생각조차 하고 있지 않을 것입니다. 손안에 권력이 이미 굴러들어 왔다고 확신하고 있는데, 연대와 합작이란 용어 자체가 눈에 잘 들어오지도 않는 말들입니다. 충분히 이해는 갑니다만 착각입니다. 한국의 정치는 내일을 예측하는 게 불가능한 생명체입니다.

지금과 같은 광장정치의 시민혁명 소용돌이 시공간 속에서는 워낙 수많은 변수들이 돌출하기 때문에 내일은 설계와 기획, 희망대로 되지 않습니다. 대다수 국민은 누구나 대선이 곧 치러진다면 민주당 후보가 대통령에 당선될 가능성이 가장 높다고 생각하고 있지만 그것도 모르는 일입니다.

　　이처럼 불확실하지만 확실하게 눈앞에 어른거리는 '별의 순간'을 선택하는 어리석음으로 한 발자국을 뗄지 여부는 민주당의 손에 달려있지 않습니다. 민주당이 주권자가 소망하는 세계, 제7공화국 직접 민주주의 세상을 여는 역사 선택으로 한 발자국을 내디딜지 여부 또한 민주당 정치인의 선택에 달려있는 게 아닙니다. 그 선택을 결정하는 힘은 오로지 광장정치의 주권자 국민 손에 달려 있습니다. 표와 쪽수가 결정합니다. 민주당의 선택이 어리석은 선택일지 현명한 선택일지의 여부도 주권자 국민의 선택과 행동에 달려 있습니다. 주권자 국민의 연대합작정치가 어떤 선택을 하느냐에 따라 바뀔 것입니다.

　　탄핵을 찬성하는 국힘 의원들과의 합작도 광장 정치세력이 나서서 그렇게 하도록 추동하지 않으면 민주당은 꿈쩍도 하지 않을 것입니다. 서울과 지역의 광장 정치세력이 먼저 나서서 탄핵과 국민발의-국민소환제 헌법개정에 찬동하는 국힘당 의원들과 연대하고 합작해야 비로소 민주당은 눈을 휘둥그레 번쩍 뜨고 부랴부랴 대응에 나설 것입니다. 서울과 지역의 광장정치공동체가 좌우-상하-전후 연대와 합작의 주민공동체이기 때문에 가능한 일입니다.

　　대선 이전의 시기가 헌법개정 가능성이 가장 높은 시기일 것입니다. 물론 그렇게 되지 않으면 대선 이후에는 새로운 각오로 다시 신발 끈을 매면 됩니다. 수십 년을 기다려 온 주권자입니다. 몇 개월 정도 더 기다리는 인내심이야 일도 아닙니다.

현직 국회의원들은 대부분 임기 단축 개헌이나 내각제, 이원집정부제 등 권력구조 개편과 선거구제 개편 등의 개헌을 선호합니다. 어떤 제도든 장단점이 있고, 주권자 입장에서는 그 어느 것도 수용할 수 있습니다. 그러나 양보할 수 없는 최고의 핵심 개헌 의제는 왕을 뽑지 않는 체제입니다. 국민발의-국민소환제 제7공화국 개헌입니다. 이것을 받아들이지 않는 정치인은 그 누구든 스스로 마적떼 도둑이 되겠노라고 주권자 국민 앞에 선전포고하는 것이나 다름없습니다.

한 조항의 원포인트 개헌이 아니라 투포인트 이상의 개헌입니다. 임기 단축 개헌이든 뭐든 국회의원 2백명 이상이 손쉽게 합의할 수 있는 권력구조 개편과 동시에 국민발의-국민소환제 개헌안이 들어가는 게 핵심입니다. 헌법개정의 부칙에 헌법개정으로 치러지는 대선의 대통령은 제7공화국의 첫 대통령으로서 개정 헌법에 따른 정치체제를 입법화하고 체제 전환을 집행하는 정치 지도자로 그 역할을 규정하면 됩니다.

대선이 기정사실로 현실화되고 있는 지금 벌써부터 대권 김칫국에 침을 흘리는 정치인이 많습니다. 6공 헌법체제에서는 당연한 일입니다. 국힘당은 말할 것도 없고 민주당의 이른바 잠룡들도 6공 마적떼 두목으로 등장할 가능성이 너무나 높습니다. 이런 지적에 대해 민주당 지지자들 가운데 일부는 격하게 반박할 수 있습니다.

이른바 '개혁의 딸'들은 대한민국의 개혁을 간절하게 원하는

주권자 국민이 만든다, 제7공화국

풀뿌리 민주주의 시민이고, 그래서 형성된 정치 아이돌 팬덤으로 여겨집니다. 언제든 민주주의를 배신하는 행위에 대해서는 윤석열의 난처럼 앞장서 진압 행동에 나설 것이라고 기대해도 될 것입니다.

2024년 4월 총선 당시 '비명횡사' 공천을 통해 '이재명의 민주당'을 확고하게 만든 이재명 대표의 행위는 어떤 합리화의 언어로 분칠해도 국힘당을 윤석열의 당으로 만든 것과 똑같습니다. 민주주의와는 거리가 먼 행태입니다. 지금의 그는 흙수저 출신 기득권자입니다. 대통령이 되기 위해서는 기본소득이건 금투세건 언제든 자기부정의 정책 변경을 할 수 있고 무슨 짓이든 할 수 있다는 의구심을 많은 시민에게 심어주었습니다.

비상계엄 상황을 돌파하고 내란을 진압하기 위해서는 강한 리더십이 필요하다고 주장할 수 있습니다. 그러나 국회의장을 비롯한 여야 국회의원 204명의 비상계엄 해제 결의가 가능할 수 있었던 원천은 맨몸으로 계엄군을 막아선 시민, 비상계엄 내란을 결코 용납하지 않은 대다수 주권자 국민입니다. 시민들의 강한 리더십이 쿠데타를 진압하고 이중권력의 정치 상황을 만들어 낸 것입니다.

이재명 대표는 사법 리스크라는 변수가 있긴 하지만 6공 헌법으로 대선을 치른다면 지금으로서는 마적떼 두목 정체성의 민주당 대통령 후보가 될 가능성이 가장 높습니다. 그러나 그가 마적떼 두목을 선택할지 아니면 또 다른 대안을 선택할지는 거듭 강조하지만 광장정치의 주권자 국민 손에 달려 있습니다.

이재명 대표는 광장정치 세력에 합류해 제7공화국 직접 민주주의 체제를 여는 역사 선택에 앞장설 수도 있을 것입니다. 그것이 아마도 윤석열과 정치검찰이 그렇게도 끈질기게 먼지털이 수사하고, 기소하고, 가짜뉴스를 만들어 공격하고, 기진맥진하게 무너뜨리고자 하는 전략을 뒤집어엎는 가장 현명한 선택일 수 있습니다. 그것이 아마도 여의도 마적떼 두목 정체성을 과감히 떨쳐버린 정치인으로서 그를 그리스 아테나이의 솔론과 같은 민주주의 정치 지도자로 우뚝 설 수 있게 구원할 수도 있을 것입니다.

이재명 대표의 어떤 선택도 광장정치에 모인 주권자의 힘과 선택에 달려 있습니다.

이제 민주주의는 몇몇 소수 정치인의 화장발 수단이 아닙니다. 한국 민주주의는 주권자 국민의 '삶의 수단으로서의 민주주의' 그 자체입니다. 여의도 정치인들을 민주주의 정치 지도자들 가운데 한 사람으로서 역할을 다할 수 있도록 추동하는 힘은 국민, 시민, 국본, 주권자 수령들에게 있습니다.

2025년 현재 주권자는 마적떼 두목 윤석열과 정치검찰, 국힘당 마적떼 졸개들을 진압하기 위해 살을 에는 겨울바람과 강추위에도 팔을 걷어붙이고 직접 나서고 있습니다. 대한민국을 마구잡이로 노략질하다가 드디어는 대한민국 국가 자체를 송두리째 도륙하기로 작정하고 비상계엄을 선포, 내란을 일으킨 자들을 하나하나 체포하고 단죄하기 위해 광장에 모이고 있습니다.

21세기 한국의 시민은 미디어 이미지 선거홍보 전략의 화장발에 속아 투표한 결과를 땅을 치며 후회하고 있지 않습니다. 그 대신 과감하게 잘못을 고백하고 그 결과를 새로운 원인으로 만들기 위해 발걸음을 옮기고 있습니다. 우리 선조들이 대통령 계약 해지를 거의 불가능하게 만든 탄핵을 한 번도 아니고 두 번씩이나 결행하면서 두 번 실수는 절대 되풀이하지 않기 위해 길거리를 누비고 있습니다.

우리는 제3의 길로 나서는 게 아닙니다. 우리는 비상 상황 속에서 살아남기 위해 최우선으로 제1의 길로 나서는 것입니다. 이전과는 전혀 다른 새로운 자유인들의 광장정치 운동을 우리는 '지금 여기'에서 시작하고 있습니다.

오늘날 6공 여의도 마적떼 정치에 대한 주권자 국민의 피로감과 실망감은 극에 달해 있습니다. 주권자가 아무리 애원하고 청원하고 시위를 해도 삶의 질을 개선하는 정책과 법, 제도는 기득권들의 카르텔에 막혀 번번이 오히려 후퇴를 거듭할 뿐이었습니다. 노동자와 농민들, 소상공인들을 착취하는 기기묘묘한 새로운 제도들만 점점 더 늘어나고 있습니다. 대통령과 장관, 국회의원들과 법조인, 재벌과 족벌 언론 등 오직 1% 소수 기득권자들의 이익 챙기기에 혈안이 된 한국 정치는 이미 사망선고를 받은 상태입니다. 프랑스혁명 직전의 앙시앙 레짐 구체제 그 자체입니다.

대부분의 여론조사에서 6공 헌법 개정에 대한 찬성률은 70%를 넘습니다. 한마디로 지금은 그 어느 때보다 헌법 개정이 이루어질 가능성이 높습니다. 제7공화국 출범에 대한 국민의 기대감은 2018년 박근혜 탄핵 직후보다 비교할 수 없을 정도로 훨씬 더 높습니다.

윤석열 탄핵이 가시화되자 헌법개정을 주장하는 목소리가 국회와 족벌 언론을 비롯해서 사회 곳곳에서 튀어나오고 있습니다. 대부분 내각제니 이원집정부제니 대통령 임기 단축 개헌이니 하는 권력구조와 선거제도 개편에 집중되어 있습니다.

그러나 거듭 가장 중요한 헌법개정의 핵심은 국민발의-국민소환제 헌법 개정입니다. 이것을 뺀 헌법 개정 논의는 모두 다 기득권 마적떼 도둑들의 사기술입니다. 지금이야말로 광장정치의 주권자 국민이 사문화돼 빼앗겼던 주권을 되찾을 수 있는 절체절명의 기회입니다.

우리는 이제 단 한 순간에 번쩍 눈을 떴습니다. 문을 열고 광장으로 나와 이웃과 손을 맞잡고 춤을 추며 자유와 해방의 축제를 즐기고 있습니다. 12.3 윤석열의 난 전날까지는 상상조차 못한 일입니다. 나와 이웃의 삶, 사회와 국가를 바꾸는 신세계 시민혁명의 새로운 깃발을 스스럼없이 들고 광장으로 나오고 있습니다. 주권자가 삶과 사회, 대한민국의 주인이자 수령, 명실상부한 최고 권력자가 되는 직접 민주주의 제7공화국을 예감하고 실천하고 있습니다.

민주주의는 수단입니다. 목수는 집을 짓는 사람이지 목수가 곧 집은 아닙니다.

나 자신이, 주권자인 국민이 1급 목수입니다. 국민이 스스로 나서서 기후재난의 튼튼한 피난처가 될 수 있는 대한민국이라는 국가와 사회의 집을 지을 수 있습니다.

초지능의 등장을 앞두고 기후지옥과 불평등이 복합된 극단의 양극화 시대, 이제 대의정과 선거는 전 세계 시민에게 더 이상 호소력 있는 신세계가 아닙니다. 대의정이 출현했던 서구와 미국 시민 사이에서도 그렇습니다. 스페인의 포데모스, 미국의 샌더스와 오카시오 코르테스 등의 민주사회주의 정치행동 등은 대의정을 대체하는 풀뿌리 직접 민주주의 정치를 통해 지역공동체 차원에서부터 서구와 미국을 변화시키고 있습니다.

12.3 윤석열의 난을 진압하고 새로운 세상을 만나고자 하는 한국 국민은 더더욱 그렇습니다.

한국의 진보정치와 녹색정치에 없었던 것

1898년 창당한 러시아 사회민주노동당은 19년의 활동 끝에 1917년 혁명을 성공시키고 권력을 잡았습니다. 1921년 창당한 중국공산당은 28년만인 1949년 집권에 성공하면서 중화인민공화국을 출범시켰습니다. 물론 이들은 인민이 고루 평등하고 사람답게 살 수 있는 사회주의 이상사회를 공약했지만, 수천만의 인민을 학살하고 굶겨 죽이는 악몽과도 같은 독재정치를 펼치고 말았습니다.

1990년 한국에서 민중당이 출범한 지 30여 년이 훌쩍 지났습니다. 그런데 오늘날 한국의 진보정당이 금수저 기득권자들을 제압하고 대한민국을 흙수저 계급이 주인되는 직접 민주정치의 사회와 국가로 바꿀 수 있다고 생각하고 기대하는 국민은 거의 없습니다. 진보정당이라고 자처했던 정의당은 지금 의석조차 없습니다.

녹색당은 이러한 진보정당만큼의 무게감조차도 없는 것이 냉엄한 현실입니다.

한국의 녹색정치 실험은 2004년 6월 10일 "풀뿌리의 생명력과 연대로 시민사회의 대안적인 가치를 실현하자"는 선언과 함께 출범한 초록정치연대가 효시라고 할 수 있습니다. 그러나 초록정치연대는 2006년 지방선거에서 2명의 기초의원 당선이라는 저조한 성적을 올리면서 2008년 자진 해산하고 말았습니다.

2012년 4.13 총선을 앞두고 풀뿌리 민주주의 정당을 표방한 녹색당이 창당되었습니다. 2011년 후쿠시마 핵발전소 폭발이 준 충격이 큰 영향을 미쳤습니다.

그러나 녹색당의 창당 방식은 겉으로 내세운 표방과는 달리 이른바 기존의 여의도 정당정치 문법인 하향식 중앙정치와 하나도 다를 바 없었습니다. 풀뿌리 시군구 녹색당원들을 기반으로 한 상향식 정당 창당 방식이 전혀 아니었습니다.

이것은 총선 날짜에 맞춘 역산의 창당이라는 불가피한 현실과는 관계가 없는 문제였습니다. 4.13 총선의 실패 이후 정당 자체가 해산되고, 녹색당플러스라는 이름으로 정당활동을 하면서도 이 점은 마찬가지였습니다.

녹색당은 녹색가치와 대의만 있었지 권력을 어떻게 잡아서 대한민국을 어떻게 녹색사회와 녹색국가로 전환할 것인지에 대한 청사진, 곧 치열하고도 구체화된 실천 전략은 거의 없었습니다.

녹색당에는 풀뿌리 지역주민 조직화 전략이 없었습니다. '반정당의 정당'을 기치로 내건 녹색당이 기득권 정당정치에 반기를 들고 대항하는 대안의 권력집단 세력으로서 내세울 수 있는 유일한 무기는 풀뿌리 시군구 지역에서 주민들을 조직하는 일상의 직접 민주주의 정치 활성화 방법밖에 없습니다. 그리고 이 과정에서 조직된 주민들의 '쪽수' 밖에 없습니다. 창당 이후 10년이 훨씬 지난 지금도 녹색당에는 극히 일부를 제외하고는 시군구의 일상 정치활동이 거의 전무합니다.

한국의 시민사회단체 활동도 마찬가지입니다. 주민조직화 전략이 거의 없고 정책 대안 제시와 1인 시위 등의 대변인 활동이 주를 이룹니다. 대의정과 똑같습니다. 1980년대 환경운동을 시작할 당시의 공해추방운동 등은 거의 대부분 주민들이 저항의 주체로 나서는 주민운동이었습니다.

한마디로 한국의 진보정당과 녹색당, 시민사회단체 등에는 이런 주민주체 조직화 정치 전략, 주민정치 조직가-촉진자 학습과 교육 전략이 거의 없었습니다. 주민 조직화 정치전략이 없는 정당이란 판매전략이 백지인 상태에서 제품을 출시한 기업과 똑같습니다. 집권 전략과 청사진이 없는 정당을 체제를 전환시킬 수 있는 대안 정당이라고 보기는 어렵습니다.

광장 정치세력이 구체제를 확실하게 전환시키기 위해서는 더 많은 힘과 세력이 필요합니다. 그것이 다름 아닌 지역공동체 광장정치 세력의 조직화입니다. 전국 각지에서 모여드는 서울의 광장정치가 다시 지역으로 돌아가 지역에서도 광장정치를 여는 광장정치의 전국화는 누구도 허물 수 없는 새로운 세상의 주춧돌이자 튼튼한 근거지가 될 것입니다.

선거, 제7공화국 체제 전환의 트로이 목마

대의정의 정당은 선거정당입니다. 당원들이 지역에서 벌이는 일상의 민주주의 정치활동은 거의 없습니다. 오직 선거 때 후보를 정하고 투표를 할 때만 당원들에게 '참여'를 독려합니다. 선거가 끝나고 주권자의 정치가 사라진 시공간의 현실 정치는 선거에서 당선된 정당의 이른바 엘리트 대리인들이 벌이는 여의도 극장정치 쇼일 뿐입니다.

대리인들은 당선된 순간 선거운동 기간 중 구십도 각도의 절을 하던 주권자의 머슴에서 갑자기 목에 철근을 박은 권력자로 돌변합니다. 대의정은 철저히 기득권 엘리트들의 이익을 위한 그들만의 여의도 리그 정치입니다.

한국의 국회의원 선거구 수는 253개 개, 행정구역은으로는 226개 시군구 지역이 있습니다. 시군구 지역의 5,055개 읍면동에는 거의 모두 지역 주민들의 현안, 즉 민원이 다양하게 들썩이고 있습니다. 시군구 의원이나 시장-군수-구청장, 국회의원들은 이런 민원을 해결해주는 해결사 노릇을 합니다. 한국의 정치인이란 시늉으로라도 자신의 지역구 유권자들 민원을 해결해주는 행정 대리인들입니다. 그래야 다음 선거를 기약할 수 있습니다.

그럼에도 지방자치단체의 단체장이나 시군구 의원들 가운데는 주민을 위해 헌신하는 선출직 공직자들이 적지 않습니다.

그런데 이런 민원의 상당수는 사실 조금만 법과 제도, 민원 해결 절차, 집단행동의 원리를 알면 주민 스스로 해결할 수 있는 문제들입니다. 광장정치의 직접 민주주의 활동가라면 그는 이런 주민들의 민원을 주민들이 주체가 되어 스스로의 힘으로 해결할 수 있게끔 촉진하는 촉진자, 조직가로 충분히 나설 수 있습니다.

지역 주민을 지역정치의 주체로 세우는 정치운동이야말로 기후-불평등 체제 전환의 구명보트이자 사회안전망입니다. 지역주민들이 마음을 바꾸고 세계관을 바꾸고 도원결의로써 기후-불평등 지역공동체 정치운동의 광장에 한 걸음을 내디디면 광장의 축제 현장은 곧 지역주민들의 세계관을 바꾸는 출렁거림으로 이어질 수 있습니다. 그리고 순식간에 지역주민 전체를 뒤흔들고 출렁거리게 할 수 있습니다. 6공 마적떼 패거리 피라미드의 맨 하부 기단 주춧돌을 붕괴시키는 촉진자 역할을 충분히 수행할 수 있습니다. 맨 처음 광장에 모인 지역공동체 주민들의 한걸음이 지역 전체를 바꿀 수 있습니다.

지역공동체 광장 정치세력이 바로서면 지역 주민들이 바뀌고 지역의 정치가 바뀝니다. 지역에서도 오직 개발과 성장을 향해 앞만 보고 폭주하던 시선을 옆으로 돌리면 이웃이 보입니다. 이웃과의 연대가 바로 이웃 민주주의입니다. 민주주의는 본디 이웃 민주주의입니다.

지역공동체 광장정치 운동이 주민들과 연대 합작하여 지역주민 주체의 지역순환경제 플랫폼을 스스로 만들고 협동조합을 운영하면서 새로운 일자리도 창출할 수 있습니다. 개발과 성장의 기득권 지역 토호들이 착취하고 강탈해가던 자연 생태계를 복원시킬 수 있습니다. 지역의 개발 예산과 나아가 지역 정치권력도 지역 주권자의 품 안으로 탈환해 올 수 있습니다.

지역경제뿐만 아니라 지역문화도 지역사회 자체도 바뀝니다. 지역공동체 정치운동의 연대와 합작이 내 삶과 이웃의 삶, 세상을 바꾸고 이른바 중앙정치와 대한민국을 바꿀 수 있습니다.

한국의 국회의원과 광역-기초의원, 자치단체장 수는 약 4천

3백여 명에 이릅니다. 여기에 국회의원 보좌진, 자치단체장이 임명할 수 있는 정무직 공무원과 산하기관장, 국고 지원을 받는 정당 실무자들까지 합하면 정당정치 활동가 숫자는 수만 명에 이릅니다.

시군구 지역에서 한 사람의 광장정치 활동가가 150여 명 이상의 주민을 조직하는 것은 쉬운 일은 아니겠지만 그리 어려운 일도 결코 아닙니다. 의기투합한 10여 명 안팎의 초동 주체들이 도원결의하고 지역의 노동-농민-시민사회단체와 연대합작을 확대해 나가면 아마도 대부분 150명 이상의 조직화는 순식간에 얼마든지 가능할 것입니다.

150명 이상의 주민이 스스로 걷는 정치활동비를 근거로 날마다 읍면동 지역을 돌면서 4년 동안 민주정치 촉진자로서 주민조직화 활동을 했는데도 시군구 의원이나 국회의원, 자치단체장 선거에서 당선이 안 된다면 그게 오히려 이상한 일입니다. 4년 활동해서 안 되면 8년을 하면 대부분 모두 당선이 될 수 있습니다. 이는 이미 기존 대의정 정치인이 악수와 민원 해결의 선거 정치를 통해 충분히 입증한 방식입니다.

풀뿌리 주민조직화 전략이 기존 정치인 방식과 백팔십도 다른 점이 하나 있습니다. 기존 정치인은 악수와 안면을 통해 1표의 지지를 확보합니다. 그러나 주민조직화 촉진자는 주민을 주체로 세워 민원을 해결하면서 1표가 아니라 수십 수백 수천 명의 주권자 주민을 지역공동체 정치의 주권자로 설 수 있게 합니다.

주권자인 주민 한 사람 한 사람은 힘이 없고 무력하기 짝이 없습니다. 그래서 마적떼 졸개들은 서슴없이 주민들을 '개돼지'

로 무시해버립니다. 그러나 주민이 두세 사람 이상 모여 개인 문제가 아닌 지역 문제를 논의하기 시작하면 그 순간 그 두세 사람은 곧바로 대한민국의 주인인 주권자로서 광장의 정치활동으로 한 발을 성큼 내딛게 됩니다.

  주민 150여 명 이상이 사발통문에 서명을 합니다. 조용히 또는 왁자지껄 떼를 지어 일렬로 줄을 서서 시청이나 군청, 구청으로 걸어 들어갑니다. 시장이나 담당부서 공무원에게 차례로 한 명씩 똑같은 민원을 제기하기 시작합니다. 민원 제기가 끝나면 다시 맨 뒤로 가서 차례를 기다렸다가 또다시 민원을 제기합니다. 그러면 아마도 그렇게 큰 예산이 들어가지 않는 어지간한 민원은 거의 즉시 해결될 수 있을 것입니다. 시군구청을 찾은 다른 민원인들의 눈도 시군구청 공무원들의 눈도 휘둥그레지지 않을 수 없습니다.

  알린스키의 주민주체 조직화 집단행동 방식입니다.[28] 주권자인 주민들은 난생 처음 이웃과 함께 권력을 상대로 승리의 경험을 만끽합니다. 권력이란 게 주권자가 연대하고 합작하면 별 게

---

28 알린스키(1909~1972)는 1930년대 마피아의 근거지인 시카고 빈민가에 들어가 빈민들을 조직한 경험을 바탕으로 미국 빈민 지역 공동체 조직운동을 벌인 지역사회 조직화(community organizing) 운동가입니다. 주민을 주체로 성장시키는 지역공동체 민주주의 조직 이론을 정립한 실천가로 주민조직 이론을 집대성한 『급진주의자를 위한 규칙』(박순성·박지우 옮김, 아르케, 2008) 저작을 남겼습니다. 산업사회재단을 설립하여 지역 주민공동체 조직화를 촉진하는 촉진자 교육 프로그램을 운영하였습니다.
  1960년대 말 한국의 일부 목회자들이 알린스키의 공동체 조직 촉진자 교육 프로그램을 이수하고 돌아와 빈민운동을 시작했고, 그 실천과 경험이 한국주민운동정보교육원으로 지금까지 이어져 내려오고 있습니다. 오바마와 힐러리 클린턴 등 수많은 미국의 정치인이 알린스키의 지역사회 조직 활동가 워크숍을 이수한 것으로 유명합니다.

아니라는 사실을 확실하게 인식합니다. 권력자는 시군구 단체장들이 아니라 주권자인 주민이 권력자라는 사실을 명확히 체험하게 됩니다. '쪽수 정치'의 힘을 실감합니다. 이것이 구체제를 허무는 첫걸음입니다.

이것이 풀뿌리 직접 민주주의 광장공동체 정치의 시작입니다. 이것이 국민이 자신의 힘을 깨닫고 개돼지에서 자존감을 회복한 주권자로 거듭나는 가장 빠르고 실현가능한 길입니다.

주권자 자유인은 암기하고 고시 패스해서 되는 그런 정체성이 결코 아닙니다. 산속 깊은 곳에 들어가 명상 수행을 한다고 얻어지는 정체성도 전혀 아닙니다. 오직 먼지와 티끌과 진흙, 탐욕과 성냄, 어리석음이 가득한 저잣거리 속에서 공동선과 자비행의 광장정치 행동만이 주권자를 자유인으로 거듭 태어나게 합니다.

지역공동체 광장정치의 주민 조직화는 한국의 중앙집권 체제에 조응한 이른바 중앙의 사회운동과 정당정치를 반대하고 배격하는 게 결코 아닙니다. 이제 드디어 12.3 광장정치의 시작과 함께 풀뿌리가 약하거나 무력한 상태에서 중앙과 풀뿌리가 따로 분립해 저마다 힘없이 각자도생하던 지난날을 타파할 수 있는 새로운 시민혁명의 길이 열렸습니다. 상향식(bottom up)의 직접 민주주의 광장정치 근거지를 기반으로 하향식(top down)의 집중과 효율이 동시에 결합해서 과감하게 새로운 기후-불평등 정치세력을 잉태하는 정치전략이 문이 열린 채로 출발하는 버스처럼 개문발차로 지금 여기 전국 각지에서 출발하는 중입니다.

주권자 국민이 만든다, 제7공화국

해체된 지역공동체를 재생하고 지역의 기초결사 근거지와 지역 광장정치 운동이 살아나지 않으면 중앙에서 끝없이 반복되는 '보수-진보의 적대적 공존' 구조는 바뀌지 않습니다. 언론과 학계, 문화계 등 사회 전반에 걸친 패거리 '부대'와 '진영' 간 적대와 투쟁은 끝없이 이어집니다. 이런 배제와 증오, 분열과 분리 구조 배후에는 대재벌과 미디어 재벌들이 도사리고 있습니다.

중앙 중심의 소모성 지역동원 정치투쟁이나 사회운동은 온 사회의 보수-진보 적대 진영 구조만을 강화시켜 줄 뿐입니다. 이 구조를 깨야 하고 그 핵심이 바로 서울을 포함한 풀뿌리 지역공동체의 광장정치 세력 조직화입니다.

선거 정치를 최대한 활용하는 제7공화국 기후-불평등 체제 전환의 출발점은 바로 여기입니다. 지역이 서야 중앙이 확대되고 마침내 전국 모든 지역이 중앙이 됩니다. 쪽수와 힘이 있어야 좌우에서 상하의 대결로, 금수저와 흙수저의 대결로 체제 전환의 구조가 바뀔 수 있습니다.

제7공화국 체제전환 운동은 지지하고 지원하는 주민들을 네트워크화 하는 결집을 넘어섭니다. 이웃과 함께하는 공동선과 공유의 자비 행동은 사회 전 분야에 걸쳐 마적떼들이 차지하고 있는 지역과 중앙의 요소요소를 탈환하고 점령하는 정치-경제-사회-문화 전 분야의 일대 시민혁명입니다. 그래야 비로소 내 삶과 이웃의 삶이 바뀌고, 코 앞에 닥친 극단의 기후-불평등 재난 사태를 극복할 수 있습니다.

윤석열 마적떼들이 방치하다시피 중단한 100% 에너지전환 (RE100)을 포함, 생태전환 자립자치 지역공동체를 당장에 실현할 수 있습니다. 청장년과 여성, 노년 등 국민 전체의 일자리를 깜짝 놀랄 정도로 충분히 만들어 낼 수 있습니다. 나눔과 공유의 강력한 사회안전망을 주권자 스스로 확립할 수 있습니다. 기후농업을 살려내고 닥쳐오는 식량전쟁을 대비할 수 있습니다. 다양한 기본소득을 통해 농촌 지역에 청장년이 몰려와 지역을 살리고 지방자치와 지방 분권을 이루어낼 수 있습니다.

제3장

◇◇◇◇◇◇◇◇◇◇◇◇

국민이 깨어나고 있습니다

1948년, 대한민국의 재건

대한민국의 건국과 재건은 주권자 국민의 국민에 의한 국민을 위한 것이었습니다. 이 말에 대해 유보하거나 비판하는 사람도 있을 것입니다. 그러나 1919년 건국한 대한민국이 1948년 5월 10일 대한민국 정부를 수립하기 위한 총선거를 통해 재건된 것은 제헌 헌법에 명문화된 명확한 사실입니다.

대한민국 건국을 애써 1948년이라고 주장하는 자들은 일제 식민지 치하 민족해방운동을 지워 버리고, 그럼으로써 자신들의 친일 친미 매국노 짓을 애국으로 둔갑시키는 그야말로 지록위마의 헌법 파괴 세력들이라고 말할 수 있습니다.

1948년 5.10선거는 당시 거의 모든 조선 인민의 열망이자 대다수 정치인이 내세웠던 통일된 자주독립국가 건설이라는 과제와는 동떨어진 38선 이남 지역만의 단독 선거이긴 했습니다. 그리고 재빨리 친미로 주군을 바꾼 친일 매국노 중심의 한민당을 제외하고는 불법화된 공산당을 비롯하여 여운형, 김구, 김규식 등 거의 모든 좌와 우의 정당이 선거에 참여하지 않은 절름발이 선거이긴 했습니다. 더구나 경찰과 우익 단체들이 총동원되어 공포 분위기 속에서 투표 참여를 강요하고, 투표소에서 식량배급표에 도장을 찍도록 함으로써 식량을 배급받기 위해서라도 투표해야 하는 강제 선거이기도 했습니다. 당시 투표율은 95.5%였습니다.

그러나 절차와 내용에 허다한 문제가 있었다 하더라도, 역사상 처음으로 주권자가 남조선 전 지역에서 선거로 국회의원을 선출하여 제헌국회가 구성되었다는 것은 부인할 수 없는 엄연

주권자 국민이 만든다, 제7공화국

한 사실입니다. 그 제헌국회에서 유진오 등 헌법 기초위원들이 제출한 헌법 초안을 심의하여 1948년 7월 17일 제헌헌법을 통과시킴으로써 대한민국이라는 새로운 국민국가가 이 땅에 재건된 것 또한 엄연한 현실이었습니다. 제헌헌법은 대한민국이 민주공화국이고 인민의 인민에 의한 인민을 위한 국가임을 확고부동하게 명문화한 헌법이었습니다.

북한은 이미 1946년 11월 3일 도, 시, 군 인민위원 선거를 통해 도위원 452명, 시위원 287명, 군위원 2,720명 등 총 3,459명의 위원들을 선출한 바 있었습니다. 이들이 모여 1947년 2월 17일 북조선인민회의를 구성하고 북한의 임시정부인 북조선인민위원회를 결성해 임시 국가를 운영하고 있었습니다. 해방 후 전국 각 지역에서 조선 인민 스스로 조직한 인민위원회를 불법화하고 미군이 점령군 통치를 계속하고 있는 남한과 달리 인민주권이 실현되는 인민의 정부를 구성했다는 사실을 대내외에 과시하는 정치 행위였습니다.

1948년 8월 15일 남한 단독정부인 대한민국이 재건되자마자 북한은 기다렸다는 듯이 8월 25일 남북한 전 지역의 총선거를 실시하였습니다. 북한 지역의 총선거는 순조로웠지만 남한 지역은 지하 선거로 진행될 수밖에 없었습니다. 이어 9월 9일에는 조선민주주의인민공화국 헌법을 채택 공포하고 정식 국민국가로 출범하였습니다.
이로써 남과 북에는 역사상 최초로 국민이 주권자인 두 개의 신생 근대 국민국가가 생겨났습니다.

대한민국 제헌헌법은 대한민국의 영토가 한반도 전체임을 명시함으로써 대한민국이 전 조선의 유일합법 정부이며 북한 정부는 괴뢰정부임을 분명히 하였습니다. 북한 헌법은 수도를 서울로 정하고 평양을 임시 수도로 명시하고 있었습니다. 북한 입장에서 보면 한반도의 유일 합법정부는 조선민주주의인민공화국이며, 남한 정부는 외세의 힘으로 자신들의 국가 영토에 세워져 있는 괴뢰정부였습니다.

북한 헌법 또한 인민주권이 실현되는 인민 민주주의 국가임을 명확히 하고 있었습니다. 사실 지금과 달리 적어도 6.25동란 이전까지 북한 인민의 주권자로서의 권리와 권력 행사는 남한과는 비교할 수 없을 정도로 높았고, 인민의 북한 정부에 대한 지지도 훨씬 높았습니다. 이는 1946년 전격 실시된 무상몰수 무상분배의 토지개혁 영향이 컸습니다.

1950년 2대 총선, 최초의 '선거혁명'

남과 북에 근대 국민국가가 들어선 지도 벌써 80년이 되었습니다.

1948년 한반도에 들어선 2개의 분단 국가 체제는 처음에는 미국과 소련을 후견 국가로 한 자본주의 국가와 사회주의 국가의 경쟁 체제를 촉발하는 것처럼 보이기도 했습니다. 그 방식과 원칙, 과정은 판이하게 달랐지만 남북한 공히 토지개혁을 단행했습니다.

북한은 1946년 3월 속전속결로 무상몰수 무상분배의 토지

주권자 국민이 만든다, 제7공화국

개혁을 단행합니다. 당시 북한은 4%에 지나지 않는 지주가 전체 농지의 약 60%를 소유하고 있었습니다. 10명 가운데 6명이 빈농이었습니다. 지주계급을 제외하고 빈농을 비롯한 농민들의 토지개혁에 대한 전폭 지지는 그야말로 열화와 같았습니다. 지주는 다른 군으로 이주해야 했으며, 자경을 원하는 지주에게는 토지가 분배되었습니다. 평안남북도를 중심으로 거대 세력이었던 기독교인들과 조만식의 조선민주당은 토지개혁을 계기로 급속하게 세력이 약화될 수밖에 없었습니다.

여기에 구소련의 경제 지원, 무엇보다도 무상에 가까운 석유 공급을 바탕으로 북한은 사회주의 자립경제로의 이행을 강력하게 추진해 나가기 시작했습니다. 적어도 이때만큼은 북한 공산주의자들은 스탈린 식의 무자비한 농민 말살 정책, 곧 농민들의 토지를 국영농장이 강탈해가 농민을 농업노동자로 바꾸는 '무식'한 정책을 펼치지는 않았습니다.

소작 농민들이 평생 소원인 자기 땅을 소유한 자영농이 되었을 때 농업 생산력이 급증한다는 것은 『자본론』에서 마르크스조차 인정한 너무도 당연한 만고불변의 이치입니다.[29]

북한의 경제 성장은 실로 눈부셨습니다.
중국 공산당은 당시 2차 국공 내전에서 국민당군에 밀려 고전을 면치 못하고 궤멸 직전의 상황에 처해 있었습니다. 북한은 만주 지역 팔로군에 대해 대규모로 식량과 무기를 지원했고, 이를 바탕으로 중공군은 전세를 뒤집어 엎는 대역전극에 성공

---

29 마르크스, 김수행 옮김, 『자본론』Ⅰ~Ⅲ, 비봉출판사, 2015.
얀 다우 판 더르 플루흐, 김정섭 유찬희 옮김, 『농민과 농업: 차야노프의 사상을 재조명하다』, 따비, 2018.

할 수 있었습니다. 마침내 1949년 중국 공산당은 베이징을 함락해 중화인민공화국을 수립합니다. 이때의 북한 지원 때문에 마오쩌둥은 신생 국가가 겪는 어려운 상황임에도 김일성과 박헌영, 스탈린의 요청에 따라 6.25동란에 참전하지 않을 수 없었습니다.

남한 또한 유상몰수 유상분배의 토지개혁을 단행했고, 미국의 원조를 바탕으로 더디지만 자본주의와 대의정 체제로의 길을 향해 걸어가는 것처럼 보였습니다.

6.25 동란이 일어나기 직전 대한민국 제2대 총선거인 5.10선거에서는 사실상 초대 이승만 친일친미 정권을 붕괴시키는 투표 주권의 혁명을 처음으로 선보였습니다. 당시 전체 의원 210명 가운데 이승만의 대한국민당은 겨우 24석을 얻는 데 그쳤습니다. 무소속 당선자는 전체의 60%인 126명이나 되었고, 1948년 남한만의 단독정부 수립에 반대해 총선거에 불참했던 남북협상파와 중간파도 다수가 당선되었습니다.

대통령 간선제였던 제1공화국 헌정 체제에서 이승만은 사실상 정치일선에서 퇴출된 식물 대통령으로 전락했습니다. 이승만은 6.25동란이 발발한 그날 아침에도 경회루에서 한가하게 낚시나 하고 있었습니다. 총선거가 끝나고 친일 매국노의 입지는 축소되면서 민주주의 또한 한 걸음 성큼 전진하고 있다는 희망이 남한 국민 사이에서 솟아나고 있었습니다.[30]

---

30 중앙선관위의 선거정보도서관 소장 자료, 『역대 국회의원 선거 상황』. 1963. 경향신문 1950년 6월 3일자 정당별 당선자 현황 기사는 "조소앙 원세훈 장건상 윤기섭 안재홍 제씨를 중심으로 한 제3세력이 약 40~50정도"라고 보도하고 있습니다.

최백호는 오랜 무명의 시간 끝에 40대 후반이 되어서야 비로소 「낭만에 대하여」가 김수현 드라마에 나오면서 그야말로 대박이 난 늦깍이 가수입니다. 그는 나이가 들수록 더 노래를 잘하고, 세월이 더할수록 더 득음의 경지에 도달하는 이상한 가수입니다.

최백호의 아버지 최원봉이 5.30 총선 당시 부산 영도에서 당선된 국회의원이었습니다. 최원봉은 약관 28세의 나이로 이승만 정권을 강하게 비판하면서 당선된 열혈 청년 정치인이었습니다. 그러나 불과 다섯 달만에 의문의 교통사고로 죽임을 당했습니다. 이승만의 정치테러로 백범 김구를 비롯 여운형 등 수많은 정치인이 살해당하던 시절이었습니다.

박봉의 초등학교 교사로 어렵게 3남매를 키우던 어머니도 1970년 48세의 나이로 세상을 떠났습니다. 그 어머니에게 바친 노래가 「내 마음 갈 곳을 잃어」입니다.

6.25동란, 주권자 국민의 실패

6.25동란은 일어나지 말았어야 할 전쟁이었습니다.

클라우제비츠는 전쟁은 정치의 또 다른 연장으로서 국가의 정책 목적 달성에 공헌해야 한다고 주장했습니다. 국가주의 전쟁관입니다. 역사를 되짚어 살펴보면 현실에서 그런 전쟁은 거의 없습니다.

주권자 국민의 입장에서 전쟁은 정반대로 수많은 내 가족과 이웃들이 학살당하는 처참하고도 끔찍한 난리입니다. 전쟁은 정치의 실패일 뿐만 아니라 주권자의 실패이기도 합니다. 전쟁이 일어나면 군인을 포함해서 국민만 떼죽음을 당합니다. 기득권 엘리트 지배계급들은 일찌감치 재산과 자식들을 외국으로 도피시켜 놓고, 전쟁이 터지면 재빨리 외국으로 도망갑니다.

이승만은 수도 서울을 사수한다고 미리 녹음된 라디오 연설을 방송하는 그 순간 이미 서울을 빠져나가고 없었습니다. 한강다리를 폭파해 수많은 서울시민을 죽인 자들, 부산항에 도망갈 배를 마련해놓은 채 부산과 가까운 일본의 야마구치 현에 망명정부를 세우겠다고 일본정부에 구걸한 자들, 이들이 다름 아닌 이승만과 정치인, 남한 정부 관리들, 친일 친미 매판 기업인들이었습니다.

아무리 치열한 좌우 갈등이 있다 해도 대화와 소통, 타협과 갈등 조정을 통해 정치가 이루어지고, 주권자가 스스로 전쟁만은 절대로 안 된다는 확고한 결의가 있으면 전쟁은 일어나지 않습니다. 결의를 뒷받침하는 결사 전쟁 반대의 물리력이 강력하게 존재하고 있으면 전쟁은 막을 수 있습니다. 전쟁세력을 압도하는 평화세력의 기반과 힘이 있다면 언제든 뛰쳐나올 수 있는 전쟁이라는 우리 안팎의 괴물은 국민 모두가 달려들어 얼마든지 제압할 수 있습니다. 2024년 12월 3일 한국의 주권자 국민이 생생하게 이를 입증했습니다.

불행히도 1950년 당시 남북한 모두에서 전쟁만은 하지 말아야 한다는 주권자의 결의와 각오는 미약하기 짝이 없었습니다. 김구, 김규식 등 전쟁을 막고자 하는 남북한 좌우합작 세력의 지도자들은 암살당하고 말았습니다.

1950년 6월 25일 이전까지 당시 북한의 김일성, 남로당의 박헌영은 남조선 인민 해방이라는 목적의식을 뚜렷이 가지고 전쟁 준비를 하고 있었습니다. 조만식 등 북한의 우익들은 이미 세력이 약화되고 있었고, 이들도 현상타파의 전쟁을 은연중 원하고 있었습니다. 남한의 이승만 단독정부 전쟁세력은 친일매국의 주홍글씨를 반공 전위의 민족세력으로 신분 세탁하기 위해 북진통일을 선동하고 있었습니다.

2차대전 승전 이후 1950년 초까지 스탈린은 내내 한반도에서의 전쟁에 대해 반대하고 있었습니다. 소련의 무기 등 군사 지원, 석유 등 에너지 지원이 없으면 남침은 불가능했습니다. 김일성과 박헌영이 여러 차례 남조선 공격을 요청하고 모스크바까지 달려가서 설득했지만 스탈린은 요지부동으로 몇 가지 이유를 들어 승인하지 않았습니다.[31]

첫째, 북한군의 무장 역량은 주한 미군과 한국군을 압도하는 절대 우위를 차지하지 못하고 있다. 둘째, 남조선 인민대중을 적극 투쟁에 참가시키고, 유격 투쟁을 남조선 전체로 확대하며, 해방구를 건설하고 인민봉기를 조직하는 사업에서 성과가 매우 적다. 셋째 옹진반도와 개성을 공격하는 국지전 또한 곧바로 전면전으로 이어질 수밖에 없고, 북조선이 정치 군사 등 모든 측면에서 준비가 되어 있지 않은 상태에서 전면전은 장기전이 될 것이 자명하므로 미국의 간섭으로 이어질 수밖에 없다.
따라서 조선인민군의 남조선 공격은 아직은 실행될 수 없다.

당시 스탈린의 최우선 관심사는 소비에트의 안보를 위한 서

31 정병준, 『38선 충돌과 전쟁의 형성』, 돌베개, 2006.

방과 동구권의 세력 균형이었습니다. 스탈린은 극동에서 전쟁이 일어나면 이 균형이 깨질 수 있다는 지정학의 세력균형 전략이 앞서 있었습니다. 마오쩌둥 또한 이제 막 국공 내전에서 승리한 뒤라 내정을 안정시키는 데 주력하고 있었습니다.

1949년 9월까지 남한은 정규군 수준에서 최대 1만 명 북한에 앞서 있었습니다. 그러나 중국 인민해방군에서 단련된 조선인 병력이 3만 7천여 명이나 북한군에 편입된 1949년 9월 이후 상황은 역전됩니다. 1950년 6월 25일 당일 38선 전면에 배치된 병력 규모는 북한이 남한보다 거의 두 배 가까이 많았습니다. 1950년 초 스탈린은 드디어 남침을 승인합니다.

이런 상황 속에서 김일성과 박헌영은 1950년 6월 25일 새벽 38선을 넘어 전면 남침을 감행한 것입니다.

전쟁은 사기다

1930년대 미국의 월가와 기업가들 다수는 파시즘 추종 세력들이었습니다. 걸프전을 일으키고 파나마를 침공한 41대 조지 H. W. 부시 대통령의 아버지이자 이라크 전쟁을 일으킨 43대 조지 W. 부시 대통령의 할아버지인 프레스콧 S. 부시(1895~1972)는 당시 월가를 주무르던 극우 국제 금융자본가였습니다. 그는 실제로 전직 군인과 일반인으로 구성된 '미국자유연맹(ALL)'을 조직해서 미국에 파시스트 독재정권을 수립할 음모를 꾸미기도 했습니다. 이 음모를 폭로한 사람이 다름 아닌 『전쟁은 사기다』의 지은이 스메들리 버틀러(1881~1940)입니

다.[32]

버틀러는 1898년 미-스페인 전쟁이 일어나자 16살의 나이로 미 해병대에 입대해 참전했습니다. 이후 전 세계를 누비며 121회나 전투를 벌였습니다. 그는 1차 세계대전의 참전 영웅이었지만 동시에 전쟁국가 미국에 대해 역사상 가장 통렬하게 비판한 내부 고발자이자 평화운동가였습니다. 미국 국민 사이에서 신망이 높았던 전 미해병대 준장(당시 미해병대의 최고 계급) 윌리엄 버틀러에게 파시스트였던 프레스콧 부시 세력이 쿠데타 사병조직을 이끌어 줄 것을 요청했던 것입니다.

자본에게 가장 수지맞는 투자는 뭐니뭐니 해도 전쟁입니다. 1차 세계대전도 2차 세계대전도 6.25동란도, 지금도 진행 중인 우크라이나 전쟁, 팔레스타인 학살 참극도 자본에게는 엄청난 돈벌이 기회일 뿐입니다.

1910년에서 1914년 사이 화약 제조업체 듀퐁의 연평균 영업이익은 600만 달러였습니다. 그런데 1914년~1918년의 1차 세계대전 기간 동안 듀퐁의 영업이익은 5,800만 달러로 거의 1,000%나 급상승했습니다. 1차 세계대전의 사망자 수는 3,250여만 명으로 추산합니다.

포드, GM, IBM, ITT, 스탠다드오일 등 미국의 대자본들은 1933년 히틀러 집권 이후에도 이전처럼 독일에 투자해 돈을 벌었습니다. 2차 세계대전이 일어나 나치 독일은 미국의 적국이 되었습니다. 그럼에도 이들은 탱크, 전투기, 석유, 정보통신 기

32   스메들리 버틀러, 권민 옮김, 공존, 2013.

술 등 전쟁에 필요한 핵심 전략물자들을 나치에 팔아 떼돈을 긁어모았습니다.

록펠러, 모건 등 국제 금융자본가들도 마찬가지로 1차대전의 패전국 독일에 투자해 돈을 벌고 있었습니다. 독일의 전쟁 배상금은 이들이 빌려준 돈으로 메꿔지고 있었습니다. 2차대전이 일어난 이후에도 이들은 전쟁 기간 내내 히틀러에게 전쟁자금을 빌려주고 역시 떼돈을 벌었습니다. 이들 국제 금융자본가들과 석유 메이저들, 군산복합체들은 연합국과 추축국을 넘나들며 오직 탐욕스러운 돈벌이에만 몰두했습니다.

2차대전 사망자 수는 미군을 포함 약 5,500만 명으로 추산합니다.

동양척식주식회사는 조선반도 토지를 강제로 약탈해간, 우리에게는 악몽과도 같은 일제 식민지 기업입니다. 그런데 동척의 재산 관리인은 J.P.모건의 내셔널시티 은행이었습니다. 미국과 일본이 적국으로서 전쟁을 치르고 있을 때도 그랬습니다.

1941년 12월 13일, 루스벨트 대통령은 미국 기업의 적성국과의 사업 거래를 허용하는 특별명령을 은밀하게 발표했습니다. 적성국 교역금지법에도 불구하고 정부의 특별 허가를 받으면 사업 거래를 할 수 있다는 내용이었습니다.

2차대전이 끝나고 미국에서는 히틀러와 무솔리니에게 무기와 돈을 지원했던 군산복합체와 금융자본가들에 대해 거센 비판이 일어났습니다. 곤경에 처한 이들이 일반 시민의 시선을 돌리기 위해 일으킨 전쟁이 다름 아닌 6.25동란이라는 '남침유도론'이 지금까지도 유력한 설로 제기되고 있을 정도입니다.

실제로 태평양에 버려야 할 정도로 남아도는 미국의 곡물 소비처를 확보해 준 것은 6.25동란이었습니다. 소총과 탱크, 폭격기, 폭탄과 각종 군수물자의 멈춰 선 생산라인을 다시 가동시킨 것도 6.25동란이었습니다. 패전국 일본을 기사회생시킨 일등 공신도 6.25동란이었습니다.

정치인으로서 사망선고를 받은 이승만을 살려낸 부활의 은인 또한 6.25동란이었습니다.

남북 간 평화와 대화 속의 체제 경쟁이란 착시는 북한군의 전면 남침으로 전쟁이 벌어진 순간 순식간에 사라져 버렸습니다. 인민주권이 실현되는 통일 자립국가에 대한 염원도 수백만 명이 학살된 3년 동안의 전쟁으로 그야말로 물거품으로 사라지고 말았습니다. 6.25동란은 두 개의 남북한 국민국가 체제 자체의 성격까지 뿌리부터 바꾸어 놓고만 블랙홀이었습니다.

지금까지도 지속되고 있는 남북한 적대적 공존의 군사주의 국가 체제, 전쟁병동 사회를 창조해 낸 것은 6.25동란이었습니다. 이러한 분단 체제 아래 언론, 출판, 집회, 결사, 사상의 자유 등 국민의 기본권은 언제든 국가안보라는 미명 아래 감옥과 휴지통에 던져질 수밖에 없었습니다.

북한은 6.25동란의 전쟁 책임을 빌미로 박헌영 등 남로당 출신들을 미제국주의의 간첩으로 몰아 숙청하고 사형시켜 버렸습니다. 연이어 연안파와 소련파를 제거하고 김일성을 중심으로 한 단일지도 독재 체제가 들어섰습니다.

남한 또한 기사회생한 이승만의 전시 독재 체제가 휴전 이후에도 그대로 지속되었습니다.

12.3 윤석열의 내란 계획에는 북한에 대한 공격으로 남북 간 전쟁을 유도하는 기획까지 포함되어 있었습니다. 전 국민과 심지어 동맹국이자 한국군의 전시 군사작전권을 갖고 있는 미국까지 충격을 받았습니다. 6.25동란과 남북 분단체제가 얼마나 깊숙이 한국인의 일상 삶을 규정하고, 거의 모든 정치사회경제문화 활동에 먹구름을 드리우고 있는지 윤석열 내란 공범 일당들은 관심조차 없었습니다.

이제 이런 남북의 적대적 공존 체제, 남한 내의 보수-진보 적대적 공존 체제는 더 이상 내버려 두어서는 안 됩니다. 언제든 군사쿠데타와 내란이 뛰쳐나올 수 있는 진원지는 바로 이런 남북 분단, 남남 분단 체제입니다.

다른 어떤 일에 앞서서 연대와 합작의 평화 체제를 수립해야 합니다. 대화와 소통의 직접 민주주의 체제를 국민 스스로의 손으로, 주권자 수령들의 어깨동무로 수립해야 합니다. 그래야 전쟁을 막고, 시민이 사람답게 사는 평화 체제가 가능해집니다.

2차대전 직후 조선과 비슷한 처지였던 오스트리아는 반나치 투쟁에 앞장섰던 정치인을 중심으로 끈질긴 협상과 대화를 통해 좌우합작의 연대와 합작을 성공시켰습니다.

오스트리아는 1933년 3월 파시스트들의 쿠데타로 사회민주당이 해산되고 독재정치가 시작되면서 1934년 좌우익 사이에 내전까지 벌어졌습니다. 그런데 나치 독일이 패배하자 반나치 투쟁을 이끌었던 사회민주당의 칼 레너를 중심으로 오스트리아는 대화와 타협을 통해 좌우합작의 임시정부를 수립했습니다. 오스트리아 임시정부는 연합국의 신탁통치를 받아들이고, 영세중립국으로서 동서 냉전의 틈바구니에서도 번영을 구가하게 됩니다. 조선과 극명하게 대비되지 않을 수 없습니다.

무지 무명(無明)과 현명(賢明)의 차이, 딱 한 걸음

주권자 국민은 항상 옳고 현명하다는 식의 현실과 동떨어진 주장이나 신념을 펴려는 것이 아닙니다.

인간은 현명할 수도 있고 우매할 수도 있습니다. 우매한 사람이 어느 한순간 갑자기 눈을 떠 현명해질 수도 있고, 현명한 사람이 한순간에 우매해질 수도 있습니다. 군자가 소인이 될 수도 있고 소인이 군자가 될 수도 있습니다.

인간의 탐욕과 성냄, 무지가 그렇게 사람을 한순간에 바꿉니다. 여성 또는 남성에 대한 찰나의 욕망이, 황금과 권력에 대한 찰나의 집착이 사람들의 눈을 가리고 귀를 막는 일이 다반사입니다.

사랑스럽고 즐거운 사람과 사물을 더 가까이 사랑하고 즐기고자 하는 마음은 인간의 본능입니다. 혐오하고 즐겁지 않은 사람과 사물을 멀리하고 싫어하는 마음은 인지상정입니다. 그런데 사랑과 쾌락은 조금만 선을 넘으면 집착이 됩니다. 싫어함이 조금만 선을 넘으면 분노가 됩니다. 선을 넘지 않으면서 족함을 알고 분수를 지키는 것이 참으로 어렵습니다.

유명세를 타면 즐겁고, 더 유명해지고 싶습니다. 돈이 많으면 즐겁고, 더 악착같이 돈을 모으려 합니다. 사랑과 쾌락이 집착이 되고 습관이 되고 병으로 악화됩니다. 술과 마약 중독과 똑같은 도파민 중독이 됩니다.

중독은 끊어야 하고 치료해야 합니다. 탐욕과 성냄을 내려놓고, 버리고, '지금 여기'를 가장 소중한 삶으로 실천하는 일상의 성찰과 마음닦음이 자유롭고 풍요로운 삶을 누리는 데 필수인 까닭은 그래서입니다.

플라톤은 이런 마음의 변화와 무상의 이치를 꿰뚫어 통찰하지 못한 철학자였습니다. 그의 철인정치는 말이 좋아 철학자 정치지 독재정치를 찬양하고 고무하는 주장입니다. 어릴 때부터 철학과 역사, 종교, 문학 등의 학문을 익히고 배워 선정을 베풀던 왕이나 절대자가 하루아침에 마음을 바꿔 폭군으로 변하는 것은 역사책을 조금만 들춰보아도 금방 알 수 있는 사실입니다. 젊을 때 급진 사회주의자였던 사람이 어느 순간 정반대 극단의 태극기 부대원으로 변신하는 것을 우리는 너무도 많이 보아 왔습니다.

서구 근대의 학문과 교육에서 소크라테스, 아리스토텔레스, 플라톤의 영향력과 권위는 막강했습니다. 그런 흐름이 근대 한국의 학문과 교육에서도 그대로 도입된 이래 한국인들에게 소크라테스와 아리스토텔레스, 플라톤은 조선 시대 서경덕, 이이, 최한기 등의 유교 철학자들보다 더 친숙한 철학자들로 자리잡았습니다. 이들에 대한 비판은 거의 없었습니다. 그러나 이들의 왜곡된 인간관과 세계관은 도처에서 지금도 비판의 대상이 되고 있습니다. 아리스토텔레스의 여성 비하는 유명한 한 사례에 불과합니다.

플라톤의 독재 체제 찬양론 또한 아테나이 민주주의를 혐오하고 무시하고 조롱했던 소크라테스의 사상을 이어받은 것이었습니다. 소크라테스는 아테나이 민주주의의 자유와 번영을 마음껏 누리면서 인간과 세계를 끊임없이 묻고 또 물으며 '너 자신을 알라'고 사람들을 가르쳤습니다. 동시에 그는 끊임없이 민주주의를 비판하고 심지어 조롱하기까지 했습니다. 소크라테스는 수많은 아테나이 민주주의 시민을 학살한 30인 참주정의 지도자 크리티아스, 스파르테와 페르시아에 조국 아테나이를 팔아먹은 매국노 알키비아데스의 스승이었습니다. 아테나이 민주주의 시민들은 그런 소크라테스를 극도로 불신했고, 그것이 소크라테스 독배의 원인이 되었던 것입니다.[33]

군자와 소인, 무명 상태의 우매한 사람과 현명한 사람의 차이는 종이 한 장입니다. 한 발자국이 군자와 소인을 가릅니다. 바로 내 마음의 문제, 마음먹기의 문제이기 때문입니다. 숨 한 번 깊이 들이마시고 내뱉는 그 찰나에 마음을 바꾸면 내가 바뀌고 세상이 바뀝니다.

현대 뇌과학의 수많은 연구결과는 사람의 자아란 언어로 구성된 이야기(story)의 덩어리임을 입증하고 있습니다. 내 마음이란 언어라는 뇌 뉴런 시냅스 연결망의 거대한 네트워크 집적체입니다.

하나의 세포로 출발한 사람의 씨앗은 어머니 애기집에서 빅뱅처럼 폭발하듯이 세포수를 늘려나갑니다. 미성숙한 채 세상에 태어난 아기는 그때부터 이번에는 뇌세포를 기하급수로 늘려나가기 시작합니다. 2년이 지나면 아기의 뇌는 시냅스로 연결된 뇌세포로 꽉 채워집니다.

33 박승옥, 『내가 알아야 민주주의다』, 한티재, 2017.

뇌과학의 관점에서 호모 사피엔스는 24시간 전기가 흐르는, 약 1,400g의 뇌를 가진 생명체입니다.

갓난아기는 '본디모름(無明, avijja)', 무지의 상태입니다. 아기는 열심히 팔다리와 온몸을 끊임없이 움직여 근육을 키우면서 뒹굴고 기어다니다 마침내 두발서기, 직립에 성공합니다. 동시에 열심히 어머니와 아버지, 만나는 모든 사람들로부터 언어를 배우기 시작합니다.(識, vinnana) 옹알이로 시작해서 8~12개월부터 보통은 엄마라는 말부터 최초로 말을 하기 시작합니다. 그리고 대략 세 살 무렵부터 언어를 구사하게 됩니다. 인간의 기억도 이때부터 시작됩니다.

세 살 버릇 여든까지 간다, 세 살 어린애도 안다 등등 동서양을 막론하고 유독 세 살 어린애 관련 속담이 많습니다. 이미 호모 사피엔스의 선조들은 육아 경험을 통해 언어 학습과 함께 자아가 형성되는 이 시기가 사람에게 얼마나 중요한지를 알고 있었습니다.

18세가 되면 약 6만 개의 단어를 구사합니다. 잠자는 시간을 빼면 90분마다 한 낱말을 학습한 셈입니다.

식물들도 뿌리의 접촉과 잎에서 내뿜는 휘발성 유기화합물(BVOCs)로 의사소통을 합니다.[34] 개와 새는 소리로, 벌은 벌춤으로[35], 박쥐는 초음파로, 개미는 페로몬으로[36] 의사소통을 합니다. 그러나 새의 지저귐과 개의 으르렁거림, 벌춤과 박쥐의

---

34 스테파노 만쿠소·알렉산드라 비올라, 양병찬 옮김, 『매혹하는 식물의 뇌』, 행성B이오스, 2018.

35 토머스 D. 실리, 하임수 옮김, 『꿀벌의 민주주의』, 에코리브르, 2021.

36 최재천, 『개미제국의 발견』, 사이언스북스, 1999.

주권자 국민이 만든다, 제7공화국

초음파, 개미의 페로몬은 언어는 아닙니다.

언어는 사물이나 사실과 분리된 기호와 상징, 개념들로 이루어집니다. 언어는 '몸', '바디(body)' 등 서로 다른 말소리로 언어 구성원들의 합의에 의해 만들어지고 사용됩니다. '사회', '국가', '주권', '내란'이라는 말과 개념을 개와 새, 벌과 개미는 아마도 이해할 수 없을 것입니다.

오직 인간만이 으르렁거리거나 소리 지르지 않고, 즉 진동 없이 의사소통을 할 수 있는 '속삭이는' 동물입니다. 언어가 있기 때문에 가능한 일입니다. 속삭이는 호모 사피엔스를 가능하게 만들고 지구의 지배종으로 만든 것이 바로 언어입니다.[37]

마음이란 이렇게 언어로 형성되고(行, sankhara) 만들어진 기억의 다발-덩어리(蘊, khandha)입니다. 구성된 것, 편집 조작된 것입니다. '나'라는 개념, 자아란 내 몸과 마음이 행동을 통해 경험한 일련의 사건들을 하나의 뭉텅이로 묶은 서사(narative), 일화(story) 기억의 덩어리입니다.

우리는 세계의 실체를 눈을 통해 고해상도의 영상으로 보고 있다고 생각합니다. 착각입니다. 뇌과학자들은 망막의 시신경이 사람의 뇌에 전달하는 정보는 시야에 들어와 관심을 끄는 몇몇 대상의 윤곽과 실마리에 불과하다는 사실을 밝혀냈습니다. 우리는 시신경의 감각 통로를 통해 들어오는 소량의 시공간 가장자리 정보와 그림만을 가지고 세상의 모습을 뇌의 시각 뉴런 시냅스 용량 한도 내에서 재구성할 수 있을 뿐입니다.[38]

37 원혜 • 박승옥, 『어떻게 걸어야 하나: 걷기명상』, 기적의 마을책방, 2024.
38 움베르또 마뚜라나·프란시스코 바렐라, 『앎의 나무』, 갈무리, 2007.

신피질에 있는 시각 뉴런은 시신경 감각 통로를 통해 들어온 외부 자극을 일련의 단계를 거쳐 '유형(pattern, 또는 궤범)'으로 분류해 저장해 둡니다. 그리고 외부의 자극이 들어오면 저장해 둔 시냅스 연결망이 활성화돼 분류해 두었던 유형으로 세상을 인식합니다. 시신경 세포 수에 비해 뇌의 시각 뉴런 수는 수십 수백 배나 더 많습니다.

'소나무', '아파트'라는 외부의 물체는 외부에 실제로 존재하는 실체라기보다 사람의 뇌가 편집 조작한 마음속 언어 개념일 뿐입니다.

외부에 객관으로 존재하는 그런 세계와 실체는 없습니다.

눈이 나쁜 개는 이원색의 눈으로는 흐릿한 세계를 볼 수 있을 뿐이지만, 2억~3억만 개 이상의 코 감각 수용체가 맡는 냄새로 아주 세세하게 세계를 인식합니다.[39] 뱀은 귀가 없지만 혀가 맡는 냄새와 눈, 피부가 감지하는 진동으로 세계를 인식합니다. 장거리 여행 새는 자외선과 지구 자장까지 눈으로 봅니다.[40] 박쥐는 초음파로 세계를 인식합니다.

개가 보는 세계와 뱀과 박쥐와 새가 감지하는 세계, 사람이 보고 실감하는 세계 가운데 그 어느 것도 객관으로 존재하는 세계의 실체라고 확언할 수 없습니다.

사람의 세계관이란 언어로 지어진 마음의 건축물입니다. 국가도 정당도 노동조합도 하나의 개념일 뿐입니다. 현실에 대한 날카로운 비판의식도 현실에 대한 모든 착시도 언어에서부터

---

39 알렉산드라 호로비츠, , 구세희 외 옮김, 『개의 사생활』, 21세기북스, 2011.
40 팀 버케드, 노승영 옮김, 『새의 감각』, 에이도스, 2015.

주권자 국민이 만든다, 제7공화국

시작합니다.

자신의 감각기관을 통해 자신의 세상을 만들어 자신의 세계관 속에서 사는 사람들이 지구상에는 현재 81억 명이 넘습니다. 말하자면 전 세계를 통틀어 사람의 세계는 81억 개 이상입니다.

사회성 동물인 인간은 언어를 통해 소통하면서 이런 81억 개 이상의 세계를 더불어 함께 살아가는 공통의 세계, 공존과 공유의 세상으로 만들어 왔습니다.

우리는 오직 '지금 여기'만을 살고 있습니다. 과거는 지금 여기에 없습니다. 과거의 사건과 사물은 지금 여기의 사람들 뇌세포 시냅스 연결망에 기억으로 저장되어 있을 뿐입니다.

과거는 하나가 아닙니다. 모든 사람이 기억하는 동일한 과거는 없습니다. 과거의 사건과 사물에 대한 사람들의 기억은 저마다 조금씩 다릅니다. 나의 과거에 대한 기억도 시간이 지날수록 조금씩 바뀝니다. 퇴고와 수정을 거듭하고 있는 미완성 소설처럼 기억도 조금씩 서사가 수정되고 추가되고 윤색됩니다. 그래서 81억 지구촌 사람들의 과거는 81억 개의 수십 배나 더 많은 '과거들'이고, 시시각각 바뀌는 새로운 '과거들'입니다.

내가 보고 듣고 냄새 맡고 만지고 경험하는 세계 또한 바로 옆의 내 이웃이 보는 세계와 조금씩 다릅니다. 위치와 처지가 다르고, 관점과 관심사가 다릅니다. 당연히 내가 보지 못한 것을 이웃은 보고 이웃은 듣지 못한 소리를 나는 듣습니다.

우리의 자아와 마음이란 언어의 구성물이며 늘 새롭게 바뀌고 있다는 앎과 깨달음이 무명과 현명의 한 걸음 차이를 가릅니다. 다른 무엇보다도 먼저 시선을 내 안으로 돌려 내 안의 마음을 바라보고 이해하고 꿰뚫어 통찰하는 자기성찰과 마음닦기가 내 삶을 바꾸는 첫걸음입니다.

그리고 눈을 뜨고 앞만 바라보던 시선을 옆과 뒤로 돌려 나의 또 다른 '나'인 이웃과 함께 손을 맞잡는 공동선의 자비행이 내 삶과 이웃의 삶, 지역사회와 국가를 바꿉니다.

광장에 모여 이웃을 확인하고 나의 다른 나로 인정하고, 이웃의 말을 경청하는 것이 그렇게 중요한 까닭은 바로 이러한 열린 소통이 사회성 동물인 인간의 본성을 일깨워 우물 안에 갇힌 세계를 벗어나 공동의 공유 세계 속에서 공동선의 행동으로 나아가게 할 수 있기 때문입니다.

뇌의 가소성은 놀라울 정도입니다. 이웃과 함께하는 학습은 상승 작용을 일으켜 또 다른 학습을 낳습니다. 이웃과 함께하는 공동선의 집단행동은 상승 작용을 일으켜 또 다른 집단행동과 자비행을 낳습니다. 유명 연예인들을 비롯한 일반 시민의 선결제가 줄을 잇는 것도, 광장으로 나온 사람들이 앞다투어 무료병원인 '전태일병원 추진위원회' 누리집에 몰려가 소액기부를 하는 것도 이런 상승과 삶의 정체성 고양 때문입니다.

그러나 동시에 망상은 또 다른 망상을 낳고, 음모론은 또 다른 음모론을 낳습니다. 6공 마적떼 제왕 대통령 윤석열과 윤석열이 즐겨 본다는 극우 유튜브의 망상과 음모론이 상승 작용 끝에 종국에는 12.3 윤석열의 난을 일으키고야 말았습니다.

6공 제왕 정치의 민주주의 부재, 대화와 소통 부재의 대의정적대 정치가 결국 하마터면 전쟁이 일어날 뻔한 위험천만한 비

주권자 국민이 만든다, 제7공화국

상계엄 선포를 낳았습니다.

인간의 뇌는 사회성 뇌

　자본주의 사회에서 국민은 계층별로 실로 다양한 가치관과 세계관, 의식 수준을 갖고 있습니다. 5천만 주권자 가운데 몸과 마음 모두 똑같은 사람은 단 한 사람도 없습니다. 인류의 역사를 통틀어도 없습니다. 일란성 쌍둥이라 할지라도 약 30조 개 이상으로 추정하는 세포 모두가 동일한 사람은 없습니다. 조금씩 서로 다른 이런 차이와 변이야말로 사람들의 세상과 사회, 국가를 다채로운 무지개 세상으로 만드는 원동력입니다.

　대한민국은 조금씩 0.1mm라도 편차가 있는 5천만 개의 가치관, 세계관이 공존하고 있는 공존 사회, 공유 사회입니다.

　사회성 동물인 인간의 뇌는 당연히 사회성 뇌입니다.

　그러나 서구 자본주의의 극단화된 개인주의 세계관은 인간의 생존을 보장해주는 가장 중요한 뇌의 사회성조차 경시해왔습니다. 뇌과학이 인간 뇌의 사회성에 대해 주목하고 탐구하기 시작한 것은 극히 최근의 일입니다.[41]

　인간의 뇌는 사회성 고통과 쾌락을 강하게 인식하도록 진화해왔습니다. 인간은 무리의 구성원으로서 다른 구성원들과의 연결을 추구하고 연결이 끊어지는 것에 대한 두려움과 고통을 신체의 고통처럼 강하게 느낍니다. 무리에 소속돼 있어야만 생존이 가능하기 때문입니다.

41　매튜 D. 리버먼, 최호영 옮김, 『사회적 뇌』, 시공사, 2023.

스스로 돌볼 능력이 없는 상태로 태어난 갓난아기는 어미와 떨어지면 공포의 울음을 터뜨리고 구조의 비명을 지릅니다. 인간 아기의 이런 애착과 연결 욕구는 성장하면서 또래 친구와 또래 집단, 씨족과 부족 나아가 지역사회와 국가로 확대됩니다. 스포츠팀과 선수, 아이돌 그룹과 연예인, 정당과 정치인 등에 대한 애착과 강한 유대감도 이런 인간 뇌의 사회성 네트워크 연결 욕구에서 일어나는 현상입니다.

인간은 '이기적 인간'이면서 동시에 이타성 인간입니다. 경쟁하면서 동시에 협동합니다. 돈으로 환산되지 않는 동료나 이웃과의 우애와 환대, 협동과 협력이 없으면 자본주의 기업도 사회도 국가도 지속불가능합니다.

인간은 다른 사람의 마음을 읽는 능력이 있습니다. 호모 사피엔스 무리는 이 같은 마음읽기 능력과 언어를 통한 소통을 통해 연대와 합작의 집단행동으로 빙하기에도 매머드 등 대형 포유류를 사냥하면서 살아남을 수 있었습니다.

인간은 또한 자신을 성찰하고 자신의 특성, 신념, 가치 등을 다른 사람과 관련지어 생각할 수 있는 능력도 있습니다. 다른 사람의 판단을 강하게 의식하고 자신이 공동체 내의 존재라는 자각을 확실하게 하려고 하는 경향이 있습니다. 인간은 자신에게 이익이 되는 것이 사회에도 이익이 된다고 생각합니다. 그것이 자신이 무리의 일원이라는 소속감과 안도감을 주기 때문입니다.

내 몸을 나는 통제하지 못합니다. 내 '소유'인 나의 허파와 뇌 신경세포에 호흡을 한 달에 한 번만 해! 명령해도 듣지 않습니다. 내 눈에게 좀 더 커져! 지시하고, 내 다리에게 좀 더 길어져! 명령하고 설득하고 호소하고 애원해도 아무런 소용이 없습니다. 내 몸은 '나'의 것이 아닙니다.

우리는 이 사실을 잘 알고 있습니다. 시간이 갈수록 내 몸은 연식이 오래된 자가용처럼 고장나고 부서지고 이윽고는 병들어 죽음을 맞이하게 됩니다. 이 세상에 변하지 않는 것은 아무것도 없습니다.

나를 낳아준 어머니도 아버지도 배우자와 자식들, 절친과 이웃 지인들의 몸도 모두 똑같습니다. 나의 것이 아닙니다. 누구의 것인지도 우리는 알 수 없습니다. 불가지의 영역입니다. 그게 지구별 생태계 속의 생명체로서 우리 몸의 실상입니다.

우리는 모두 지구 생태계의 거대한 생명체 네트워크 그물망에 연결되어 있는 그물코 몸으로 이 지상에 왔다가 다시 한 줌의 재로 흩어지거나 흙 속에 묻혀 지상으로 돌아갑니다. 우리는 모두 '상호 존재'의 현존들로서 수십억 년의 지구별 생명체 역사와 지구별을 포함한 우주 변화의 역사를 공유하고 있습니다.

이런 몸에서, 이런 몸을 인연으로 사회성 언어로 구성된 나, 자아, 내 마음, 의식이 생성됩니다. 기적이 아닐 수 없습니다. 나만이 아니라 수많은 '나'들이 모두 그렇습니다. 우리는 오직 내 것이 아닌 그런 몸으로 태어나 기적같은 '나'의 삶을 매 순간 살고, 기쁨과 놀라움으로 충만한 대자유인의 삶을 살고자 희망하고 기도하고 실천할 수 있을 뿐입니다. 인간이 생명체로 깨어나 자기 자신의 마음, 의식을 들여다보고 알아차리고 그리고 매 순간 나와 내 마음을 바꿀 수 있다는 그 사실 자체가 기적입니다.

사회성 동물인 인간 모두는 이 세상에 태어나 인간으로서 존엄한 삶을 살 권리가 있습니다. 저마다 다른 지역사회와 국가에 속해 있는 모든 주권자 하나하나는 지구별 행성에서 기적같이 빛나는 별과 같은 삶을 누릴 자유가 있습니다. 어떤 사회와 국가의 억압과 폭력도 없이 해방된 대자유인으로 살 수 있는 천부인권, 하늘이 부여한 인권이 있습니다.

그리고 그런 권리를 누리고 자유를 행사할 수 있는 가장 실현 가능한 수단이 다름 아닌 직접 민주주의 정치 체제입니다.

감옥에서 탈출하기

오늘날 자본주의 국가체제에서 절대다수의 사람들이 추종하는 유일신 종교는 불교도 천주교도 개신교도 이슬람교도 아닙니다. 다름 아닌 '자본신'교, '돈신'교입니다. '쩐'(錢)이 최고의 신인 이 종교의 이데올로기는 무한 경쟁주의와 무한 성장주의입니다. 불교, 천주교, 개신교 신자들 대부분도 사실은 교회와 성당, 절에 가서 예수와 붓다에게 돈 벌어 부자되게 해달라고 간절히 기도하는 '돈 유일신'의 광신도들입니다.

자본 신은 단순히 노동자를 비롯한 주권자의 노동력만을 착취하는 게 아닙니다. 착취의 핵심은 생각과 의식, 마음의 착취, 가치관과 세계관의 착취입니다. 국민은 무한 경쟁과 무한 성장의 국가주의를 자신의 가치관과 세계관으로 내면화할 수밖에 없습니다. 돈과 권력의 집적과 집중, 대재벌과 권력자의 힘을 국가의 힘이자 자신의 힘으로 일체화하고 그리고 추종합니다. 그렇게 하지 않으면 생존해 나가기가 어렵습니다.

복식부기는 수입 항목과 지출 항목에 들어가는 모든 것을 숫자로 적습니다. 악마의 맷돌처럼 모든 것을 갈아서 숫자로 된 돈으로 계량합니다. 예외가 없습니다. 한 무더기의 돌도, 기생충도, 바이러스도 사람과 돼지와 소도, 사과와 배추도, 산도 강도 바다도 자연도, 지구 생태계도 우주조차도 모두 계산대에 올라 돈의 숫자로 잽니다. 기업의 소유주도 임원도 노동자도 로비 대상인 국회의원도 관료도 기자도 검사도 윤석열도 모두 다 돈으로 나타나는 항목과 숫자일 뿐입니다.

여기서 세계를 숫자로 계산하는 돈 유일신의 세계가 탄생한 것입니다. 이것이 오늘날 우리 사회의 구조입니다. 복식부기 그 자체가 자본주의입니다. 지금 여기 우리의 생각은 대부분 부지불식간에 이런 복식부기의 생각에 동기화되어 있습니다.

구소련이 무너지고 하루아침에 사회주의 국가에서 자본주의 국가의 시민이 된 어느 소보크(소비에트 시대의 발상, 사고방식, 행동 등에 머물러 있는 사람들을 비하하는 속어) 인민의 고백은 이를 극명하게 드러내줍니다.

자본주의가 터진 봇물처럼 쏟아집디다... 어디선가 전혀 다른 부류의 사람들이 출현했소... 그들은 우리에게 새로운 게임의 법칙을 말해주었소. 돈이 있으면 인간이고, 돈이 없으면 아무것도 아니라는 법칙을.[42]

국공립 학교는 성적 경쟁과 입시지옥을 통해 그런 무한경쟁 이데올로기를 주입하고 세뇌시키면서 국민을 자본신의 노예로

---

42 스베틀라나 알렉시예비치, 김하은 옮김, 『붉은 인간의 최후』, 이야기장수, 2024.

길들입니다. 이반 일리치를 비롯한 수많은 사상가들이 지적하고 있듯이 노예 양성소라고 할 수 있습니다. 일종의 스톡홀름 증후군 환자들의 집단 양성소입니다.

19세기 독일에서 시작된 국민교육이란 처음부터 국가주의의 노동자와 군인들을 양성하기 위해 만든 제도였습니다. 일제가 독일식 국민교육 제도를 조선에 도입한 이래 한국의 학교는 이런 목적에서 벗어난 적이 한 번도 없습니다. 박정희가 국민교육헌장을 강요하고, 김대중 정부가 교육부를 교육인적자원부로 이름을 바꿨던 것이 모두 그런 맥락입니다. 여기서 쓰는 국민이란 용어야말로 국가주의의 국민 용례에 제대로 부합하는 경우입니다.

나의 삶을 바꾸려면 이러한 주입된 국가주의 이데올로기에서 탈출하는 게 급선무입니다. 무한경쟁주의에서 탈출해야만 해방된 자유인의 삶을 살 수 있습니다. 그것이 한 걸음입니다.

나라별로 역사와 문화가 다르고 편차가 있긴 하지만 서구와 미국의 사립학교(Independent School, Private School)란 이 같은 국가주의 국민교육에서 벗어나 아이들을 자유인으로 성장시키고자 시민들이 스스로 만든 학교입니다. 고급 귀족학교도 있고, 우리나라의 일부 대안학교처럼 어렵게 운영하고 있는 곳도 있습니다.

그러나 한국의 사립학교 대부분은 일제 때부터 개신교를 비롯한 종교재단이 운영해왔고, 국공립학교와 똑같이 이른바 스카이(SKY)와 인서울 대학에 들어가기 위한 입시 경쟁 위주의 국민교육을 실시해 왔습니다. 이러한 국가주의 학교 교육과 학력 이데올로기가 발효시킨 극단의 폭탄주가 12.3 윤석열의 난입니다.

윤석열의 난 주범들은 거의 모두 3개의 엘리트 학교, 서울법대, 육사, 경찰대 출신들이라고 합니다. 이른바 머리 좋고 암기를 잘해서 우수한 국가주의의 포로로 육성된 자들이 대한민국 국민을 체포하고 사살하고자 한 것입니다. 그리고 그들의 인생은 쿠데타에 동조하는 한 걸음을 내딛는 순간 엘리트에서 가장 흉악한 반국가 범죄자의 나락으로 떨어지고 말았습니다.

초지능 시대를 앞둔 지금 그런 일류학교 타령은 어리석기 짝이 없는 선택입니다. 앞으로는 그런 일류학교 자체가 무의미해질 것입니다. 암기 위주의 입시 교육은 취업에도 전혀 도움이 되지 않을 것입니다. 이제 학교 교육은 인공지능에게 어떻게 질문해야 필요한 최선의 답을 받아낼 수 있는지 질문하는 (prompt) 능력을 키우는 학습과 교육, 책읽기와 글쓰기, 대화와 토론으로 바뀔 것이고 바뀔 수밖에 없습니다.

어떻게 나의 나인 이웃과 대화하고 소통할 것인지 사회성을 기르는 인간관계 학습과 훈련이 학교 교육의 중심으로 급속히 바뀔 것입니다. 어떻게 경청하고 토론할 것인지 배우는 것이 최우선의 교육 목표로 자리잡을 것입니다. 그리고 그것이 해방된 자유인의 삶을 가능케 하고, 평생 직업을 보장해줄 것입니다.

한 걸음을 내디디면 애벌레가 누에고치에서 허물을 벗고 나비로 탈바꿈하듯 기존의 세계관에서 탈출할 수 있습니다. '나'라는 현존의 실상을 볼 수 있고, 나와 연결된 또 다른 나를 알아차릴 수 있고, 세계의 실상을 꿰뚫어 알아차릴 수 있습니다. 돈 유일신의 동굴과 국가주의의 감옥에서 탈출해 해방된 자유인의 삶을 살 수 있습니다. 그 한 걸음이 나의 삶을 바꾸고, 이웃과 지역공동체, 사회와 국가를 바꿉니다.

사회와 국가를 바꾼다고 하면 "에구 그걸 어떻게 바꿔" 하고 한숨부터 나옵니다. 너무 거대한 일이라서 개인은 엄두를 낼 수조차 없다고 생각합니다. 기후 우울증을 앓고 있는 수많은 청소년들이 그렇습니다.[43]

그러나 사회와 국가를 바꾸는 일은 결코 어렵지 않습니다. 처방은 간단합니다. '딱 한 걸음'이 답입니다. 이웃과 함께하는 광장정치가 기적의 비방약입니다. 우리는 지금 그런 딱 한 걸음의 기적을 몸과 마음으로 겪고 있고, 매 순간 한 걸음 더 발걸음을 옮기고 있습니다.

행동이 없으면, 그것이 죽음

자유인이란 단순명쾌합니다. 내 삶의 주인이 다른 사람이나 조직, 국가가 아니라 나 자신인 사람이 자유인입니다. 생각과 행동의 주인이 자신이고, 자신의 삶을 스스로 결정하고 스스로 책임지는 사람이 자유인입니다.

돈이 하라는 대로, 마적떼 두목이 하라는 대로, 기존 체제가 하라는 대로 하는 사람은 노예입니다. 당연히 자유인이란 국가의 주인은 주권자인 나 자신이라는 사실을 자각하는 데서 그치는 게 아니라 그 자각을 행동으로 실천하는 데서부터 출발합니다. 자유인이란 곧 주권자로서 자유롭게 선택하고 자유롭게 행

---

43 조지 마셜, 이은경 옮김, 『기후변화의 심리학』, 갈마바람, 2018.

동하는 시민입니다. 자유인의 행동을 하지 않는 사람은 주권자가 될 자격조차 없습니다.

국가 안에서 국민으로 살아가야만 하는 국민국가 시대의 현대인들에게 국가와 사회체제와 무관하게 명상과 사색을 통해 내면의 자유만을 추구한다는 것은 허위와 허상의 도피에 불과할 따름입니다. 무리생활은 사람의 존재 조건 그 자체이며, 내면의 자유란 사회관계에서의 자유가 전제되지 않으면 불가능하기 때문입니다. 노예가 아무리 내면의 자유를 추구한들 그 노예의 삶을 자유인의 삶이라고 말할 수는 없습니다.

명상과 종교의 영성, 믿음을 통해 욕망과 집착, 성냄과 어리석음으로부터 해방과 자유를 추구하는 행위는 대자유인으로서 반드시 필요한 일입니다. 그러나 그것이 사회와 국가의 정치경제 구조와 인간관계를 외면한 채 내면의 자유만을 추구한다면 그것은 종교를 빙자한 사기술이기 십상입니다. 아니면 거대 국가와 자본권력이 나누어 주는 일종의 진통제 마약 중독자들이라고까지 할 수 있습니다.

눈을 뜨면 사회의 질곡이 도처에서 내 몸과 마음, 내 삶과 이웃의 삶을 짓누르고 있는데 이를 정면에서 응시하지 않고 외면한 채 눈 감고 명상해서 깨달음을 얻는다는 것은 언어도단입니다. 붓다와 예수와 마호메트와 최시형, 박중빈 등 동서양의 선각자들 가운데 사회관계를 정면에서 바라보지 않고 내면의 자유만을 추구한 사람은 단 한 사람도 없습니다. 이들은 정치권력의 추구와 교체만으로는 결코 사람들의 자유와 행복이 가능하지 않으며, 사람들 개개인의 마음과 생각을 바꿔야만 개인의 삶도 세상도 바꿀 수 있다고 설파한 최초의 진정한 인간혁명, 사회혁명가들이었습니다.

주권자의 자각과 행동은 결코 혼자만의 자각과 행동으로 끝나서는 아무런 의미가 없습니다. 자신이 주권자임을 깨닫는 국민 한 사람의 힘과 능력으로는 결코 자신의 삶을 진정한 자유인의 삶으로 바꿀 수도 없고, 이 세상을 자유인의 세상으로 변화시킬 수도 없습니다. 국민 한 사람의 힘은 재벌과 소수 엘리트 기득권 층의 그 거대하게 집적-집중된 힘과 비교하면 티끌보다도 작고, 눈에 보이지도 않을 정도로 무력하기만 합니다.

그러나 자유로운 인간으로서 스스로 자각하고 거듭난 주권자 국민 한 사람 한 사람이 다람쥐 쳇바퀴를 멈추고 한 발자국 옮겨 밖으로 튀쳐나와 화창한 햇살과 푸른 숲의 광장에서 서로 손을 맞잡고 연대합작하면 상황은 백팔십도 달라집니다. 주권자 국민 두 사람 이상의 행동은 그 자체가 정치행동입니다. 광장에 모인 주권자의 연대와 합작은 그 자체가 거대한 광장정치의 집적-집중체입니다.

수백수천 명, 수십만 수백만 명의 국민이 연대하고 합작하면 그 힘의 집적-집중은 단순히 하나 더하기 둘 더하기 셋의 산술급수식 힘으로만 그치지 않습니다. 연대와 합작의 아교로 결합된 주권자 국민은 하나 곱하기 둘 곱하기 셋의 기하급수로 늘어나는 힘을 발휘합니다.

이것이 위대한 연대와 합작, 동맹의 힘입니다. 페르시아 전쟁을 승리로 이끈 원동력은 다름 아니라 그리스 민주주의의 근거지 아테나이를 중심으로 뭉친 델로스 동맹이었습니다. 1987년

6월, 전두환 군사독재 체제를 무너뜨리고 직선제 개헌을 이끌어 낸 힘 또한 맨몸으로 광장으로 뛰쳐나온 수백만 시민의 어깨동무와 그리고 서울뿐 아니라 전국 각지에서 벌어진 시민항쟁의 지역 연대와 합작이었습니다.

주권자 국민의 각성과 의지, 행동이 지진을 일으킵니다. 앞만 보던 시선을 옆으로 돌려 이웃을 발견하고 이웃과 손을 잡는 이웃민주주의의 실천, 제7공화국 광장정치 혁명이 진앙입니다. 빈익빈 부익부의 불평등이 대를 이어 세습되고, 그 격차가 극한에 이르렀을 뿐만 아니라 어느새 구체제의 구조악이 되어버린 대한민국의 정치경제 현실을 변화시킬 수 있는 탈출구이자 지름길입니다. 국민이 뿔뿔이 흩어진 모래알로 사실상 채무노예, 노동노예로 전락해 버리고 만 오늘의 사회 구조를 밑에서부터 뒤엎어 바꿀 수 있는 거의 유일한 해결책입니다.

행동이 없으면, 활동과 운동이 정지되면 그게 죽음입니다. 광장정치 행동이 없으면 세계관도 바뀌지 않고 삶도 세상도 전혀 변화되지 않습니다. 주권자 국민이 광장정치 행동에 나서지 않으면 민주주의 혁명은 불가능합니다.

인지생물학의 숱한 조사연구는 사람의 인식은 행동을 통한 시행착오와 소통을 통해 획득되고 무리와 공유된다는 점을 명확히 보여주고 있습니다. 행동은 사람이라는 동물이 세계를 인식하는 방식이자 무리생활의 구성원으로 성장할 수 있는 삶의 근원 그 자체입니다. 사람은 행동을 통해 비로소 사람이 됩니다. 사람은 광장정치 행동을 통해 비로소 자유인이 되고 주권자가 되고 자신의 삶과 세상을 변화시킬 수 있습니다.

주권자 개개인 가운데 극히 소수는 똑똑하고 유능한 능력자로서 기득권층으로 신분 상승하거나 기득권층의 충실한 하수인으로 편입될 수도 있습니다. 개개인의 삶을 부유하고 힘있는 생활로 윤택하게 만들 수 있는 실낱같이 좁디좁은 문틈은 어떤 독재사회, 어떤 계급사회에서도 늘 환한 빛을 발하며 열려 있습니다.

그러나 그런 좁은 문으로 들어가는 선택의 반대급부는 물론 당연히 공동선의 자비행과는 거리가 먼, 수많은 국민의 피와 땀과 죽음을 짜내고 또 짜내는 부도덕하고 파렴치한 삶입니다.

춘향전에는 새로 부임한 남원부사가 생일잔치를 벌일 때 이몽룡이 어사 출도하기 전 시를 읊는 장면이 나옵니다. **금 술잔의 술은 일천 명 백성의 피요, 옥 쟁반의 맛있는 안주는 일만 명 백성의 기름이구나.**[44] 남원부사 변학도는 지금 여기 6공 마적떼 전두광 윤석열 일당들로 부활해 있습니다.

그런 삶은 진정으로 자유롭고 평화로운 영혼의 삶은 결코 될 수 없습니다. 그같은 삶은 양심에 거리낌 없이 이웃과 더불어 함께 삶의 기적을 누리는 자유인의 삶도 결단코 될 수 없습니다.

주권자 국민의 연대는 자신의 주위, 자신이 살고 있는 지역공동체, 가까운 곳에서부터 시작됩니다. 자신의 이웃, 나아가 지역공동체와 지역공동체가 연대하고 합작하는 네트워크 연결과 결속을 통해 개인의 삶을 평화로운 자유인의 삶으로 바꾸지 않으면서 세상을 바꾸자고 소리높이 외치는 것은 기만입니다. 모든 진정한 정치혁명은 아래로부터의 지역공동체 혁명입니다.

---

44 金樽美酒千人血 玉槃佳肴萬成膏

위로부터의 혁명이 개인의 삶과 세상을 근본에서부터 바꾸는 경우는 거의 없습니다. 소수의 선각자나 엘리트가 중심이 되어 성공한 정치혁명은 혁명 직후부터 국민을 자각한 주권자로 변화시키지 못하면 결국 실패한 혁명으로 끝나고 맙니다.

사회주의 혁명은 주권자를 자각시키기 위해 목숨까지 바치며 헌신하는 사회주의 전위 활동가들의 혁명운동이었습니다. 여기에 자각한 주권자가 눈덩이처럼 뭉쳐 연대 합작하면서 인민들의 정치혁명으로 성공할 수 있었습니다. 러시아 볼세비키와 중국공산당의 성공 등 전 세계 사회주의 혁명이 그랬습니다.

그러나 현실 사회주의 혁명은 혁명이 성공하자마자 국가를 주권자인 인민의 연대 합작 국가로 전환하기는커녕, 곧바로 인민의 주권을 당이 찬탈해 가고, 당의 주권을 소수의 서기들과 서기장이 찬탈해 가고 말았습니다. 그 결과는 인민을 노예보다도 더 기계화된 로봇으로 전락시키고, 끔찍한 고문과 처형이 일상으로 벌어지는 기괴한 빅브라더 독재 국가 체제였음을 우리는 잘 알고 있습니다.

행동이 없으면 그게 죽음이듯 한 사회와 국가 속에서 자유인을 향한 해방의 투쟁이 없다면 그것도 죽음입니다. 구소련의 솔제니친이나 동독의 시인 라이너 쿤체가 소설과 시로 자유실천의 작가 활동을 벌인 것은 이런 살아있는 자유인의 투쟁이었습니다. 독재국가의 수많은 금서와 1970년대 한국의 자유실천문인협의회 작가들의 저항과 투옥 등은 그것 자체가 자유인으로서 살아있다는 증거였습니다.

그리고 이제 우리는 이전과는 전혀 다른 방식으로 광장정치의 유머 넘치는 각종 깃발, 춤과 노래와 함성을 지르며 21세기에 새롭게 살아나는 자유인들의 세상을 만들고 있는 중입니다.

제4장

국가주의에서 국민주의로

왕은 언제든 민이 배를 뒤집어 내쫓을 수 있는 '하찮은' 자

동서양을 막론하고 인류 역사에서 농업의 정착과 더불어 막 국가가 생기기 시작했을 때, 국가의 주인은 당연히 시민, 민(民)이었습니다. 씨족사회와 부족사회를 이끌던 추장은 왕이 아니라 갈등 관리와 공유경제의 모범을 보여야 하는 정치경제 지도자였습니다. 제사장들은 부족의 길흉을 점치고 부족의 세계관을 유지하는 영혼의 지도자였습니다. 도시국가와 왕국, 제국이 건설되고 나서야 이들은 비로소 세습 왕과 황제로 등장하게 됩니다.

지금으로부터 약 6천~7천 5백년 전 최초의 도시국가인 수메르가 메소포타미아 황금의 초승달 지역에서 나타났을 때도 도시의 주인은 시민이었습니다. 수메르를 다스리는 최고 통치 기구는 성인 남성들로 구성된 민회와 씨족장들의 장로회였습니다. 수메르인들은 전쟁과 같은 위기 상황에 닥쳐서야 비로소 왕을 선출했습니다.

유럽에서 최초의 도시국가가 등장하기 시작하던 약 2천 5백년 전의 그리스에서도 도시의 주인은 시민이었습니다. 서구 민주주의의 기원으로 일컬어지는 그리스 아테나이는 말할 것도 없고, 독특한 군국주의 혼합 정치체제를 유지했던 스파르테에서도 30세 이상의 모든 성인 남성이 참여하는 민회가 조약, 대외관계, 전쟁과 강화에 대한 공식 결정권을 갖고 있었습니다.

스파르테에는 서로 다른 왕가에서 나온 2명의 왕과 소수 특권 가문에서 선출된 60세 이상의 28인 위원회, 즉 최고 법정인 게루시아(gerousia)가 있었습니다. 그러나 왕을 반란죄로 기소

할 수 있을 정도로 막강한 권력을 가지고 있었던 것은 스파르테 시민이 1년마다 선출하는 5인의 집정관(ephoroi)이었습니다.[45]

국가가 발생하기 시작하던 동양에서 초기부터 국가의 통치 이념으로 자리잡았던 유교는 국가의 근본을 왕이 아닌 민이라는 점을 분명히 한 정치사상이었습니다.

민이 나라의 근본이라는 유교의 민유방본(民惟邦本) 이념은 무도한 왕을 갈아치우는 혁명의 원리로 늘 거론되곤 했습니다. 맹자의 여민(與民) 사상은 이 같은 생각을 명문화한 분명한 주권재민론이었습니다.

흔히 유교 이념을 민본주의 사상이라고 그럴듯하게 번역하는 사람들이 있습니다. 민이 나라의 근본이긴 하지만 민은 어리석고 우매하므로 이를 왕과 선비가 교화해야 한다는 해설을 덧붙입니다. 그러나 민본주의란 천황제를 합리화하기 위해 일본제국주의가 민주란 말 대신 민본을 사용하면서 왜곡한 번역의 오류입니다.[46]

맹자는 민유방본의 줄임말로서라도 민본이라는 말 자체를 단한 번도 사용하거나 언급한 적이 없었습니다. 오히려 맹자는 왕이란 백성에게 종속되는 존재임을 분명히 했습니다. 맹자는 백성이 으뜸으로 귀하고 사직은 그다음이고 임금은 하찮다고 지적했습니다.[47] 순자는 한 걸음 더 나아가 '군주민수(君舟民水)', 즉 군주는 배이고 민은 물이며, 물은 배를 띄우기도 하지만 배를 뒤집어 침몰시킬 수도 있다고 혁명을 정당화하기까지 했습

45 도널드 케이건, 허승일 외 옮김, 『펠로폰네소스 전쟁사』, 25~27쪽, 까치, 2013.
46 배병삼, 『우리에게 유교란 무엇인가』, 녹색평론사, 2012.
47 民爲貴 祀稷次之 君爲輕(『맹자집주』, 진심장구(盡心章句) 하, 세창서관, 1928.)

니다.[48]

국기에 대한 경례, 헌법 부정의 내란 선동

대한민국 헌법은 국가주의 헌법이 아닙니다. 국민주의 헌법입니다.

"공무원은 국민 전체에 대한 봉사자이며 국민에 대해 책임을 져야만 한다." 헌법 제7조입니다. 공무원은 결코 '국가'에 충성하는 사람들이 아닙니다. 명명백백하게 국민을 위해 일하는 봉사자, 머슴입니다.

차렷 자세로 태극기를 향해 경례하면서 국가에 대해 충성을 맹세하는 '국기에 대한 맹세'는 대한민국 헌법을 부정하는 일본 제국주의나 히틀러 나치즘 국가관의 소행입니다. 행정부의 일개 규정에 지나지 않는 「국기의 게양·관리 및 선양에 관한 규정」이 헌법을 부정하고 있는 것입니다. 이것은 국가주의 체제의 감옥 안에 국민을 가두어 두고자 하는 기득권 금수저 세력들의 일종의 내란 선동이자 행정부 쿠데타입니다.

이처럼 헌법을 부정하고 헌법에 어긋나는 행정, 입법, 사법부 등 국가기관의 규정이나 지침은 도처에 수도 없이 널려 있어 일일이 열거하기조차 힘듭니다. 그만큼 대한민국의 국가기관과 재벌, 언론, 학자, 전문가 등등 기득권 엘리트 지배 세력들은 헌법을 밥 먹듯 어기면서 '국민주의'가 아닌 '국가주의' 세계관을 날이면 날마다 국민에게 세뇌해 왔습니다. 그래야 국민의 눈을

---

48 君舟人水 水能載舟 易能覆舟(순자, 김학주 옮김, 「荀子」, 을유문화사, 2008.)

주권자 국민이 만든다, 제7공화국

가린 채 돈과 권력을 긁어모을 수 있기 때문입니다.

　그리고 이 같은 나치와 일본제국주의의 국가주의가 12.3 윤석열의 내란을 비롯하여 박정희, 전두환 등의 군사쿠데타에 늘 명분을 제공해 온 이데올로기로 작동해 왔습니다.

　국민이 있고 국가가 있습니다. 국가가 있고 국민이 있는 게 아닙니다. 국민 없는 국가는 존재할 수 없지만, 국가 없는 국민, 시민, 인민은 언제나 존재합니다.

　주권자 국민의 광장정치는 제7공화국 수립을 통해 국기에 대한 맹세를 '국민에 대한 맹세'로 내용을 완전히 뒤바꿀 수 있습니다. 공무원들의 각종 의례는 모두 국민에 대한 봉사와 섬김을 다짐하는 내용으로 확 뜯어고칠 수 있습니다. 그것이 대한민국의 헌법 정신입니다.

　육사는 출생부터 친일파들의 온상이었습니다. 벌써 4번이나 쿠데타를 주도한 헌정 파괴의 파시스트 국가주의 이데올로기 근거지입니다. 육사는 제일 먼저 해체해야 할 학교입니다. 우리는 국가주의나 편협한 민족주의 이념의 군사학교가 아니라 국민을 섬기고 봉사하는 새로운 국민주의 군사학교를 신설할 수 있습니다.

　12.3 윤석열의 난에서 드러난 것처럼 수많은 신세대 병사들은 국민의 군대란 이런 병사여야 한다는 사실을 미흡하지만 국회 앞에 달려온 광장정치의 주권자 국민에게 실증해 보여주었습니다. 2024년 370명의 한국군 수뇌부 '똥별' 가운데 1979년 12.12 불법 쿠데타에 저항한 정병주 특전사령관, 장태완 수방

사령관, 김진기 헌병감 등과 같은 장군은 단 한 사람도 없었습니다.

스스로 일제의 사냥개가 되어 항일 독립군들과 맞서 싸우고 독립지사들과 조선 인민을 고문 학살했던 일본 육사 출신들과 일제 순사들이 대한민국의 군대와 경찰을 장악해왔던 전통을 과감하게 깨뜨려야 합니다. 육사와 국방부에 설치돼 있던 홍범도 등 독립군과 광복군 영웅 흉상을 철거하려는 해괴한 시도 자체가 헌법 유린 시도입니다. 검찰과 법원, 행정부의 각종 국가기관과 산하단체 또한 마찬가지로 국민주의 국가기관으로 바꾸는 일대 전환이 필요합니다.

요컨대 제7공화국은 국민이 주권자로서 제대로 주권을 행사하는 민주공화정 체제입니다. 공무원이 제대로 국민을 섬기고 국민을 위해 봉사하는 국민주의 공화국입니다.

주권자 국민의 광장정치 세력이 그런 제7공화국의 신세계를 지금 열어가고 있습니다.

국가폭력과 그 희생자, 가정과 학교

국가폭력의 가장 큰 문제점은 국민의 마음속에 폭력의 내면화가 진행된다는 사실입니다. 6.25동란 이후 광란의 빨갱이 사냥과 반공 지상주의는 빨간색만 보면 무서워서 떨 정도로 온 한국 사회를 거대한 정신병동 사회로 만들어 버렸습니다. 박정희-전두환의 연이은 군사 쿠데타와 군사독재정권이 저지른 끔찍한 고문과 학살 등의 국가폭력은 고스란히 한국사회의 모든 분야, 한국인들 개개인의 뇌신경에 깊숙이 트라우마로 각인되어 왔습니다.

이 같은 폭력의 내면화가 국민의 삶 속에서 가장 극단으로 표출되는 현상이 가정폭력과 학교 폭력입니다. 일종의 거대한 사회성 스톡홀름 증후군입니다.

1980년대 초 인기가 높았던 고교 야구대회 당시 야구 경기를 관람하던 전두환 '각하'께서 얼굴을 찌푸리며 고등학교 교기에 왜 이렇게 빨간색이 많냐는 지적을 합니다. 그 즉시 난리가 났습니다. 고등학교뿐만 아니라 전국의 모든 초중 대학까지 교기에 빨간색이 들어간 학교는 초비상이 걸렸습니다. 순식간에 교기가 파란색이나 다른 색으로 바뀌었습니다. 교기만이 아니라 빨간색이 들어간 모든 물품까지 싹 다 색깔 교체의 일대 색깔 '혁명'이 일어났습니다. 불똥은 민간 단체와 기업까지에도 떨어졌습니다. 이승만이 인민이란 말을 목 졸라 살해하려고 했듯 전두환은 광주 시민 학살에 그치지 않고 빨간색도 학살하려고 했습니다.

지금은 10대 20대부터 노년층까지 붉은색 옷을 자연스럽게 입고 다닐 수 있습니다. 그러나 1980년대에는 길거리에서 비더레드(BE the Reds, 빨갱이가 되자!)라고 적힌 붉은색 옷을 입고 다니면 반드시 불심검문을 받아야만 했습니다. 박정희 유신 독재 시대 때 미니스커트를 입었거나 장발이라고 경찰서에 끌려가 경범죄로 처벌받는 것과는 비교가 되지 않았습니다.

빨간색을 사용하는 자는 반공법이나 국가보안법으로 처벌해야 할 사상이 의심스러운 자였습니다. 더더구나 붉은 악마라는 이름도 경찰서나 남산으로 끌려가 조사받을 작명이었습니다. '붉은' 색 자체가 공산당 색깔이었습니다. 이런 금기를 깬 것은 젊은 주권자 국민, 한국 축구 응원단 '붉은 악마'들이었습니다.

사상의 자유란 주장 자체가 빨갱이들의 주장이라는 극단의 억압이 국민의 사고를 짓눌렀습니다. 1990년대 초 현실 사회주의가 붕괴될 때까지 근 40년 이상을 한국인들은 국민의 마음속까지 들여다보는 국가주의의 폭력에 숨조차 제대로 쉴 수가 없었습니다. 내 말과 생각이 혹시 경찰과 검찰, 국정원(중앙정보부, 안기부)에 잡혀갈 수도 있는 말과 생각 아닌가 주변을 두리번거리며 살펴야 했습니다.

군대와 조폭의 차이는 국가가 폭력을 허가했느냐 아니냐의 합법성 차이입니다. 폭력조직 자체인 군대의 폭력은 당연시되었습니다. 부모가 아이에게 폭력을 행사하는 것도 당연한 훈육 가운데 하나였습니다. 교사가 학생에게, 힘센 학생이 약한 학생에게, 직장 상사가 부하에게 가하는 폭력이 온 사회를 뒤덮고 있었습니다.

2022년 12월 30일부터 방영된 드라마 「더 글로리」가 흥행을 거두며 학교폭력을 새삼 재조명하게 만들었습니다. 6.25동란과 군사독재정권이 한국사회와 개인에게 저지른 폭력 범죄의 슬픈 자화상이 아닐 수 없습니다. 드라마에서 알 수 있는 것처럼 폭력을 당한 피해자의 트라우마는 평생 동안 지속됩니다.

1987년 6월항쟁으로 되찾은 자유가 폭력을 당한 피해자에게 비로소 숨 쉴 수 있는 공간을 열어주었습니다. 그런 자유의 열린 공간 속에서 비로소 트라우마에 대한 치유가 시작될 수 있었습니다. 수십 년이 지난 뒤에야 미투 운동이 벌어지는 것도 이런 시간차 때문입니다.

국가폭력은 주권자 국민에게 각종의 정신질환을 일으키는 악성 바이러스 전염병입니다. 가정과 학교 등 온 사회를 폭력집단으로 만드는 악성 범죄입니다.

한강의 노벨상 수상 자체보다 더 중요한 사실은 그것이 나비효과처럼 불러오는 개인과 집단, 사회와 국가의 폭력 트라우마에 대한 집단 치유 효과입니다. 한국뿐 아니라 전 세계 시민사회와 국민 마음속에서 불러일으키는 국가폭력과 그 치유에 대한 공명과 공감입니다.

폭력은 폭력으로 근절되지 않습니다. 폭력을 근절해야만 하는 악으로 규정해 비난하고 비판한다고 해서 폭력이 근절되지도 않습니다. 폭력은 우리 안의 탐욕과 성냄과 어리석음이 있는 한 우리 안에 도사리고 있는 괴물입니다. 폭력을 나와 내 이웃의 관계 속에서, 나와 집단과 사회, 국가와의 관계 속에서 마음으로 살펴보고 성찰하는 알아차림을 통해 비로소 폭력은 마음에서부터 억제되고 사라질 수 있습니다.

그런 폭력을 알아차리는 마음이 비폭력의 대화와 소통이고, 이것이 폭력의 치유 방법입니다.[49] 폭력의 반대 개념은 평화가 아니라 비폭력의 인간관계입니다. 반대와 저항이 또 다른 폭력이 되는 현실을 우리는 너무나 많이 보아 왔습니다.

그런데 광주학살로부터 근 반세기가 지난 2024년 12월 3일 마적떼 두목 윤석열이 갑자기 온 국민의 폭력 트라우마를 다시

---

49 마셜 로젠버그, 캐서린 한 옮김, 『비폭력 대화』, 한국NVC센터, 2017.

대형 스크린에 실시간으로 생생하게 재현시켰습니다. 우리 안과 옆에 있던 폭력이 한 순간 뛰쳐나오고야 만 극악한 폭력 범죄행위였습니다. 언제든 내란이 일어날 수 있는 제왕 대통령제 6공 헌법 체제의 적나라한 실상이 그대로 드러나고 말았습니다.

전쟁세력은 매국노

전쟁의 반대 개념은 전쟁 없는 평화가 아닙니다. 사회성 동물인 인간의 국가, 민족, 집단 사이의 분쟁과 전쟁은 늘 우리 안과 옆에 도사리고 있습니다. 평화 세력의 힘이 약해지면 전쟁은 언제든 뛰쳐나올 만반의 준비가 되어 있는 괴물입니다. 평화란 이 같은 전쟁의 속성을 꿰뚫어 알아차리고 국가와 사회, 집단의 갈등과 분쟁을 관리하고 조정하는 하나의 과정입니다. 평화는 고여있는 어떤 상태가 아니라 현재진행형인 과정입니다.

6.25동란의 교훈은 평화세력이 늘 평화의 힘으로 전쟁세력을 압도하고 억제해야 한다는 사실입니다. 주권자 국민 스스로 지금 여기에서 늘 현재진행형으로 확고하게 전쟁세력을 관리하고 조정해야 전쟁은 일어나지 않습니다.

한국 국민은 12.3 윤석열의 난 진압을 통해 주권자 국민의 광장정치 세력이야말로 확고부동한 평화세력임을 전 세계에 생생하게 실시간 동영상으로 알려주었습니다.

1994년 5월 18일 이른바 북핵 위기 당시 미국은 펜타곤에서 제2차 6.25동란 모의실험을 했습니다. 작전계획 5027에 의거

하여 미군 57만 명, 전함 200척, 항공기 1,200기에 5척의 항공모함을 포함하여 미군 전투력의 거의 절반을 투입한다는 가정 아래 치른 면밀한 모의 실험 결과는 충격 그 자체였습니다.

개전 뒤 최초 90일간 미군의 사상자 수는 52,000명으로 베트남 전쟁에서 북폭 개시 이후 사이공 함락까지 10년 동안 미군이 입은 피해와 맞먹었습니다. 그러나 그건 약과였습니다. 한국군 사상자는 전군의 80%가 넘는 49만 명이나 되었고, 서울의 민간인 사망자 수는 무려 100만으로 나왔습니다.

더욱 큰 문제는 23기의 핵발전소였습니다. 만약 이 가운데 한두 개 핵발전소라도 폭격으로 파괴될 경우 한반도 전체가 초토화되고 전쟁의 참화는 상상을 절하는 것이었습니다. 그럼에도 미국은 미군 피해는 최소화하면서 북폭을 감행하려 했습니다. 한국군과 한국 국민의 사망자 수는 전혀 고려의 대상이 아니었습니다. 이들이 관심을 갖고 있는 유일한 변수는 미군과 한국 거주 미국인의 피해 규모였습니다.

우여곡절 끝에 결국 클린턴 행정부는 북폭 계획을 중단하고 전쟁을 통한 한반도 문제 해결을 잠정 선택지에서 배제해 버렸습니다. 그러나 당시를 회고하는 많은 관련자들은 지금도 일촉즉발의 전쟁 직전에 한국의 대통령부터 고위 관료와 한국군 고위 장성 대부분이 속수무책으로 미국과 미군이 하라는 대로 하인처럼 끌려다니고 있었음을 증언하고 있습니다.[50]

그로부터 30년이 지난 12.3 군사쿠데타가 얼마나 끔찍한 재앙을 일으킬 뻔했는지 정말로 가슴을 쓸어내리지 않을 수 없습

---

50 김연철, 「전쟁 문턱까지 갔던 94년 6월」, 『한겨레21』, 2020. 5. 3.

니다. 윤석열은 핵발전소가 전쟁이 일어나면 핵폭탄 폭발로 이어진다는 사실도 모르는 단순무식 제왕이었습니다. 1953년 미국의 아이젠하워 대통령이 이른바 '평화를 위한 핵'(Peace for Atom)을 선언하던 그때부터 핵발전소는 핵무기 제조공장이었고, 가짜뉴스와 여론 조작으로 민주주의를 파괴하는 음험한 국가주의와 군산복합체의 돈벌이 산업이었습니다.[51]

오늘날 군사무기는 극한으로 압축된 고에너지 무기들입니다. 핵무기는 비교조차 할 수 없는 수소폭탄도 있고, 핵융합 폭탄까지 개발되고 있습니다. 지구별 행성 자체를 수십 수백 번이라도 산산이 부술 정도의 가공할 무기들입니다. 우크라이나-러시아 전쟁과 이스라엘-팔레스타인 전쟁에 날이면 날마다 일취월장 성능이 점프하듯 개선돼 등장하는 AI 무기들이 이미 수많은 사람들을 끔찍하게 학살하고 있습니다.

우리는 지금 이런 일촉즉발의 종말론 시대에 살고 있습니다. 그래서 더더욱 윤석열과 그 졸개들인 육사 출신 전쟁광들뿐만 아니라 허구의 국가주의 이데올로기에 포로로 잡힌 극우 태극기 부대들이 위험합니다.

6.25동란 당시 한국군 2개 군단과 1개 사단을 궤멸시켜 해체시키고, 수많은 장병들을 죽음으로 내몬 자가 있습니다. 그는 그럼에도 승승장구 출세가도를 질주해 국방부장관까지 역임했습니다. 유재흥입니다. 유재흥의 예는 전쟁세력의 실체를 확연하게 보여주는 산 증거가 아닐 수 없습니다.[52]

일본군 장교의 아들인 유재흥은 일본육사를 졸업하고 일본군

---

51 로버트 융크, 이필렬 옮김, 『원자력 제국』, 따님, 1991.
52 namuwiki/w/유재흥

대위로 해방을 맞이한 골수 매국노 친일파였습니다. 일본어를 모국어로 사용했고, 조선어는 서툴렀습니다. 그런 자가 제주도 전투사령관으로서 제주 4.3학살을 지휘했습니다.

6.25동란 초기 유재흥은 7사단장으로서 군대의 기본인 경계를 소홀히 해 수많은 병사를 죽음으로 내몰았고, 7사단은 거의 궤멸되어 해체되고 말았습니다. 7사단은 그 뒤 병력을 보충해 다시 재편성됩니다.

북한군의 공격을 지체시킨 병력은 독립군 출신인 이성가의 8사단 병사들과 일본 육사 출신이 아닌 학병 출신 김종오의 6사단 병사들이었습니다. 그런데도 유재흥은 2군단장으로 승진했습니다. 한국군 내의 일본 육사 친일 인맥 때문이었습니다.

1950년 말 중공군의 공격 당시 터키여단이 질서 있는 후퇴로 병력과 장비 손실을 최소한도로 줄이는 데 성공했음에도 유재흥의 2군단은 그야말로 궤멸되어 버리고 말았습니다. 이로 인해 2군단은 해체되었다가 이듬해인 1951년에 다시 재편성되었습니다.

유재흥의 활약은 여기서 그치지 않았습니다. 다시 3군단장이 된 그는 전 세계 각종 전쟁사에도 기록되어 있는 현리 전투의 패배로 3군단을 궤멸시켰고, 3군단 자체를 해체시키고 말았습니다.

당시 3군단은 미군의 제공권 장악과 화력의 우세에도 불구하고 전술의 실패로 중공군에게 포위되고 말았습니다. 군단장인 유재흥은 자신의 군단 장병들을 버리고 연락기를 타고 탈출해 버렸습니다. 지휘관이 허겁지겁 도망가 버리자 나머지 지휘

부와 병사들이 미군 전사의 기록대로 그야말로 "군기빠진 오합지졸들의 나살기 경쟁"을 벌이는 것은 당연한 일이었습니다.

당시 3군단 병력의 30%가 목숨을 잃었습니다. 그리고 무기 부족에 허덕이던 중공군에게 군단 화력의 70% 가까이 헌납해 중공군 무기 공급에 혁혁한 공을 세웠습니다. 같은 시기에 호주-뉴질랜드 연합군이었던 영연방 27여단이 가평 전투에서 포위된 상태였음에도 제공권 장악에 따른 항공지원에 힘입어 중공군을 격퇴하는 데 성공하고, 대통령 표창까지 받은 것과 너무나 극명하게 비교가 됩니다.

3군단 또한 뒤에 다시 재편성됩니다. 유재흥 덕분입니다.

바로 이 현리전투의 패배와 3군단 해체를 빌미로 미군은 한국군은 군사작전 능력이 없다는 결정을 내리고, 자신들이 직접 현장에서 유재흥의 보직해임을 결정했습니다. 그러고는 곧바로 한국군의 전시작전권을 자신들이 행사합니다. 3군단 잔존 병력도 미 8군 휘하에 배속시켰습니다. 한국군의 전시작전권은 지금도 미군이 가지고 있습니다. 전시작전권이 없는 군대란 심장이 없는 시체 군대와 하나도 다를 바 없습니다.

당시 미군은 대한민국 국군 장군의 보직해임과 국군을 마음대로 배속시킬 수 있는 권한이 없었습니다. 대한민국 국군의 통수권을 부정한 명백한 월권이었고 일제처럼 대한민국을 침략하는 것이나 똑같았습니다. 그럼에도 유재흥은 항변 한마디 하지 않고 해임과 국군의 미8군 휘하로의 배속을 받아들였습니다.

참고로 휴전회담이 진행될 때 한국군 옵서버로 참관한 사람이 유재흥이었습니다. 그는 한국군 통역장교가 반드시 일본어

로 통역을 해야만 회담내용을 이해했다고 합니다.[53]

이런 유재흥이 전시작전권 환수 반대에 앞장서고, 미국이 계속 전시작전권을 행사해야 한다고 주장합니다. 이것이 훈장을 주렁주렁 차고 태극기 부대에 단골로 출석하는 전쟁세력의 실체입니다. 이런 자들이 국민을 학살한 쿠데타 내란을 옹호하고 성조기와 이스라엘 국기를 흔들며 애국세력이라고 자처하는 것, 이것이 국가주의가 만들어 낸 거꾸로 된 한국의 현실 세계입니다.

우리의 개발은 이미 과잉을 넘어 위험합니다. 우리의 경제성장과 풍요는 이미 과소비를 넘어 위험한 범죄입니다. 우리의 군사력은 이미 강대할 정도를 넘어 지속불가능한 낭비입니다. 미국, 중국, 일본, 러시아라는 거대 강국, 거대 군사력 사이에서 남북한 주권자가 생존하기 위해서는 불가피하게 적정한 경제성장과 부국강병을 이루어야 하며 그에 상응하는 방어력을 유지해야만 한다는 주장은 이른바 끝없는 뫼비우스의 띠처럼 수렁에 빠질 수밖에 없는 순환론입니다. 전쟁이라는 낭떠러지로 추락할 수밖에 없는 외길의 국가주의 세계관 전쟁론입니다.

우리는 막대한 무기 수입과 부국강병의 순환론을 허물 수 있습니다. 국가주의의 포로로부터 해방되고 독립된 수많은 자유인과 지역공동체 주민들이 바로 그런 능력을 갖춘 주권자 국민이고 국본이고 수령이고 왕이고 무엇보다도 확실한 제1의 원천 주권기관들입니다. 수많은 풀뿌리 지역공동체의 자립과 자치는 그것 자체가 현존의 국가 체제와 국제정치 질서 속에서 전쟁을

---

53 정경모, 『시대의 불침번』, 한겨레출판, 2010.

막는 가장 강력한 방지턱입니다. 국가를 다른 제국주의 국가나 다국적기업에 손쉽게 판매하거나 종속되지 못하게 만드는 뿌리 깊은 버팀목입니다. 매우 다양한 층위의 수많은 공동체는 국가로부터 독립된 생활세계의 터전일뿐더러 그것 자체가 국가 속에서 국가주의가 자라날 수 없게 만드는 높고 빽빽한 주권자 국민 삶의 푸른 숲입니다.

2023년 한국 국방비는 479억 달러로 세계 11위입니다. 북한의 국방비는 정확한 통계를 알 수 없습니다. 대략 한국의 1/30 이하일 것으로 추정합니다. 12.3 윤석열의 난에서도 드러났듯 북한은 한국과 미국의 공격 위험에 불안을 떨치지 못하고 있습니다. 1950년과 달리 북한은 전쟁을 일으킬 능력도 없습니다. 핵개발에 매달리는 것은 그것이 유일한 방어 수단이기 때문입니다. 북한이 전쟁을 일으킬 것이라고 주장하는 사람들은 윤석열 마적 두목과 똑같이 그를 통해 자신의 돈과 권력을 유지하거나 확대하고, 기득권의 영구집권을 획책하기 위한 속임수입니다.

광장정치의 지역공동체 평화세력이 확고하게 정립되면 남북 평화체제가 확립될 수 있습니다. 낭비되는 국방비를 대폭 줄이면 국민의 삶의 질 개선에 쓸 국가 예산이 엄청나게 늘어납니다. 그게 민주주의의 자유와 해방입니다.

5년마다 하루만 주권자, 1826일 동안의 '개돼지'

박근혜 정부 시절인 2015년에 개봉해 7백만 관객이 본 영화

내부자들 에 이런 장면이 나옵니다. 막강한 영향력을 행사하고 있는 신문사 논설위원이 비자금 문제로 궁지에 몰린 재벌 총수에게 조언합니다. "어차피 대중들은 개돼지입니다. 뭐하러 개돼지한테 신경 쓰고 그러십니까. 적당히 짖어대다 알아서 조용해질 겁니다."

 2016년 7월 나향욱 전 교육부 정책기획관은 기자들과의 식사 자리에서 민중은 개돼지로 먹고 살게만 해주면 된다, 신분제를 공고화시켜야 한다고 소신 발언을 했습니다. 2024년 12월 8일 국힘당 국회의원 윤상현은 윤석열 탄핵을 반대하면서 시간이 지나면 유권자들은 다 잊고 다시 표를 준다고 확신에 찬 발언을 쏟아냈습니다.

> **선전은 영원히 오로지 대중에게만 행해져야 한다. 지식층으로 불리는 자에 대해서는 선전이 불필요하다. 선전은 모두 대중적이어야 하며, 그 지적 수준은 선전이 목표로 하는 것 가운데 가장 낮은 정도의 사람이 알 수 있게 맞춰져야 한다. 선전이 오로지 대중의 감정을 한층 더 고려하면 할수록 더욱더 효과적이 된다.(아돌프 히틀러, 『나의 투쟁』, 306~307쪽, 동서문화사, 2014.)[54]**

 윤석열과 전광훈, 국힘당의 윤상현 권성동 등과 동류의 국회의원, 극우 유튜버 등은 히틀러와 똑같이 자신들을 지지하는 태극기 부대 국민을 지식수준이 가장 낮은 저급한 개돼지로 생각하는 나치식 선동가들입니다.

---

54 김재명, 「파멸로 끝난 히틀러와 괴벨스의 선동, 윤석열 선동의 결말은?」, 프레시안, 2025. 1. 11.

주권자 국민을 무시하고 비하하는 사람들은 너무도 많습니다. 사실 공개석상에서 말을 안 해서 그렇지 엘리트 정치인-관료-언론인-교수 등등 주로 잘나고 똑똑해서 출세한 사람들은 사석에서는 시시때때로 국민을 이런 식으로 열등하고 무지하고 무식하고 천박한 개돼지로 표현합니다. 이들은 공개 행사에서는 만면에 웃음을 띠고 국민의 뜻을 받들겠다고 말하고는 뒤로 돌아서서는 안면을 바꿉니다.

개와 돼지가 얼마나 영리한 지능을 가지고 있고, 야생에서는 얼마나 기적 같은 생을 누리고 있는지 잘 모르는 '무식한' 무지와 무명의 소치입니다. 야생의 개와 돼지는 진화의 최전선에서 인간과는 전혀 다른 방식으로 세상을 인식하고 다른 방식으로 자신들의 삶을 누리며 살아갑니다.

한국의 주권자가 자신의 권력을 행사할 수 있는 날은 오직 4, 5년마다 돌아오는 선거 날 하루 뿐입니다. 정치 체제의 경로의존성은 이렇게 모든 것을 무력화시킵니다. 주권자인 국민이 자신이 최고의 권력자라는 사실을 알고 있다 해도 그 권력을 휘두를 수 있는 수단과 방법이 없다면 그저 허수아비 정치 구경꾼에 지나지 않게 됩니다.

대통령과 국회의원을 비롯한 모든 공공의 비서이자 봉사자를 채용하고 해고할 수 있는 최고 권력 실세라는 사실을 잘 알고 있다고 해도, 해고할 수 있는 절차가 없거나 불가능할 때 주권자는 다시 자신의 권력이 다만 5천만분의 1에 지나지 않는 모래알임을 절감할 수밖에 없습니다.

마적떼 도둑이라는 어찌보면 정치인을 한 묶음으로 비난하고 정치를 도매금으로 비하하는 용어를 쓰는 것은 과격하긴 합니다. 그러나 명태균 게이트니 디올백이니 각종 게이트와 뇌물 비리 사건 목록들을 조금만 들춰보아도 윤석열 마적떼들에게는 이런 용어밖에는 달리 더 적합한 말이 없습니다.

사람들은 왜 정치인이 되고 왜 뇌물을 받고 왜 비리를 저지르는지, 그리고 왜 들키지 않을 것이라고 생각하는지 깊이 성찰해보지 않을 수 없습니다. 민주화운동을 했건 하지 않았건 많은 정치인이 정치를 시작할 때 경세제민의 포부와 사회 개혁의 의지를 갖고 있었을 것입니다. 그런데 왜 마적떼 도둑들이 되는지 원인을 파헤쳐 보지 않을 수 없습니다.

체제 자체가 원인입니다. 6공 체제의 대의정 선거 체제 자체가 진공청소기처럼 돈을 흡수하는 구조이고, 선거로 당선되는 정치인은 이 구조 속에 편입된 플레이어, 선수일 뿐입니다. 마적떼에 들어가지 않으면 선거에 당선되어 정치활동을 할 수가 없습니다. 당선된 후에는 선거에 들어간 돈을 메꿔야 하고 여기에 다음 선거에 들어갈 자금까지 더 많은 돈이 필요한 구조입니다. 이런 굴레 속에서 정치를 해야 하는 정치인은 대의정 선거체제의 한 부속품으로 전락하고 맙니다.

정치만이 아닙니다. 한국 사회 전 분야에서 이루어지고 있는 선거가 대부분 돈이 어마어마하게 들어가는 금권선거들입니다. 농협 조합장 선거가 그렇고 이권이 있는 민간 사회단체나 심지어 종교단체의 선거도 대부분 금권선거입니다. 직선제는 결코 민주주의 선거 제도라고 할 수 없습니다. 6공 마적떼 두목이나 여의도 엘리트 대의정 행동대장에게 그럴듯한 명분을 달아주는 장식물로 전락한 지 오래입니다.

2010년 경기지사에 출마한 유시민 후보가 유시민 펀드를 통해 선거자금을 마련해 신선한 충격을 주었습니다. 4일 만에 41억을 모았습니다. 뇌물과 비리로 얼룩진 마적떼 정치를 일거에 경세제민의 정치로 바꾸고 개혁할 수 있는 방법이 등장한 것입니다. 적지 않은 국민이 그렇게 생각했습니다. 순진한 생각이었습니다.

그 이후에도 여전히 마적떼 도둑들의 뇌물과 비리는 숱하게 지금까지 계속되고 있습니다. 아니 더 교묘해지고 은밀해졌습니다. 급기야 윤석열-김건희는 아예 대놓고 "디올백? 대통령실 인테리어? 그래 나 마적떼 두목이다" 당당하게 선포하고 도둑질하는 지경에 이르렀습니다.

다시 문제는 6공 자체의 대의정 정치 체제입니다. 해방 이후 지금까지 극소수를 제외하고 대통령을 비롯한 거의 모든 정치인이 뇌물을 받고 비리를 저지를 수밖에 없는 이른바 정치 시스템이 구조악입니다.

이들 마적떼들 배후에는 극소수 거대 재벌과 언론재벌들이 저 높은 구중궁궐 속에서 느긋하게 파티를 즐기고 있습니다. 주권자 국민 다람쥐들이 열심히 다람쥐 쳇바퀴를 밤이고 낮이고 돌리고 돌려 생산한 부를 기문둔갑술(奇門遁甲術)처럼 약탈해가 천문학 숫자로 집적·집중된 돈을 산더미처럼 쌓아두고서 말입니다. 이런 경제 시스템이 구조악입니다. 미디어 시스템이 구조악입니다. 6공 헌법 체제 자체가 구조악입니다.

기득권의 정점인 대통령을 탄핵하는 데까지는 성공했지만, 엘리트 기득권 체제 자체를 무너뜨리지는 못했기 때문에 마적떼들의 약탈은 반복됩니다. 위임이라는 이름의 권력 찬탈 때문

주권자 국민이 만든다, 제7공화국

에 벌어지는 활극이자 비극입니다. 새로운 두목으로 갈아치우는 식의 개혁으로는 체제 전환은 불가능합니다.

이제는 구조 자체를 바꿔야 합니다. 6공 정치 시스템과 경제 시스템 등 사회 모든 분야의 시스템 자체를 바꿔야 합니다.

목수가 곧 집은 아닙니다

다시 거듭 민주주의는 수단입니다. 목수는 집을 짓는 사람이지 목수가 곧 집은 아닙니다.

민주주의 또한 억압과 착취를 강력하게 규제하면서 자유와 평등의 세상을 만들 수 있는 정치 제도 가운데 하나이지 민주주의가 곧바로 자유와 평등의 사회와 국가 그 자체는 전혀 아닙니다. 민주주의는 사회성 인간이 주권자로서 자신의 주권을 행사해 인간다운 삶을 온전히 누릴 수 있게 하는 방법 가운데 하나일 뿐입니다.

왕정, 귀족정, 대의정도 국민의 인간다운 삶을 보장하고 자유인으로서의 삶을 누릴 수 있도록 만들 수 있습니다. 그러나 왕정, 귀족정, 대의정이 민주정에 견주어 그럴 가능성이 매우 작은 것은 인간의 탐욕과 성냄과 어리석음 때문에 그렇습니다. 인간은 아주 작은 권력과 재물이라도 그것을 차지하는 순간 탐욕에 눈이 멀어버립니다. 멀쩡한 사람이 하다못해 통장과 이장 완장이라도 차면 사람이 돌변한다는 말은 그래서 만고의 진리입니다.

민주주의는 그런 인간의 탐욕을 꿰뚫어 보고 오랜 시간 정치 체제를 다양하게 경험한 사람들이 만들어 낸 최선의 제도입니다. 그리스 아테나이에서도 왕정과 귀족정, 참주정 등 모든 정치제도를 다 겪어보고 비로소 민주주의, 즉 민주정을 제도화한 것입니다. 집정관이 권력을 휘두를 가능성 하나만이라도 있으면 시민이 집정관을 나라 밖으로 추방해 버릴 수 있는 도편추방제도는 아예 권력의 집중을 원천에서부터 막는 아주 현명한 민주주의 제도입니다. 오늘날의 용어로 말하면 국민소환권에 공민권 박탈과 국외 추방을 덧붙인 제도입니다.[55]

직접 민주주의는 다른 어떤 정치 제도보다 더 많은 국민에게 자립과 자치의 삶을 고양시키고, 더 많은 국민을 현명하게 만들고, 더 많은 국민에게 이익이 되는 가장 현실성 있는 수단입니다.

엘리트 기득권들의 '호객꾼'들인 미디어 홍보 선전원들이, 경쟁 사회가 만든 색안경이, 무한경쟁의 결과가 빚어낸 극단화된 불평등 지옥 등등이 내면화시킨 가치관, 세계관을 바꾸기만 하면 됩니다. 주권자 국민이 한 발자국을 내밀고 광장에 모여 '고르디우스의 매듭'을 풀 수 있는 단칼을 뽑아들기만 하면 됩니다. 다른 사람에게 권력을 위임하지 않고 스스로 권력을 행사하는 현실 정치의 주인으로 생각을 바꾸고 광장정치의 행동에 나서면 됩니다.

아무리 헌법에 명문 규정이 있다고 하더라도 주권자가 권력을 행사하지 않으면 그 주권은 없는 것이나 마찬가지입니다. 땅속 깊은 곳 암석에 갇혀 있는 금덩어리는 현실에는 없는 금덩어

55 박승옥, 『내가 알아야 민주주의다』, 한티재, 2017.

리입니다. 사용하지 않는 주권은 주권이 아닙니다.

　구조악의 체제 아래 억압받고 착취당하던 국민이 더 이상 고통을 참을 수 없을 때 반란이 일어납니다. 반란과 혁명의 차이는 성공 여부입니다. 성공한 쿠데타는 처벌할 수가 없습니다. 혁명이 성공하지 못하고 실패하면 반란이 됩니다.
　그러나 주권자 국민의 반란은 설혹 실패했을지라도 주권자 자신이 혁명으로 기억하고 이를 후대까지 전승합니다. 1894년 동학혁명이 바로 그렇습니다. 1980년 광주민중항쟁 또한 그렇습니다.
　한국 국민은 이런 혁명의 기억을 되살리면서 끊임없이 주권자로서의 집단행동, 원천 권력의 행사를 분출시켜 왔습니다. 주권자 국민의 끈질긴 자각과 저항, 주권자로서의 힘의 폭발이었습니다. 1919년 3.1운동, 1960년 4.19혁명, 1980년 광주민중항쟁, 1987년 6월항쟁, 2016년/2017년 촛불 혁명.... 세대별로 그 당시를 겪었던 시민은 이름만 호명해도 가슴이 뜨거워집니다.

　정치란 말 그대로 공동체와 국가의 항로를 바로잡는 다스림입니다. 누가 누구를 어떻게 다스리느냐에 따라 지금까지 주권자는 무수한 정치체제를 실험해보고 경험해 왔습니다. 그중에서도 주권자가 어떠한 억압과 착취를 당하지 않으면서 사람이 사람답게 살 수 있는 권리와 자유의 공간을 가장 폭넓게 확보할 수 있는 체제는 그나마 민주주의입니다. 여기서 민주주의란 대의민주의, 위임민주주의, 선거민주주의 등등 엘리트 귀족정이라는 사이비 민주주의와는 백팔십도 다른 주권자의 직접 민주주의를 말합니다.

민주주의는 주권자가 통치자이자 피통치자인 독특한 이중 정체성의 정치입니다. 그리고 이 같은 이중 정체성이야말로 민주주의가 주권자를 사람답게 살 수 있게 만드는 핵심 동인입니다.

민주주의는 군자의 정치가 아닙니다. 군자의 정치는 말하자면 엘리트 귀족정, 대의정, 왕정입니다. 민주주의는 장삼이사 소인들의 정치입니다. 탐욕과 성냄과 어리석음에 쉽게 갇힐 수 있고, 혐오와 배제, 선동정치에 쉽게 넘어갈 수도 있는 평범한 보통 사람들의 정치입니다. 그러나 군자와 소인은 단 한 걸음, 단 한 번의 들숨날숨으로 바뀔 수 있습니다.

민주주의가 지속가능하려면 넓은 광장정치의 공동선과 자비행의 직접 행동이 필수입니다. 나와 이웃의 끊임없는 대화와 소통, 이웃공동체-공유공동체의 강력한 사회안전망 네트워크 형성이 필수입니다.

하나의 정치 체제인 민주정(democracy)을 이데올로기로까지 격상시켜 민주주의라고 번역해서 사용하는 국가는 전 세계에서 한국, 중국, 대만, 일본, 베트남 등 동아시아 한자문화권 국가밖에 없습니다. 19세기 말 서구 민주정을 소개하고 번역할 때 한중일 3국 지식인들의 왕정에 대한 배격과 인민의 직접 정치에 대한 염원이 그만큼 강렬했기 때문이었습니다.[56]

연대와 합작이 무너지면?

56 박승옥, 내가 알아야 민주주의다 , 42~46쪽, 한티재, 2017.

일찍이 시민이 직접 국가를 통치했던 아테나이 민주주의는 아테나이 시민이 단번에 깨닫고 각성해서 이루어진 것이 결코 아니었습니다.

아테나이 도시국가의 발생 이후 어느 시점인가부터 아테나이는 귀족정이었습니다. 민회가 있었지만 권력과 재산은 소수의 귀족계급이 독점하고 있었습니다. 때문에 아테나이 귀족정치와 금권정치는 가난한 절대다수의 시민과 부유한 극소수 귀족 사이에 끊임없는 갈등과 분쟁을 야기하면서 불안하고 위태로운 내전 직전의 상태가 이어지고 있었습니다.

이 같은 상황에서 기원전 594년 당시 아테나이 집정관이었던 솔론은 시민의 강력한 지지를 바탕으로 채무로 빼앗긴 시민의 토지를 모두 되돌려주고, 노예가 된 시민을 해방하는 일대 개혁 조치를 단행합니다. 그리고 귀족정과 금권정치를 종식하고 계급 간의 보복과 증오 대신에 법에 의한 조정과 화해, 법치주의를 통한 민주주의의 제도화를 실행에 옮깁니다. 그는 개혁 조치 이후 집정관의 권력을 내려놓고 여행을 떠날 정도로 권력에 대한 야심도 없었을 뿐만 아니라 부를 축적하고자 하지도 않았던 진정한 자유인. 중용의 정치인이자 시인이었습니다.

아테나이 민주주의는 솔론의 개혁 이후에도 숱한 우여곡절을 겪어야 했습니다. 아테나이 시민은 자신들이 직접 권력을 행사하고 도시를 통치하는 직접 민주주의의 제도화를 한 걸음 한 걸음 끈질기게 추진해 나가지 않을 수 없었습니다.

솔론의 개혁 이후 근 1세기만인 기원전 508년 마침내 클레이

스테네스가 직접 민주주의 제도를 안착시키면서 아테나이 민주주의는 비로소 확립되고, 아테나이는 번영을 구가합니다. 일단 직접 민주주의 제도가 확립되고, 시민이 주권자 자유인으로 깨어나면서 아테나이 민주주의 체제는 안팎의 위협과 갈등과 전쟁을 겪으면서도 2백 년이나 지속되었습니다.

아테나이 민주주의는 흔히 민주주의의 공격자들이 왜곡해서 주장하는 것처럼 중우정치에 무너진 것이 결코 아닙니다. 외적의 침략에 맞서 싸우다 패배했기 때문에 식민지로 전락하면서 민주주의는 와해되고 말았던 것입니다. 아테나이가 알렉산드로스의 마케도니아 왕국 침략에 패배한 근본 이유는 델로스 동맹의 분열로 인한 연대와 합작의 붕괴, 내분과 내전이었습니다.

1894년 11월 21일, 양력으로 12월 30일. 동학농민군은 일본군과 관군에 밀려 충남 공주의 우금티 고개를 넘지 못합니다. 동학농민군의 목표는 당시 충청도의 중심지 공주 감영을 점령한 뒤 점거농성 투쟁을 통해 양반 유생과 관군까지도 포함하는 광범위한 항일 연합전선을 구축하는 것이었습니다. 그러나 이러한 목표는 충청 지역 동학농민군과 북접 교단 내부의 분열-이탈, 공주 감영의 중인들과 충청 지역 위정척사 세력 등과의 연대와 합작 실패로 무위로 돌아가고 맙니다. 2011년 미국 시민이 "우리가 99%다(We are the 99%)" 구호와 함께 뉴욕의 월가를 점령하고 시위를 벌여 전 세계로 확산된 점령 시위 투쟁을 떠올리게 합니다.

흔히 죽창을 들고 기관총에 맞서 주문을 외우면서 가자 서울로! 무모하게 외치며 돌진하는 미개한 동학교도 서사와 이미지는 오해이고 역사왜곡입니다. 그동안 무수한 연극 공연이나 그림 등이 이런 오해와 왜곡을 더욱 부추겨 왔습니다. 북한의 계급투쟁 역사관과 남한의 민중사관이 농민계급을 전면에 내세우고 동학교도를 애써 외면한 역사해석 결과이기도 합니다. 진보사관에서는 동학 이름도 빼고 1894년 갑오농민전쟁이라고 부릅니다.

우금티에서 농민군의 사망자는 그리 많지 않았습니다. 동학농민군이 물러서자 일본군과 관군이 농민군을 추격하면서 일대 학살극이 벌어진 것입니다. 당시 호남에서만 30만가량의 조선 인민이 학살된 것으로 추정합니다.[57]

동학농민군은 전투부대가 아니었습니다. 이들은 상놈과 천민, 중인과 양반 등 누구라도 조선인이라면 모두 함께 세상을 바꿔 개벽 세상을 만들고자 나선 반폭력의 정치운동 집단이었습니다. 동학군이 적을 대할 때의 수칙을 보면 이 점을 금방 확인할 수 있습니다. "어쩔 수 없이 싸우더라도 절대로 목숨을 해치지 않는 것이 중요하다.", "따르거나 항복한 자는 아끼고 대우하고, 탐욕스럽고 교활한 자는 내쫓는다.", "곤궁한 자는 구제하고 배고픈 자는 음식을 주고 아픈 자는 약을 준다."[58]

동학농민혁명은 실패로 끝났습니다. 자신의 임금 자리를 지키기 위해 일본군을 불러들여 제 나라 백성들을 도륙한 고종의 탐욕과 무능, 무지가 결국은 조선이라는 왕조 자체를 붕괴시키고 말았습니다.

57 지수걸, 『1894년 남북접 동학군의 공주 검거투쟁』, 역사비평사, 2024.
58 박승옥, 『내가 알아야 민주주의다』, 28쪽, 한티재, 2017.

흔히 이른바 강단 정치학자라고 하는 사람들이 한국은 인구수가 많아서 직접 민주주의가 불가능하고, 정치란 정당을 통한 대의정 체제가 가장 현실적합성이 있다는 식의 주장을 하기도 합니다. 2023년 기준 인구 885만 명인 스위스와 인구 5,171만 명인 한국은 다르다는 얘기입니다. 헛소리입니다. 이런 사람들이야말로 일본제국주의나 해방 직후의 미군정처럼 조선인은 자치능력이 없는 3등 민족이라고 폄하하고 국민을 경멸하는 사람들입니다. 광장정치의 주권자 시민을 대선 기표소에 가서 표나 찍는 개돼지로 보는 시각입니다.

직접 민주주의를 실행하고 있는 수많은 국가와 자치단체에서 인구가 많으면 연방주의를 채택합니다. 미합중국 내 하나의 자치국가(state)이자 직접 민주주의를 실행하고 있는 캘리포니아의 인구는 3,897만 명입니다. 캘리포니아는 주민투표로 2016년부터 대마를 합법화하기도 했습니다.

미국은 출발부터 민주주의와는 거리가 멀어도 한참 먼 정복자들만의 전리품 분배주의, 과두정 체제였습니다. 그에 견주어 아메리카 원주민 사회는 오히려 백인 이주민 사회와는 비교할 수 없을 정도로 남녀평등과 민주주의를 실천하고, 빈민도 거지도 없이 공동 토지소유와 공동노동을 실현하고 있었습니다.

이로쿼이족 연합, 호데노소니 연방 등은 백인이 건국한 미합중국보다 훨씬 더 조화로운 직접 민주주 사회였습니다. 사람이 사람답게 살고, 춤추고 노래하면서 삶을 누리는 공동체 사회였습니다. 아메리카 인디언의 정치사회 구조는 토마스 모어, 몽테뉴, 로크, 루소, 마르크스 등 서구 근대 정치사상가들에게 강한 인상과 충격을 주었습니다. 서구의 자연법 사상은 사실 인디언 사회가 서구에 준 일종의 선물이었다고 할 수 있습니다.

실제로 이로쿼이 연합의 민주주의와 연방주의 제도는 미국 헌법에 직접 영향을 끼쳤습니다. 1987년 미국 연방의회 상원은 이로쿼이 연합이 미국 헌법 제정에 기여했다는 사실을 인정하는 결의문을 채택했습니다. 그래서 이로쿼이 연합을 미국 건국의 '잊혀진 아버지(Forgotten Fathers)라고 부르기도 합니다.[59]

우리는 원시부족의 경제생활을 먹을 것을 찾기에 급급한 생계경제라고 생각하기 쉽습니다. 명백히 잘못된 인식입니다. 원시부족 사회는 미국의 인류학자인 마셜 살린스(Mashall Sahlins)의 표현대로 최초의 여가 사회이자 풍요 사회였습니다.[60]

칼라하리 사막의 수렵채집 부족들도 농업 정착 생활을 하는 아메리카 인디언들도 하루 평균 노동시간은 4시간 미만이었습니다.

남아메리카 농경민인 투피과라니족은 경작 토지를 4년이 지나면 폐기하고 다른 땅을 개간합니다. 투피과라니족 남성의 노동시간을 계산하면 4년에 2달 정도밖에 안 됩니다. 이들 원시부족민들은 나머지 시간을 삶을 즐기고 누리는 다양한 놀이와 문화 활동으로 보냅니다. 이들은 24시간을 일해도 생계에 허덕거리는 현대 산업사회의 노동자들과 전혀 다른 삶의 가치관과 철학을 갖고 있었습니다. 권력의 집중이 발생하지 않았던 원시공동체 사회의 자유인들에게는 부의 집중 또한 필요치 않았습니다.

---

59 여치헌, 『인디언 마을공화국』, 휴머니스트, 2012.
60 마셜 살린스, 박충환 옮김, 『석기시대 경제학』, 한울, 2014.

원시부족민들은 일을 멸시하고 기술 진보 자체에 대해 무관심했습니다. 아메리카 인디언들이 백인들의 철제 도끼가 생산성이 무려 10배 정도 높다는 사실을 알고 도끼를 탐낸 이유는 같은 시간에 10배를 더 생산하기 위해서가 아니라 같은 일을 1/10 시간에 끝내기 위해서였습니다. 물론 실제로 일어난 일은 이런 소망과는 완전히 다르게 도끼와 함께 물밀듯이 들어온 백인들의 폭력과 강제력, 권력으로 인한 인디언 사회 자체의 붕괴였습니다.

아메리카 대륙에 살고 있던 원주민 인디언들은 약 1억 명으로 추산됩니다.[61] 그러나 인디언들이 1492년 컬럼버스를 발견하고 기진맥진한 그들 백인들에게 먹을 것도 주고 거처도 마련해 주었던 우애와 환대의 대가는 끔찍하고도 무자비한 강간과 짐승 사냥과도 같은 학살이었습니다. 나치의 유대인 학살과는 비교할 수 없을 정도의 제노사이드 인종청소였습니다. 21세기인 지금 아메리카 원주민 수는 고작 3백만 명에 불과합니다.

아메리카 원주민들의 직접 민주주의 사회와 멸종 위기 상황은 지금 여기 한국의 광장정치 시민에게 중요한 역사와의 대화 기회를 제공해줍니다. 직접 민주주의는 한국의 주권자가 인간다운 삶을 누리고 새로운 7공화국 세상으로 나아가는 가장 확실한 수단이자 무기입니다. 동시에 광장의 시민혁명 정치세력을 적으로 규정하고 공격하는 그 어떤 강력한 무장력과 전투부대에 대해서도 지역공동체의 연대와 합작과 슬기야말로 최상의 생존 전략입니다.

---

61 피에르 클라스트르, 홍성흡 옮김, 「아메리카 인디언의 인구론적 요소들」, 『국가에 대항하는 사회』, 이학사, 2005.

아메리카 원주민들은 백인들이 들어오면서 함께 수입된 매독과 각종 전염병으로 절반 이상이 목숨을 잃었습니다. 그런데 한국 국민은 코로나바이러스 팬데믹을 다른 어떤 나라보다도 더 슬기롭게 극복해 냈습니다. 문제는 아메리카 원주민들은 백인 기병대와의 전투에서 원주민 부족 사이의 갈등과 내부 분열로 차례차례 각개격파 당하면서 패배하고 멸종 직전으로까지 이어졌다는 것입니다.

　아메리카 원주민들은 우리에게 연대와 합작의 지역공동체 광장정치 세력을 지금 여기에서 신속하고도 튼튼하게 구축해야 한다고 말해줍니다. 이들 지역공동체들을 또다시 연대와 합작의 거대한 화살 묶음으로 단단히 접착해야만 제7공화국 세상을 건설할 수 있다고 조언하고 있습니다. 결코 마적떼 두목 선거의 광풍에 휩쓸려 사분오열되지 말라고 외칩니다.

　국민투표는 지배계급의 권력자와 이른바 전문가가 주장하는 것처럼 대의제 위임 민주주의보다 절대로 비용이 많이 들거나 복잡하지도 않습니다. 연방국가인 스위스의 국민투표 기간은 3개월이고, 국민투표 홍보지는 깨알같은 글씨의 논문 수준입니다. 투표는 몰아서 3개월에 한 번씩 합니다. 스위스 직접 민주주의의 가장 강력한 지지층은 기업가들입니다.

　스위스는 한국의 시군구 지역공동체에 해당하는 꼬뮌과 광역시도와 같은 칸톤, 그리고 연방 정부가 각각 1/3씩 권력을 나누어 분점하고 있습니다. 물론 중심은 꼬뮌입니다. 스위스 대통령은 연방정부 각료들이 돌아가면서 1년씩 맡습니다.

　스위스 국민은 현재 누가 대통령인지 이름도 잘 모릅니다.

히틀러와 스탈린의 구소비에트연방, 마오쩌뚱, 트럼프의 예를 들며 독재로 치달은 직접 민주주의 선동정치의 위험성을 거론하기도 합니다. 아르헨티나의 페론주의, 베네주엘라 차베스의 실패는 늘 약방의 감초처럼 거명되는 대표 사례입니다. 주권자 국민의 민주주의 정치의식이 확고하게 정립되어 있지 않으면 언제든 직접 민주주의는 오히려 독재로 귀결되고 정치의 실패라는 재앙을 초래한다는 것입니다.

지당한 말입니다. 주권자의 민주주의 의식이 확고하지 못하면 국민은 손쉽게 선동정치에 휩쓸리게 됩니다. 그러나 그 또한 개돼지가 아닌 자유인으로서 주권자인 국민 스스로의 결정이고 스스로의 책임입니다. 통치자인 국민이 스스로 선택한 결과는 스스로가 책임질 수밖에 없습니다.

오히려 선동정치는 대의정이나 제왕 대통령제의 종점입니다. 윤석열의 어퍼컷 선동정치의 종말을 우리는 실시간 중계로 똑똑히 지켜보고 있는 중입니다.

독일은 직접 민주주의의 실패로 히틀러가 탄생한 것이 결코 아닙니다. 대의정 실패의 가장 생생한 전형을 보여주는 사례입니다. 1930년대 독일은 1차대전 패전국으로서 전쟁 배상금과 천정부지의 고인플레로 국민은 말할 수 없는 고통을 겪고 있었고, 독일인의 상당수가 음모론에 빠져들었습니다. 심한 경우 몇 개월만에 총선을 다시 치르는 대의정의 혼란은 이를 더욱 부채질했습니다.

1932년 11월의 총선에서 나치당은 37%의 지지율로 전체 584석의 의석 가운데 230석을 얻어 제1당이 되긴 했습니다. 과반수를 얻지 못했기에 또다시 내각을 구성하기 위한 지리한 정치공작과 협상이 이어지지 않을 수 없었습니다. 결국 숱한 귀족 엘리트 대의정 정치꾼들의 오판과 히틀러에 대한 오해가 히틀러의 수상 취임으로 귀결되고 맙니다. 그는 집권하자마자 즉시 공산당의 제국의회 방화 사건을 조작해 쿠데타를 일으킵니다.[62]

히틀러 파시즘의 개막은 독일 국민의 분노와 음모론을 거름으로 엘리트 대의정 정치 지도자들의 오판이 부른 대의정의 죽음이었습니다. 미국의 역사학자 벤저민 카터 헷은 민주주의(대의정)의 위기가 어떻게 히틀러의 집권과 2차 세계대전을 불러오게 되었는지 천착하는 여러 저서를 펴냈습니다. 그는 독일 국민의 분노와 음모론 확산, 정치꾼들의 오판, 히틀러의 나치즘 등장과 세계대전이 결코 1930년대의 일이 아니라 오늘날 전세계 대의정 국가가 직면한 현실이라고 지적합니다.

다큐멘터리 같은 벤저민 헷의 책을 읽다 보면 히틀러 집권의 여러 정황과 쿠데타가 1백여 년이 지난 한국에서 어떻게 그렇게 윤석열의 대통령 당선과 친위 쿠데타와 닮은꼴인지 정신이 번쩍 들 정도입니다. 대의정의 정치는 그렇게 극단으로 치달아 결국 박정희 선글라스를 즐겨 쓰는 윤석열을 낳았습니다.

특히나 디지털 미디어의 SNS는 극단과 편향, 배제와 혐오의 세계관을 실시간으로 증폭시키고 그 세계관의 가두리 양식장에 국민을 끌어모으는 유력한 도구입니다. 지금 이 순간에도 지구가 평평하다고 믿는 사람들은 그 어떤 '빼박' 증거를 들이밀어도 가짜뉴스와 조작된 가짜증거라고 반박하며 자신의 믿음을

---

62 벤저민 카터 헷, 이선주 옮김, 『히틀러를 선택한 나라: 민주주의는 어떻게 무너졌는가』, 눌와, 2022.

바꾸지 않습니다.

그러나 동시에 SNS는 주권자 국민의 광장정치를 증폭시키고 증강시키는 유력한 도구이기도 합니다. 민주주의가 수단이고 그 자체가 이상이 아니듯이 SNS 또한 수단이지 그 자체가 흉기는 아닙니다.

입안에 불이 났어! 소리친다고 해서 실제로 입안에 불이 난 것은 아닙니다. 우리의 언어란 개념이라는 사실을 직시해야 합니다. 직접 민주주의 또한 개념이며 외부에 실체가 존재하는 게 아닙니다. 직접 민주주의를 실천하는 주권자 국민의 의식과 내면의 성찰이 그래서 확고부동한 시민정치의식 확립의 전제조건이고 주춧돌입니다.

광장정치의 연대와 합작이 없으면 직접 민주주의는 등장조차 할 수 없습니다. 나의 나인 이웃을 인정하고 경청하는 소통과 대화가 없으면 연대와 합작은 성립조차 되지 않습니다. 대한민국 국민의 열린 광장정치 행동은 내 마음과 함께 이웃의 마음을 열어 이웃과 손을 맞잡고 어깨동무하며 내 삶과 지역공동체, 사회, 국가를 바꾸는 연대와 합작의 직접 민주주의 혁명입니다.

개딸과 태극기 부대가 왕과 독재자를 추종하는 노예근성의 국가주의자들이 아니고 내 삶과 지역공동체를 바꾸고자 하는 진정한 민주주의자들이라고 자부한다면 서로 마음을 열고 손을 맞잡아야 합니다. 하나님까지도 자신의 발아래 무릎꿇리는 전광훈류의 선동가 무리에서 뒤로 돌아 한 발자국만 내밀면 됩니다. '지능 수준이 낮은 개돼지'에서 자유인으로 한 걸음을 내밀면 됩니다. 이재명을 지지하지 않으면 '수박', '처단' 등 특무대장 김창룡이나 땃벌떼가 쓰는 섬뜩한 용어로 공격하는, 윤석열과 똑같은 음모론의 세계에서 뒤로 돌아 한 발자국만 내디디면 됩니다.

그곳이 바로 공유와 공동선의 파릇파릇한 축제를 즐기며 좌우-상하-전후 합작, 노학(老學)연대를 실천하고 있는 국민주의 정치 광장입니다. 정체성과 견해, 주의주장의 차이를 인정하고 연대와 합작을 이루고 있는 현장입니다.

연대와 합작이 허물어지면 민주주의가 허물어집니다. 연대와 합작이 무너지는 순간 외부의 침략과 기득권 엘리트들의 선동 정치는 또다시 부활의 날갯짓을 시작합니다.

제5장
◇◇◇◇◇◇◇◇◇◇◇◇

시민혁명과 체제전환,
제7공화국의 때가 도착했습니다

'국민의 동의', 국민투표가 열어제낀 주권자 국민의 정치

서구에서 선거의 역사는 역설의 역사이기도 합니다.

18세기 후반 서구의 귀족들은 절대왕정에 대항해 자신들이 정치의 주인이 되고 권력자가 되는 새로운 정치체제를 수립하고자 했습니다. 이때 귀족들은 부족한 자신들의 힘을 보충해 줄 세력으로 처음에는 그 당시 막 부상하기 시작하던 극소수 제한된 수의 부르조아만을 끌어들이고자 했습니다.

극소수 부르조아를 정치에 끌어들이면서도 권력은 나누지 않는 기막힌 묘수, 그것이 바로 선거였습니다. 선거라는 절차를 통해 혈연에 의한 세습이 아니라 다수의 동의를 얻어 권력자가 되는 것, 이것이 바로 대의정이었습니다.[63]

그러나 이것이 역으로 기폭제였습니다. 굳게 닫혀 있던 궁정 정치의 성문이 하루씩이라도 활짝 열리고, 극소수 제한된 부르조아만 성안으로 입장해 시끌벅적한 선거 정치 축제를 연 것 자체가 계기가 되었습니다. 노동자와 농민 등 하층 계급들은 선거 정치라는 축제를 멀리서나마 직접 눈으로 목격할 수 있었고, 소문을 들으면서 비로소 정치에 눈을 뜨고 각성한 주권자 국민으로서 정치의 주인으로 성장할 수 있었습니다.

그때까지 오직 통치의 대상으로 권력으로부터 지배를 받기만 하던 노동자와 농민, 여성들에게 선거라는 정치 참여의 문이 열렸다는 사실은 신대륙 발견과도 같은 것이었습니다. 영국의 차

---

63 서구에서 대의정이 어떤 과정을 거쳐 등장하게 되었는지는 이보 모슬리, 『민중의 이름으로』(녹색평론사, 2024.) 책을 참조하시기 바랍니다. 한국 대의정의 역사와 끈질기게 되살아나는 주권자 국민의 민주주의 항쟁에 대해서는 글쓴이의 『우리가 알아야 민주주의다』(한티재, 2017)가 도움이 될 것입니다.

티스트 운동과 프랑스 대혁명을 비롯한 서구의 시민혁명 역사는 1인 군주정과 소수 귀족정의 권력 독점에서 정치를 해방하는 투쟁의 역사였습니다. 그리고 동시에 피지배계급이었던 국민도 선거라는 동의 절차를 통해 정치에 참여하고자 싸웠던 피의 역사이기도 합니다.

폭력혁명을 주장하던 마르크스조차 보통선거는 기만의 수단에서 해방의 도구로 변했다고 선언했을 정도입니다. 엥겔스는 평화의 '선거혁명'을 기대하기도 했습니다.

서구에서 정치에 참여하는 참정권이란 당연히 선거 투표권을 의미했던 것은 바로 이 때문입니다. "선거권은 생명과 같은 귀중한 권리"라고 선언한 프랑스 대혁명의 인권선언은 이 당시 주권자 국민의 인식을 극명하게 보여주고 있습니다. 링컨은 아주 간명하게 투표는 총알보다 강하다고 말했습니다.

귀족과 자본가들이 선거 참여를 철저하게 막았던 노동자들과 여성들의 참정권 투쟁 역사에 대해서는 굳이 여기서 중언부언하지 않겠습니다. 다만 여성 참정권 획득 하나만 보더라도 미국은 1920년, 영국은 1928년, 프랑스는 1944년에 비로소 실현되었습니다.

대한민국과 조선민주주의인민공화국은 1948년 헌법을 시행하면서 여성 참정권을 보장했습니다. 심지어 스위스는 1971년에서야 여성들에게 참정권이 허용되었습니다. 그 이전까지는 남성들만이 직접 민주주의 국민투표를 할 수 있었기 때문입니다. 1966년에서야 모든 주에서 선거권을 얻게 된 미국 흑인보다도 정치에서 배제되어 있었던 것이 스위스 여성들이었습니다. 스위스는 1957년 발레 칸톤에서 최초로 여성 참정권 조례가 개정된 뒤 점차 다른 칸톤으로 이어져 마침내 연방 헌법 개정으로 이어졌던 것이었습니다.

침팬지와 호모 사피엔스처럼 종이 다른 대의정과 민주주의

초기 대의정 주창자들은 대의정과 민주주의를 결코 동일시하지 않았습니다. 이들은 오히려 민주주의를 극도로 기피하고 경멸했습니다. 미국 건국 당시 정치 지도자들은 자신들이 민주주의자라고 불리는 것을 모욕으로 간주하기도 했습니다. 그러던 이들이 태도를 백팔십도 바꿔 민주주의라는 용어를 대의정과 선거에 갖다 붙여 형용모순의 정치 언어를 만들어 낸 것은 그만큼 노동자 농민 등 밑바닥 시민의 힘이 선거를 통해 점점 커졌기 때문입니다.

노예 소유주였던 초대 대통령 워싱턴은 친구에게 보낸 편지에서 이렇게 썼습니다. "민주주의자들이 갖고 있는 원칙들을 바꾸느니 검둥이를 문질러 씻어서 하얗게 만드는 일이 쉬울 것입니다. 그런데 민주주의자들은 이 나라 정부를 전복하기 위해 온갖 시도를 다 할 것입니다."[64]

1800년 미국 대통령 선거는 당시 대통령이던 존 애덤스와 부통령이던 토마스 제퍼슨이 격돌한 선거였습니다. 애덤스는 미합중국 연방의 권력을 강화해야 한다는 연방주의자였고, 제퍼슨은 반연방주의, 공화주의자였습니다.

그런데 선거가 끝나고 미국은 선거인단과 하원이 누구를 대

---

64 이보 모슬리, 『민중의 이름으로』, 녹색평론사, 2022.

통령으로 정할지를 놓고 끊임없는 혼란이 계속되고 있었습니다. 민주주의를 배제하고 주권자의 권력 접근을 원천에서부터 차단하는 복잡한 미국의 간접선거 제도 때문에 일어난 일이었습니다.

미국 선거에서 선거권자 1인의 표가 갖는 등가성은 애초부터 없었습니다. 이상한 선거제도가 아니라면 당연히 제퍼슨이 대통령에 당선되어야 했습니다. 제퍼슨은 41,330표를 얻었고 애덤스는 25,952표를 얻었습니다. 이렇게 숫자가 적은 것은 선거권자를 21세 이상 백인 남성, 재산소유자로만 한정했기 때문입니다.

당시 미합중국 연방을 구성하는 주는 16개였습니다. 주의 권한을 강조하던 제퍼슨은 연방주의자인 애덤스를 권력에서 아예 배제하고자 미국 최초의 정당인 민주공화당을 창당해서 대통령 후보인 자신과 함께 애런 버를 부통령 후보로 내세웠습니다. 애덤스가 부통령이 되는 것조차 막기 위해서였습니다. 선거인단 선거 결과 토마스 제퍼슨과 에런 버가 각각 73명의 선거인단을 확보하고 존 애덤스가 65명의 선거인단을 확보하는 사태가 일어났습니다. 선거인단 투표에서 1위가 대통령이 되고 2위가 부통령이 되어야 하는데 동수가 나와버린 것입니다.

헌법에 따라 대통령 선출 권한은 1개 주에서 1표를 행사하는 하원으로 넘어갔습니다. 1800년 하원 선거는 민주공화당이 압승했지만, 대통령 선출 권한은 2년 전인 1798년 선거에서 당선된 하원의원들이었습니다. 제퍼슨과 버를 놓고 7일간 35번이나 투표를 했는데도 과반을 확보한 후보자가 나오지 않았습니다. 애덤스를 비롯한 연방주의자들은 제퍼슨의 대통령 당선을 막기 위해 계속해서 버에게 표를 던졌습니다.

이때 제퍼슨에게 표를 던진 유권자들이 들고 일어났습니다. 다수 유권자가 지지한 대통령이 당연히 대통령으로 선출되는 것이 민주주의라고 강력하게 주장했던 것입니다. 자칫 내전으로까지 치달을 수도 있는 상황이었습니다. 결국 알렉산더 해밀턴을 비롯한 연방주의자들 일부가 제퍼슨에게 투표함으로써 마침내 제퍼슨은 대통령으로 선출될 수 있었습니다.

이때부터 미국 정치가들은 주권자 국민의 민주주의 정치에 대한 강렬한 열망을 수용하는 방향으로 나아가지 않을 수 없었습니다. 당명에 인민의 통치라는 뜻의 '민주'라는 말을 넣어 민주공화당으로 정한 것도 이런 배경 때문이었습니다. 그리고 이때부터 미국 정치가들은 자신들의 정치체제를 대의제 민주정, 선거 민주정, 선거 대의정이란 용어로 국민을 호도하기 시작해서 오늘에 이르고 있습니다.

지금은 좌우 혁명이 아닌 상하 혁명 시대

한국은 물론 서구 유럽과 미국의 엘리트 대의정은 불평등을 극한까지 확대시켜 왔습니다. 자본주의와 결합한 엘리트 기득권자들은 정경유착은 말할 것도 없고, 관피아, 언피아, 학피아 등등 정치사회경제문화 전 분야에 걸쳐 그들만의 마피아 네트워크를 형성해 국민을 착취해 왔습니다.

미국은 상위 1,600명이 미국 전체 부의 90%를 소유하고 있습니다. 마이크로소프트의 빌 게이츠, 아마존의 제프 베이조스, 그리고 워렌 버핏 3인의 부는 중하위 1억 3천만 명의 부와 똑같습니다. 이 숫자는 2019년에 1억 2천만 명으로 잠시 준 적이 있습니다. 제프 베이조스가 이혼으로 재산이 줄었기 때문입니다. 전 세계 억만장자 26명의 재산은 전 세계 하위 인구 절반의 재산과 같습니다.[65]

한국도 마찬가지입니다. 상위 10%가 전체 국민소득의 절반을 가져갑니다. 상위 10%의 자산은 나머지 90%의 자산 총액보다 더 많습니다. 하위 계층 10%는 자산보다 더 많은 부채에 허덕거리는 부채노예의 삶을 살고 있습니다. 1997년 IMF 이후 부자는 더 부자가 되고 가난한 국민은 더욱 가난해지는 지옥 속으로 떨어지고 말았습니다.

한국은 부동산이 국부의 80% 이상인 부동산 공화국입니다. 거품이고 곧 물거품으로 꺼질 것입니다. 상위 1%의 기득권자들이 전제 면적의 절반 이상을 소유하고 있습니다. 상위 10%로 확대하면 대부분인 95% 이상을 갖고 있습니다.[66]

지금과 같은 대의정 체제에서 이런 불평등은 해결 불가능합니다. 청와대와 여의도의 엘리트 대리 정치인들이 다름 아닌 기득권 계급에 속해 있기 때문입니다. 보수는 말할 것도 없고, 이른바 진보라고 스스로를 칭하지만 실제로는 보수주의자들인 한국의 진보 정치인은 대부분 오히려 이 같은 불평등을 법과 제도로 촉진한 공범자들입니다. 청와대와 여의도 마적떼 도둑 정치꾼들 가운데 지금도 최저임금으로 살고 있는 하위 10% 계층이

65 옥스팜, 『세계 불평등 보고서』, 2023년, 2024년.
66 국토교통부, 「토지소유 현황」, 2023. 12. 31.

있는지 묻고 싶습니다.

　국민의 정부에서부터 참여정부를 거쳐 문재인 정부에 이르기까지 정치인 가운데 반지하 셋방에서 살면서 비정규 노동자를 비롯한 최하층 주권자와 함께 저항하고, 이들의 인간다운 삶을 회복하기 위해 더불어 함께 자비행의 삶을 실천하는 정치인은 한 단 한 사람도 없습니다.

　한국의 대의정은 민주주의와는 멀어도 한참 먼 1% 엘리트 상류계급들의 귀족정일 따름입니다.

　오늘날 비정규직 노동자는 사실상 1천만이 넘습니다.

　대우조선 하청노조의 유최안은 가로-세로-높이 1m의 철창 안에 들어가 용접으로 봉하고는 2022년 6월 22일부터 7월 22일까지 한 달 동안 스스로 유폐되어 철창 감옥 안에 갇혔습니다. 유최안이 들고 있는 손팻말은 간명했습니다.

이대로 살 순 없지 않습니까!

　이들의 요구는 임금 30% 인상이었습니다. 숫자만 보면 이 사람들이 제정신인가 싶습니다. 그러나 이들은 조선업 불황이 닥친 2015년 이후 30%나 임금이 깎였습니다. 회사는 경기가 회복되면 임금을 다시 정상화하겠다고 약속했습니다. 노동자들의 이직이 속출했고 노동강도는 더 세졌고, 더 많은 노동자들이 산재를 당했습니다.

　2021년 한국 조선사들의 수주량은 전해보다 무려 2배나 늘어났을 정도로 최대의 호황을 누리게 되었습니다. 대우조선 임원들과 정규직 노동자들은 임금을 도로 원상회복하고 성과급 잔치까지 벌였습니다. 그럼에도 하청노동자들의 임금은 약속대로 올리지 않았습니다. 임금을 30% 인상해서 다시 원상복구해 보았자 그래도 최저임금을 약간 웃도는 수준이었습니다.[67]

대우조선 하청노동자들은 '국민 여러분 죄송합니다'라는 현수막을 내걸고 농성을 시작했습니다. "돈 몇 푼 때문에 하는 게 아니다. 이 상황을 바꿔야 되는 것"이라는 농성노동자들의 결의에 찬 목소리는 많은 시민들의 가슴을 미어지게 만들었습니다. 그건 반세기 전인 1970년 전태일이 절절하게 사람들에게 호소했던 말이었습니다. 35년 전인 1987년 대우조선 노동자들이 똑같이 외쳤던 말이었습니다.

최근 공개된 명태균 녹음 파일에 따르면 윤석열-김건희의 브로커 명태균은 대우조선 사측의 로비를 받고 윤석열에게 전화해 대우조선 하청노조 파업의 강경진압을 건의합니다. 윤석열은 즉시 한덕수 총리에게 관계 장관 회의를 소집하게 하고 한동훈 법무부 장관도 부릅니다. 곧바로 정부는 강경진압과 공권력 투입을 예고합니다. 하청노조는 할 수 없이 울며 겨자 먹기로 빈손으로 파업을 끝낼 수밖에 없었습니다.

한술 더 떠 회사는 대우조선 하청노조에 470억 원의 손해배상청구 소송을 걸고, 하청노조 활동을 아예 무력화시키고자 했습니다. 검찰은 하청노동자에게 총 20년 4개월의 징역형과 수천만 원의 벌금형을 구형했습니다.[68]

67 박정연, 「0.3평 철창에 자신을 가둔 노동자 "살 길을 열어달라"」, 프레시안, 2022. 7. 19.

68 윤성효, 「윤석열-명태균-대우조선해양 파업 불법 개입, 진실 밝혀야」, 오마이뉴스, 2024. 12. 30.

이 과정에서 거액의 로비 금액이 오갔으리라는 점은 삼척동자도 알 수 있는 사실일 것입니다.

1987년 6월 항쟁으로 전두환 군사독재정권은 물러났습니다. 뒤이어 전국의 노동자들이 우리도 인간답게 살고 싶다며 파업과 농성을 벌였습니다. 7·8월 노동자 대투쟁이었습니다. 8월 22일, 유최안의 선배인 대우조선 파업 노동자 이석규가 경찰의 최루탄에 가슴을 맞고 사망했습니다. 유최안을 비롯한 대우조선 하청노동자들이 농성하던 바로 그 자리였습니다.

6월 9일 연세대학생 이한열이 최루탄에 뒷머리를 맞고 죽은 지 3개월도 되지 않은 시점이었습니다. 60여 년 전인 1960년에는 마산 상고 학생이던 김주열이 눈에 최루탄이 박힌 채 죽었습니다.

27일 만에 열린 이석규열사 장례식 현장에는 훗날 대통령이 된 노무현 변호사도 있었습니다. 노무현은 이때 제3자개입으로 구속되기까지 했습니다.

대한민국 재건 직후나 1960년 4.19혁명 이후나 1987년 6월 항쟁 이후나 지금이나 바뀐 게 하나도 없습니다. 이른바 일부 운동권들만 출세해서 기득권에 합류해 잘살게 되었을 뿐 대다수 비정규직 노동자와 농민의 삶, 청년과 여성의 삶은 나날이 더 참혹하게 나락으로 떨어지고 있습니다.

오히려 노동자들의 인간다운 삶에 필수인 가족공동체마저 해체되고 우애와 따뜻한 환대의 이웃공동체도 급속하게 사라지고 있습니다. 1인 가구가 전체 가구의 1/3이 넘고 고독사는 2023년 3,661명으로 하루 10명이 넘습니다. 은둔형 외톨이는 나날이 급증하고 있고, 도처에 조울증 환자들이 속출하고 있습니다. 묻지마살인이 일상이 된 위험 사회, 단절 사회입니다.

재벌과 언론 등 대한민국 1% 상류계급의 대를 이른 부와 갑질은 이미 혁명이 아니고는 해결 불가능하다는 것이 명확해지고 있습니다. 항공기를 회항시키질 않나 욕설은 기본이고 직원들을 집에서 노예처럼 부리질 않나 대한항공 일가족의 엽기에 가까운 행패 동영상은 빙산의 일각입니다. 조선일보 방상훈 사장의 10살 손녀가 운전기사에게 폭언과 폭행을 일삼는 동영상도 '재수없어' 드러난 아주 작은 뿌다구니, 돌출부에 지나지 않습니다. 뿌다구니 밑에는 거대한 암반의 기득권 계급이 도사리고 있습니다.

대한민국은 완전한 세습 계급사회로 고착화되고 있습니다. 이 암반을 폭파시키지 않으면 또다시 도로아미타불입니다.

현실을 바꿀 수 없다고 절망할 때, 청년이 미래가 없다고 자포자기할 때 혁명은 일어납니다. 지금 한국의 절반에 가까운 무주택자들의 골방과 원룸과 지하 단칸방, 공장과 택배회사의 물류센터 등 우리 사회 '밑바닥 인생'들이 사는 곳곳에서는 고삐 풀린 시베리아의 메탄가스처럼 혁명이 보글보글 끓어오르고 있습니다.

그리고 드디어 12.3 윤석열의 난이 이들을 광장으로 집결시켰습니다. 보은도회와 광주항쟁 당시의 유무상자, 상부상조의 이웃공동체-공유공동체가 눈이 부실 정도로 빠르게 만들어지고 네트워크화되고 있습니다.

1960년대 비틀즈는 시대를 앞선 문화운동이었습니다. 비틀

즈의 노래는 68혁명의 전주곡이었습니다. 소녀시대의 다시 만난 세계, 방탄소년단의 위로와 소통, 평화의 노랫말은 다가오는 청년과 여성, 밑바닥 주권자 국민의 비폭력 민주주의 혁명 전주곡입니다. 지금 여기 주권자가 광장에서 떼창으로 부르는 시민혁명가입니다. 과거와 미래가 함께 부르는 체제전환의 '라 마르세예즈' 합창입니다.

지금은 좌우 혁명의 시대가 아닙니다. 99% 흙수저 계급이 1% 기득권 금수저 계급의 억압과 착취 구조악을 무너뜨리고 해체시키는 시민혁명의 시기입니다. 그것도 비폭력 평화의 방법을 써서 충분하고도 남게 이룩해낼 수 있는 시대입니다. 광장 정치의 민주주의와 국민주의 평화세력은 국가주의의 극우 쿠데타 전쟁 세력을 충분히 무너뜨릴 힘과 능력을 갖추고 있습니다. 보수-진보가 합작하고 앞선 세대 노년층과 미래 세대 청년층이 연대합작하면 구체제의 콘크리트 구조물은 신기루처럼 무너지고 사라집니다.

우리는 지금 그런 시민혁명과 제제전환의 소용돌이 속에 들어와 있습니다.

한국 국민은 왜 이런 6공 체제를 갖게 되었을까

첫째, 1945년 조선의 해방은 광복군을 비롯한 조선 인민의 항일무장투쟁에 의한 자력의 해방이 아니었습니다. 미국은 8월 15일 직전 하룻밤 사이에 미군의 일개 대령인 딘 러스크와 찰스 본스틸 두 사람에 의해 북위 38도선을 기준으로 남북을 분단하고 각각 소련군과 미군이 점령하는 것으로 결정했습니다.

미군정은 조선 인민을 자치능력이 없는 개돼지로 경멸했습니다. 친일파를 대거 관료와 군대, 경찰, 검찰로 불러들이고 여기에 친일-친미 기독교인들을 추가해 사실상 일제 식민 통치를 이어갔습니다. 친미 지배 체제를 구축하고 친일파를 친미세력으로 옷을 바꿔 입히고 세탁해서 육성했습니다.

독립군을 때려잡던 일제 만주군관학교 출신 박정희의 육사 8기를 중심으로 한 군사쿠데타, 박정희가 육성한 육사 11기부터 36기까지의 하나회가 일으킨 전두환의 군사쿠데타, 그리고 윤석열의 육사 38기 김용현 중심의 12.3 친위 군사쿠데타는 미군정 때부터 이미 형성된 것이었습니다.

둘째, 1987년 이후에 태어나 21세기를 살고 있는 한국의 이삼십 대 젊은이들은 눈을 떠보니 6공 헌법의 제왕적 대통령제, 엘리트 대의정 체제, 자본주의의 무한경쟁 체제가 이미 기성 제품으로 주어져 있었습니다. 선택의 여지가 없었습니다. 그나마 대통령 직선제조차 숱한 선조들이 목숨을 바치며 고군분투해 쟁취해 물려준 것이었음을 학습과 책을 통해 배웠습니다.

물론 한국은 경제개발계획을 통해 급속한 압축 산업화에 성공했습니다. 그래서 박정희 신화가 지금도 이어지고 있습니다.

모든 인간에게는 공과 과가 다 있습니다. 박정희는 미국의 반대에도 전직 공산주의자답게 구소련을 본보기로 국가 주도의 강력한 중화학 공업화를 추진했습니다. 석탄 대신 석유를 중심 에너지로 바꾸는 주유종탄 정책으로 강력한 산림녹화 정책을 펴기도 했습니다. 그 결과 한국은 오늘날 전 세계에서 손꼽히는 자동차와 조선의 강국이 되었습니다. 헐벗은 민둥산이 울

주권자 국민이 만든다, 제7공화국

창한 산림으로 변한 산림녹화의 성공 사례 국가가 되었습니다.

그러나 눈부신 압축 성장과 산업화는 또한 전 세계에서 가장 높은 온실가스 증가와 온난화로 귀결되었고, 한반도를 끔찍한 기후지옥 세상으로 만들고 있습니다. 저임금을 유지하기 위한 노동자 탄압은 전태일을 비롯해서 수많은 노동자들을 죽음으로 내몰았습니다. 세계 최장의 노동시간과 최고의 산재 사망자는 지금도 이어지고 있습니다. 독재체제를 유지하기 위해 수많은 조작 간첩 사건을 일으켜 서울법대 최종길 교수를 비롯한 수많은 국민을 고문하고 죽였습니다. 무엇보다도 2024년 12.3 윤석열의 난까지 이어지는 국가주의와 전두환 쿠데타 세력을 국가기구 곳곳에 강력하게 구축해 놓았습니다.

한마디로 이 모든 압축 산업화와 경제성장의 주역과 원천은 노동자 농민 등 주권자 국민이었습니다. 박정희 신화는 쿠데타 기득권 세력들이 조작하고 윤색한 패러다임 씌우기의 산물이었습니다. 박정희 리더십은 국민의 동의에 의한 리더십이 아니라 스탈린과 김일성과 똑같은 리더십이었고, 주권자의 권력을 찬탈해 간 폭력의 강제 리더십이었습니다.

모든 사회와 국가 체제는 경로의존성을 갖고 있습니다. 그래서 맨 처음이 중요합니다. 제7공화국을 수립하는 광장의 시민 정치 행동도 지금 여기 맨 처음 길을 잘 찾아야 절벽과 나락으로 떨어지지 않을 수 있습니다.

1945년 8월 15일 해방 당일부터 9월 8일 미군이 진주하고 9월 9일 광화문 총독부 청사에 미군 성조기가 게양되기까지 26일 동안 조선반도는 사실상 총독부 권력이 무력화된 '공백'

기간이나 다름없었습니다. 권력의 공백 기간이란 앞으로 어떤 권력이 형성될지 결정되는 모색과 탐색의 시공간이자 매 순간순간의 선택이 미래를 결정하는 결단과 쟁투의 시공간 그 자체입니다.

그런데 미군이 진주하기 직전인 9월 6일 당시 조선 인민 대다수의 지지를 받고 있던 조선공산당과 박헌영은 여운형을 앞세워 좌익 중심의 인민공화국을 선포했습니다. 박헌영의 조선공산당이 밀어붙인 조급증과 오판의 결과였습니다.

당시 해방정국을 주도하고 있던 정치 지도자는 건국준비위원회의 여운형이었습니다. 그는 박헌영과 정치 견해가 많이 달랐지만 중국 상해 망명 시절부터 박헌영과 주세죽의 결혼식을 주선해주고 프랑스 조계에 있던 자기 집에 신혼 방까지 내주는 등 인연이 깊었습니다.

헌법도 제정하지 않고 몇백 명이 모여 국가를 만들다니 그야말로 뜬금없고 어리석기 짝이 없고 헛웃음만 나오는 해프닝이었습니다. 이때 조선반도 대부분 지역 시군에서는 조선 인민의 전폭 지지 아래 식민지 민족해방투쟁에 앞장섰던 지역의 독립운동가들을 중심으로 좌우합작의 인민위원회가 결성돼 일제가 물러난 공백 기간의 치안유지와 행정 업무를 충실하게 수행하고 있었습니다.

조지 윌리엄스란 자가 경멸했던 조선 인민의 자립자치 능력을 유감없이 보여주는 연대와 합작의 자립자치 기구였습니다. 이 당시 인민위원회의 치안 유지 덕에 일본군 36만명, 민간인 72만명 도합 110만 명이나 되는 일본인들은 대규모 학살과 약탈을 피할 수 있었고, 대부분 일본으로 무사히 돌아갈 수 있었습

주권자 국민이 만든다, 제7공화국

니다.[69]

　좌우합작의 연대와 연합은 어이가 없는 인민공화국 선포 시점부터 어긋나기 시작했습니다. 당연시되던 친일 세력 청산도 물거품으로 돌아가고 미군정은 오히려 친일세력을 부활시켰습니다. 그리고 한때 미군정도 지원했던 김구와 김규식의 좌우합작 운동도 결국 실패하고 조선은 전쟁으로 치달아갔습니다.

　1987년 6월 항쟁으로 6.29선언이 나오고 10월 12일 직선제 개헌이 통과되었습니다. 그리고 12월 16일 대선이 치러지기까지 5개월 반의 기간은 사실상 권력의 공백 기간이었습니다. 널리 알려져 있듯이 당시 반독재 민주화 투쟁의 선봉에 섰던 정당 지도자 김대중과 김영삼은 연대와 합작을 외면하고 각자도생의 길로 나아갔습니다. 6월항쟁의 승리로 가장 큰 반독재 사회운동 세력이었던 학생운동과 노동운동 등 재야 민주화운동 세력도 이른바 '비판적 지지', '후보 단일화', '독자 후보' 등으로 갈라져 현실 정당정치에 줄서기를 하고 말았습니다.

　결국 기득권 독재 세력의 뿌리를 잘라낼 절호의 기회는 그렇게 허무하게 날아가 버리고 말았습니다. 전두환 노태우 쿠데타 세력은 내란이 아니라 선거를 통해 부활해 지금에 이르고 있습니다.

　2016/2017년 겨울의 촛불항쟁으로 2016년 12월 9일 국회에서 박근혜 탄핵이 가결되었습니다. 2017년 3월 10일에는 헌법재판소에서 박근혜 탄핵이 이루어졌습니다. 그리고 대선이

69　1975년~1985년 성신여대 일문과 교수로 재직하기도 했던 모리타 요시오(森田芳夫)의『조선 종전의 기록』(고려도서무역, 1992.)은 이에 대해 충실하고도 상세한 기록을 남겨두고 있습니다.

치러진 5월 9일까지 5개월의 기간도 사실상 권력의 공백 기간이었습니다.

이때 3.5% 이상의 수백만 주권자 국민이 광장에 모여 가장 크게 부르짖었던 구호와 노래는 "대한민국은 민주공화국이다"였습니다. 모든 주권은 국민으로부터 나온다는 헌법 가치였습니다. 당연히 촛불시위를 혁명으로 승화시킬 수 있는 핵심 과제는 헌법과 법률을 주권자가 제·개정할 수 있는 국민발의권과 국민소환권 등 국민주권이 실현되는 개헌을 통해 7공화국을 수립하는 것이었습니다.

새누리당 의원을 포함해서 탄핵에 찬성했던 국회의원 234명이 연대연합하면 가능하고도 남는 일이었습니다. 그러나 현실의 대의제 정당정치는 곧바로 마적떼 도둑 패들 간의 권력 쟁투 무대인 선거 전략 속으로 휩쓸려 들어갔습니다.

촛불 행동을 주도한 광장의 주권자와 시민사회운동 세력 또한 국민주권 실현의 연대와 합작 전략에 대해서는 청사진도 없었고 준비도 안 돼 있었습니다. 결국 주권자가 다시 기득권 엘리트들에게 권력을 되돌려주는 헛수고가 되풀이되고 말았습니다. 국민주권 실현의 제7공화국을 준비하는 도원결의와 연대연합의 지역공동체 광장정치 세력, 기초공동체 결사체들이 약했기 때문입니다.

대의정 선거 체제에서 우리는 4~5년마다 한 번씩 몇 달간의 권력 공백기간을 맞이합니다. 이때야말로 주권자 국민의 직접행동이 '쪽수'의 힘과 연대합작 전략으로 기존 체제를 허물고 현상 타파를 꾀할 수 있는 절호의 정치활동 시기입니다. 그리고 지금이 주권자가 직접 7공화국을 건설할 수 있는 바로 그때입

주권자 국민이 만든다, 제7공화국

니다.

오염된 혁명, 신세대 체제 전환

오늘날 혁명이란 말은 심하게 오염되어 독재와 학살과 실패를 연상시키는 불편한 용어가 되어 버렸습니다. 레닌의 소비에트 혁명에 이은 스탈린의 철의 장막과 공포정치, 마오의 소비에트 중국 혁명과 죽의 장막, 문화대혁명은 그냥 살인 잔치극으로 끝나고 말았습니다. 여기서 일일이 학살극과 목숨을 잃은 수천만 인민의 숫자를 적지는 않겠습니다. 검색하면 인간의 본성과 그 잔인함에 충격과 비통함을 감출 수 없는 수많은 자료가 금방 나옵니다.[70]

그게 인간이고, 그게 나의 행동과 마음이기도 하다는 사실을 깨닫는 것이 중요합니다. 지식이 많건 적건 머리가 좋건 좀 덜 좋건 정치 지도자건 일반 시민이건 인간은 모두 평범한 보통 사람들입니다.

한나 아렌트는 이것을 '악의 평범성'이라고 말했습니다. 맞는 말입니다. 아이히만은 보통의 관료일 뿐이었습니다.[71]

이승만도 김일성도 그냥 보통의 정치가일 뿐입니다. 국가주

---

70 스탈린의 학살극에 대해서는 티모시 스나이더의『피에 젖은 땅』(함규진 옮김, 글항아리, 2021.),『블랙 어스』(조행복 옮김, 열린책들, 2018.), 중국 혁명의 학살극에 대해서는 프랑크 디쾨터의 인민 3부작『해방의 비극』(고기탁 옮김, 열린책들, 2016.),『마오의 대기근』(최파일 옮김, 열린책들, 2017.),『문화대혁명』(고기탁 옮김, 열린책들, 2017.) 등이 참고가 됩니다.
71 한나 아렌트, 김선욱 옮김,『예루살렘의 아이히만』, 한길사, 2006.

의 체제의 부속품일 뿐이었습니다. 다만 한 순간 탐욕과 성냄에 눈이 멀어 무지와 무명의 세계관으로 들어가 갇히면 광기의 학살자와 독재자로 돌변합니다. 누구든 그렇게 될 수 있습니다. 누구든 윤석열이 될 수 있고 박정희-전두환이 될 수 있습니다.

소비에트 혁명의 가장 큰 과오는 인간과 함께 인간관계를 살해했다는 것입니다. 계급과 인민의 적을 제거한다는 명분 아래 친구끼리의 우정과 이웃 관계, 심지어는 가족관계까지도 파괴해 버렸습니다. 모두가 모두를 불신하고 모두가 모두를 증오하게 만들었습니다.

우애와 환대의 마을공동체는 해체되고, 마을공동체의 전통도 구체제의 잔재로 깡그리 부수고 살충제를 뿌리듯 박멸해 버렸습니다. 그리고는 농민과 노동자를 국가 노예로 전락시켜 버렸습니다.

인민주의, 국민주의가 아니라 극단의 국가주의 광풍이 곧바로 소비에트 혁명을 삼켜버렸습니다. 러시아와 중국 혁명의 교조인 마르크스와 엥겔스가 국가를 자본가 계급의 지배와 억압-착취 도구로 규정하고 국가의 소멸, 국가의 폐지를 주장했음에도 그와 정반대의 길을 걸었습니다.

공산주의는 꼬뮌주의 또는 공동체주의로 다시 번역해야 그나마 서구의 사회주의와 공산주의 사상을 좀 더 폭넓게 이해하고, 우리에게 꼭 필요한 교훈을 이끌어 낼 수 있을 것입니다. 현실 사회주의 국가들의 관제 이론에 왜곡과 오염이 너무 많기 때문입니다.

마르크스의 꼬뮌주의는 자본주의의 참상을 극복하는 대안으로서 명확히 국가가 아니라 꼬뮌과 사회를 제시했습니다. 그리고 생산수단을 사회와 꼬뮌의 노동자들이 소유할 때 생산력은 더 발전한다고 주장했습니다. 현실 사회주의 국가에서는 생산수단의 사회화를 생산수단의 국유화로 바꿔치기했습니다.

마르크스는 탁월한 통찰력으로 자본주의를 분석한 뒤 생산수단을 사회화하면 노동자의 자유와 해방이 비로소 가능해진다고 보았습니다. 그러나 마르크스는 개발과 성장을 역사의 필연이라고 보는 생산력주의자였고 유물론자였습니다. 영국의 인도 지배를 비롯한 서구 자본주의 선진국의 아시아 아프리카 침략과 식민지 지배를 농업사회의 생산력을 발전시키고 노예 상태의 농민을 해방하는 과정이라고 견강부회하기도 했습니다.

마르크스의 생태사상에 대해 새로 발견된 자료들을 근거로 주장해도[72] 그가 물질과 정신을 분리한 이원론의 근대 과학 세계관에 갇혀 있었던 사실을 부정할 수는 없습니다. 그는 계급해방의 주장과는 배치되는 하녀를 고용하고 있었고, 자신의 탐욕조차 다스리지 못하고 하녀와의 사이에서 사생아를 두기도 했습니다.

혁명이 권력집단을 교체하는 것에 그친다면 주권자 국민의 인간다운 삶으로의 체제 전환은 이루어지지 않습니다. 서구 근대 국민국가의 숱한 혁명이 그러했습니다. 영국의 시민혁명이 그러했고, 사회주의 혁명도 똑같았습니다.

마음을 바꾸고 세계관을 바꾸는 혁명이 지속가능한 혁명이고 체제를 전환시킬 수 있는 근본의 혁명입니다. 사람 마음의 뿌리

---

72 존 벨라미 포스터, 박종일 옮김, 『생태혁명』, 인간사랑, 2010.

에서부터의 역전이 사람을 돈신 쩐(錢)신의 동굴로부터 탈출시킬 수 있습니다. 영혼의 재발견과 깨달음, 나와 '나의 나'인 이웃이 연결되어 있는 하나임을 깨닫는 마음의 혁명이 없으면 체제 전환은 지속불가능합니다.

12.3 윤석열의 난을 진압한 중심 세대는 이삼십 대 신세대입니다. 이들 신세대들이 열어가는 다시 만난 세계는 움직이고 행동하는 광장정치의 열린 세상입니다. 지금 여기 우리들은 이들과 모든 세대가 더불어 함께 신세계로의 체제 전환을 향해 나아가고 있는 거대한 서사시를 목격하고 있습니다. 그 속에서 생생하게 나와 이웃의 삶을 즐기고 누리고 바꾸고 있습니다.

20세기 혁명과 체제 전환은 주로 폭력 혁명으로 이루어졌습니다. 러시아를 비롯해서 거의 모든 사회주의 체제로의 이행이 그랬습니다. 중국을 비롯한 동남아시아, 중남미 등에서는 체제 밖에서 무장투쟁의 유격전을 통해 기존 체제를 뒤집어엎었습니다.

21세기 체제 전환의 수단으로 이런 폭력 투쟁을 선택하는 것은 대규모의 시민 학살극을 자초하는 무모하고도 어리석은 짓입니다. 국민을 살리고 자유인으로 해방시키고자 하는 혁명과 체제 전환이라면 당연히 비폭력 저항과 집단행동으로 목적을 달성해야 합니다.

구체제 안에서 이른바 진지전의 방식으로 사다리 타기식의 단계를 밟아 대안을 구체화하면서 체제 전환을 해나가는 방식도 있습니다. 선거로 집권해 대안 정책을 펴는 방식입니다. 동시에 체제 밖에서 체제를 이탈해서 대안을 직접 현실화해 체제 전환을 해나가는 방식도 있습니다. 협동조합의 조합원 민주주

주권자 국민이 만든다, 제7공화국

의와 공유경제를 실천하는 방식이 이런 방식 가운데 하나입니다. 장일순 등의 한살림생협 운동이 이런 실천을 해왔습니다.

　지금까지 체제 안에서 체제를 수선하거나 개혁하는 대안운동, 체제 밖에서 다른 대안 체제를 건설하는 방법은 더디지만 일정한 성과를 거둔 것은 사실입니다. 그러나 두 방식 모두 오히려 자본주의 체제 안에 포섭되어 체제 내화 되었다는 비판이 제기되고 있을 정도로 한계점을 노출하고 있는 것도 사실입니다. 사람의 마음을 전환하는 영성, 깨달음의 공동선과 자비행이 부족했기 때문입니다.

　6공 기득권자들의 구체제를 무너뜨리는 혁명과 체제 전환은 사람의 마음을 바꾸는 데서부터 시작해야 진정한 힘을 갖추게 됩니다. 주권자 국민의 마음 안에 내면화되어 아교처럼 들어붙어 있는 6공 헌법체제의 제왕 대통령제와 엘리트 대의정 이념, 튼튼한 동아줄로 꽁꽁 얽매여 있는 돈 유일신의 자본주의 성장과 개발 이데올로기, 국가주의 이데올로기를 무너뜨려야 비로소 신세계 체제 전환은 출발할 수 있습니다.

　열정의 밤이 지나고 나면 그 다음 날 아침이 중요합니다. 다음 날 아침 무엇을 하는지가 이후의 삶을 결정합니다. 윤석열이 탄핵당하면 곧바로 마적떼 두목 선거판이 벌어진다는 사실은 삼척동자도 다 아는 사실입니다. 2016/2017 열정의 촛불 행동이 지난 다음 날 아침이 기적처럼 다시 도착한 것입니다.

　6공 체제 아래에서 이 흐름을 바꾸는 것은 쉬운 일은 아닙니다.

　그러나 12.3 주권자 국민의 광장 정치세력은 여기에 강력한 제1의 의제로서 국민발의-국민소환제 제7공화국 헌법 개정을 올려놓아야 하고, 그럴 수 있는 충분한 능력과 힘을 이미 갖추고 있습니다. 수십 수백만 응원봉의 별들보다 더 밝게 빛나는 이른바 마적떼 두목의 '별'의 순간은 없습니다.

자본주의의 돈 유일신은 이 우상을 위협하는 괴물들이 있어야 유지됩니다. 그것이 한국에서는 체제 전복 세력인 종북좌파 빨갱이, 진보 등등의 언어 개념입니다.

오사마 빈 라덴은 미국이 키워 소련에 저항하는 아프가니스탄 해방의 지도자였습니다. 그런데 9.11 테러를 일으키면서 하루아침에 미국의 자유와 민주주의를 위협하는 테러범의 수괴가 되었습니다. 괴물을 찾고 있던 미국에 때맞춰 나타난 미국 자본주의의 구세주였습니다. 가다피와 사담 후세인은 그동안 해왔던 일을 바꾼 게 아무것도 없었습니다. 그런데 전쟁을 일으켜야 하는 미국의 필요에 따라 미국이 후세인이 대량살상무기를 감추고 있고 민주주의를 파괴하고 있다고 괴물로 규정하면서 하루아침에 괴물이 되었습니다. 대량살상무기는 없었습니다.

테러를 옹호하는 미친 사람은 거의 없습니다. 이슬람 테러리스트의 잔학행위와 살인, 이보다 훨씬 더 잔학하게 이슬람 인민들을 죽이고 살해하는 미국의 테러행위는 똑같은 괴물의 테러행위, 전쟁광의 미치광이 짓입니다.

우리는 이런 괴물의 개념에 갇힐 필요가 전혀 없습니다. 우리는 6공 체제가 낳은 괴물 윤석열 마적떼의 등장을 역으로 평화 체제를 구축하는 절호의 기회, 역행보살로 바꾸었습니다. 전쟁을 일으키고자 한 괴물은 윤석열이고 빨갱이는 쿠데타와 내란 공범, 그야말로 빨간색 빨갱이들 국힘당입니다.

주권자 국민은 수령이자 국본이자 지존입니다. 종북좌파나 빨갱이라는 언어 개념조차 바꿀 수 있고 바로잡을 수 있는 원천 권력이 있습니다.

혁명, 체제 전환이란 무엇인가

혁명은 체제전환의 개념을 내포하고 있습니다. 그런데 혁명이란 말은 대체로 정치권력 체제의 뒤바뀜에 방점이 찍혀 있습니다. 왕 씨가 임금인 고려에서 이 씨가 임금인 조선으로 나라가 바뀌었을 때 역성(易姓)혁명이라고 지칭하는 경우가 그렇습니다.

체제전환이란 대체로 자본주의를 사회주의로 또는 사회주의를 자본주의 체제로 바꾸는 등 경제 제도의 변화를 말합니다. 구소련의 공산주의 체제가 러시아 자본주의 체제로 바뀐 게 대표 사례입니다. 대의정에서 민주정이나 왕정으로 또는 거꾸로 민주정에서 대의정이나 왕정으로 바꾸는 정치 제도의 변화도 체제전환입니다. 체제전환은 지금까지 폭력혁명과 함께 일어난 경우가 많았습니다. 물론 부탄처럼 폭력혁명을 통하지 않고 왕정에서 입헌군주제로 바뀌는 경우도 있습니다.

근대에 들어와 혁명과 체제전환 이론이 등장한 것은 자본주의가 봉건주의를 무너뜨리고 등장하면서 그야말로 차마 눈뜨고 볼 수 없는 대참극이 벌어졌기 때문입니다. 자본가들의 노동자 착취와 억압이 도를 넘어 극한으로 치닫고 불평등이 참을 수 없을 정도로 극에 달했기 때문입니다. 인간의 탐욕이란 눈을 멀게 합니다. 특히 눈먼 자본가들의 탐욕은 수많은 노동자를 죽음으로 내몰기 때문에 자본가 자신을 괴물로 만듭니다.

18세기 중반 자본주의의 등장과 함께 새로운 계급으로 형성된 영국 노동자들의 생활은 도저히 인간의 삶이라고 말할 수 없을 정도로 처참했고, 생존 자체가 하루하루 지옥이었습니다. 1845년 당시 영국 랭커셔 지역 노동자들의 자식들은 6살에 노동을 시작했고 평균 수명은 15살이었습니다. 노동시간은 하루 15시간이 넘었습니다. 그런 노동을 하고 받는 임금으로는 하루 생존할 빵조차 살 수 없었습니다. 1845년 영국의 산업 중심지 맨체스터와 북부 산업지대 노동자들의 생활 실태를 샅샅이 조사한 뒤 발표한 엥겔스의 『영국 노동계급의 상황』은 읽기가 힘들 정도로 참혹합니다.

참고로 박지성의 맨체스터 유나이티드 축구팀은 노동자들이 만든 축구 클럽에서 유래한 팀입니다. 손흥민의 토트넘 등 서구의 거의 모든 팀이 다 마찬가지로 노동자 축구팀이었습니다. 노동자들은 축구로 체력을 유지하고 친목을 도모하면서 신문을 읽고 모임과 집회를 열어 노동자 정치운동을 벌여나가기 시작합니다. 영국과 유럽의 축구 클럽은 처음부터 노동자들의 공동체였고, 노동자 정치활동의 주요 근거지였습니다.

1970년 전태일이 분노했던 평화시장 어린 10대 여공들의 노동실태가 이와 똑같았습니다. 조영래는 전태일 장례식을 주도하면서 전태일의 삶을 살기로 굳게 결심합니다. 서울대 전체 수석으로 서울법대에 입학한 그는 대부분의 서울법대생이 윤석열 같은 출세를 선택한 것과는 백팔십도 다른 삶을 선택합니다.

주권자 국민이 만든다, 제7공화국

1974년 민청학련 사건으로 수배자가 된 그는 이른바 '도바리' 도망자 신세였음에도 전태일의 일기와 각종 자료, 이소선 어머니 등과의 인터뷰를 토대로 전태일 평전을 집필합니다. 전태일 평전을 읽다 보면 조영래가 한 글자 한 글자 꾹꾹 눌러 글을 써 내려 가면서 그가 속으로 삼켰던 분노와 연민이 그대로 활자에 선명하게 드러납니다.

21세기 지금의 청년 세대는 이해하고 납득하기 어려운 과거 역사일 것입니다. 블레이크라는 영국 시인이 그래서 자본주의를 '악마의 맷돌'이라고 불렀습니다.

오늘날 한국 자본주의 기업이 모두 다 악마의 맷돌이고 자본가들이 모두 다 탐욕에 눈이 먼 괴물은 아닙니다. 기업가 중에는 노동자들을 함부로 해고하지도 않고, 노동자들과 함께 한솥밥을 먹으며 더불어 함께 공생과 공유의 기업 가치를 추구하는 눈뜬 기업가들도 적지 않습니다. 그러나 대부분 악마의 맷돌을 돌리는 자들임을 부인할 수 없습니다.

절대 왕정이나 참주정, 독재정의 그 왕과 참주, 독재자도 사실은 따지고 보면 불행한 삶을 산 사람들입니다. 제 아무리 선정을 펼친다 해도 권력을 추구하는 반역 세력은 늘 존재하기 마련입니다. 언제 반역자나 민중봉기에 의해 권력을 빼앗기고 죽음을 맞이할지 매일매일이 불안의 연속입니다. 기업가들도 마찬가지로 언제 경쟁업체가 치고 들어올지, 경쟁자가 몰래 주식을 사모아 대표 자리를 노리고 재물을 잃게 될지 늘 불안하고 불행한 삶을 사는 사람들이 대다수입니다.

작가 정아은은 방대한 자료를 섭렵하고 수많은 사람을 인터뷰하고 쓴 전두환 평전에서 전두환을 이렇게 평합니다. 국민에게 폭력을 휘두르고 고문을 자행하고 학살하는 일에 대해 일말의 주저함도 거리낌도 없었던 사람, 1987년 6월항쟁 당시 킬링필드 같은 대학살을 실제 집행하려 했던 군인 출신 대통령, 한 번도 자신의 행위에 죄책감을 느끼거나 용서를 구했던 적이 없던 사람, 피도 눈물도 없을 것 같지만 다정다감하고 눈물도 흘리고 사랑을 나눌 줄 알던 남편이자 아버지이자 할아버지, 가까운 사람들과는 진한 유대감과 충성심을 주고받았던 보스. 그런 전두환에 대해 정아은은 그의 무의식에 깊숙이 숨어 있는 벌벌 떠는 작은 아이, 그의 영혼 가장 밑바닥에 있는 작고 못난 생물을 보게 됩니다.[73]

체제가 사회성 인간의 인간성을 주조해 내고 규정합니다. 국가주의는 국가주의 인간을, 폭력사회는 폭력 인간을, 돈 유일신 사회는 쩐의 인간을, 사회주의는 사회주의형 인간을 만들어 냅니다. 동시에 인간의 삶을 억압하고 착취하는 체제는 억압과 착취에서 벗어나 해방의 삶을 살고자 체제에 저항하는 자유인들을 주조해 내기도 합니다.

서구 자본주의 초기 노동자 삶의 참혹한 현실을 직접 눈으로 목도하고 분노를 느끼지 않을 수 없는 사람들 속에서 혁명 이론과 혁명가들이 탄생했습니다. 마르크스도 엥겔스도, 체 게바라도 카스트로도, 여운형과 박헌영, 김원봉 등 일제와 맞서 싸운 숱한 한국의 사회주의자들 그리고 전 세계 거의 모든 국가의 무수한 혁명이론과 혁명가들도 초기에는 이런 어처구니없는 사회구조를 바꿔야 하고 바꿀 수 있다고 소리높이 외친 휴머니

73 정아은,『전두환의 마지막 33년』, 368쪽, 사이드웨이, 2023.

스트들이었습니다. 이들의 인간애와 헌신이 있었기에 오늘날 서구와 우리나라 국민의 삶이 이만큼 수준에 올라설 수 있었습니다.

다시 역사는 늘 역설입니다. 구소련은 급속한 생산력 발전을 통해 적어도 굶어죽을 위험은 없는 고르게 평등한 사회를 이룩하긴 했습니다. 하지만 인민의 자유와 인간다운 삶은 철저하게 박탈당해버렸고, 전 인민이 국가의 생산 노예로 전락해 버렸습니다. 급기야 국가가 인민의 식량까지도 조달 못하자 결국 국가 자체가 1991년 12월 24일 성탄절에 해체되고 말았습니다.

개혁과 혁명의 차이에 대해서도 수많은 주장이 있습니다. 현재의 대의정을 수선하고 보수해서 그대로 유지하자는 것이 개혁이고, 아예 민주정으로 바꾸자는 것이 혁명입니다. 자본주의를 수정하고 수선해서 그대로 유지하자는 것이 개혁이고, 자본주의를 사회주의나 협동경제, 공유경제 체제로 완전히 바꾸자는 것이 체제전환의 혁명입니다.

혁명이란 기존의 집을 허물고 새 집을 짓는 것이고, 개혁이란 기존의 집을 개보수하는 것입니다. 체제전환은 헌법을 전면 개정하거나 새로 제정해야 합니다. 개혁은 주로 법률을 새로 만들거나 바꿔 수행합니다.

2025년 야당이 대선의 광풍 속으로 그냥 휩쓸려 들어가는 것은 주권자 국민에게 주권을 돌려주고 국민이 인간다운 삶을 누릴 수 있는 제7공화국 체제전환에는 아예 관심도 없다는 고백이나 다름없습니다. 윤석열 마적떼와 똑같이 오직 전리품인 돈과 회전의자와 이권에 눈이 먼 마적떼 도둑의 정체성을 광장정치의 주권자 국민 앞에서 거리낌 없이 폭로하는 선전포고나 다름없습니다.

전환이란 혁명보다 좀 부드러운 용어이고 개념인 것처럼 보입니다. 아닙니다. 사실은 자본주의 생산양식을 혁명 직후 하루아침에 다른 경제 제도로 바꾼다는 것은 현실에서는 자본가들의 강력한 저항으로 선혈이 낭자한 계급투쟁, 계급전쟁으로 이어질 수밖에 없습니다. 그런 폭력과 저항 없이 시간이 걸리더라도 자본주의 생산양식과 사회주의 생산양식 또는 협동과 공유의 생산양식이 공존하면서 점차 사회주의와 공유경제로 이행해 가는 것이 비폭력 평화 방식의 체제 이행입니다.

어떤 체제 전환이나 이행도 국민의 마음속에서부터 시작해야 근본의 체제 전환과 이행이 가능해집니다. 주권자 국민의 마음속에서부터 공동선과 자비행의 깊은 동의를 얻지 못하는 전환은 오래 갈 수 없습니다. 체제는 국민의 삶을 규정하는 시스템이고 국민이 기꺼이 그에 마음으로 따를 수 있어야 지속가능할 수 있기 때문입니다.

탐욕을 부추겨 이룩하는 전환이라면 그런 전환은 최악의 결과만을 낳습니다. 부자되세요 구호가 금융자본주의 구호로 등장한 것은 금융자본주의의 종말을 알리는 경고음입니다. 시간이 걸릴 뿐 그런 종말은 필연입니다.

당연히 21세기 체제 전환은 무장투쟁이나 폭력혁명과는 정반대의 길을 갑니다. 대한민국 군대의 최첨단 무기와 헬기, 장갑차를 동원했던 12.3 윤석열의 난을 진압한 시민의 무기는 맨주먹과 절박하고도 마음에서부터 우러나온 정의감뿐이었습니다. 광장정치의 시민 무기 또한 마음과 마음의 공명, 공동선의 자비행, 비폭력 대화와 소통뿐입니다.

　집회를 막는다고 해서 경찰을 타도해야 할 적으로 돌리거나 '투쟁', '대첩', '전투' 등의 익숙한 용어를 쓰는 것에 대해 그 절박한 분노와 답답한 심정을 이해는 합니다. 하지만 21세기 비폭력 혁명과 체제전환 전략으로 치면 낡고 낡은 20세기 폭력혁명을 떠올리게 만드는 하지하의 전략과 전술입니다.

　대한민국 재건 이후 80여 년 동안 한국 국민은 정말 수많은 개혁 약속과 변화의 공약을 들으며 묵묵히 삶을 이어왔습니다. 그런데 다른 수많은 통계 수치를 들 것도 없이 개혁의 결과는 경제협력개발기구 부동의 1위인 자살자 사회입니다.

　대표자를 잘못 뽑아서 이렇게 된 것이 아닙니다. 처음부터 대표자에게 주권자 국민의 삶을 맡겨서는 안 되는 것이었습니다. 주권자가 스스로 삶의 주인이 될 수 없는 6공 헌법 체제 자체가 원인이었습니다.

　우리에게는 지금 혁명과 체제전환의 신천지가 펼쳐져 있습니다. 주권자 국민의 광장 정치세력이 선택할 수 있는 선택지는 너무나 많습니다. 그리고 너무나 적습니다. 개인의 선택지는 무한한 것처럼 보입니다. 사실은 조건에 따라 선택지를 따져나가다 보면 너무나 적습니다. 집단의 선택은 더더구나 조건에 따라 선택지를 따지다보면 거의 외통수인 경우가 많습니다.

　지구별 생태계 생명체로서의 이웃공동체 네트워크는 늘 공동선과 자비행을 향해 열려 있습니다. 내 안에 이웃의 시선이 들어있고 이웃의 마음 안에 내 시선이 들어가 있습니다.

　분노는 필요하지만 마적떼 두목 윤석열과 똑같은 눈먼 분노로는 내 삶도 이웃의 삶도 국가도 바꿀 수 없습니다. 21세기 한국에서 분노와 폭력은 진정한 힘이 될 수 없습니다. 분노만으로는 세상을 평화의 세상으로 절대 바꿀 수 없습니다. 시뻘겋게 '격노'한 윤석열의 난이 실패할 수밖에 없었던 것은 그 분노와 폭력이 진정한 힘이 아니었기 때문입니다.

분노를 바라보고 꿰뚫어 통찰하고 내 마음속에서 다른 차원으로 승화시켜야 비로소 힘이 됩니다. 나와 이웃의 분노를 광장정치의 연민과 공동선으로 바꿀 때 비로소 분노는 주권자 국민의 강력한 힘이 될 수 있습니다. 공유의 자비행으로 나아가는 분노의 힘이 주권자의 삶을 자유인의 삶으로 바꾸고 국가를 바꿀 수 있습니다.

광장 정치세력이 선택하는 체제 전환은 지극히 평범한 상식의 전환입니다. 사람이 사람답게 살 수 있는 사회, 누구도 업신여김을 당하거나 억압받지 않고 당당하게 자유인으로서 삶을 살 수 있는 체제로의 전환입니다. 권력자가 없고 모두가 권력자 수령인 사회로의 전환입니다.

제7공화국 직접 민주주의의 신세계입니다.

체제 전환 시기에 국민이 살아남을 수 있는 비법

몇 가지 용어에 대해 간략한 설명을 덧붙여 보겠습니다. 그냥 참고로 보시고, 자세한 내용은 질문지를 잘 작성해서 인공지능에 물어보면 일목요연하게 요약 정리된 답변을 받아보실 수 있을 것입니다.

　생산양식(우클라드, uklad)이란 생산수단을 누가 소유하고 누가 일을 해서 물건과 서비스를 만드느냐에 따라 다양한 종류가 있습니다. 자본가가 생산수단을 소유하고 노동자가 노동하는 생산방식을 자본주의 생산양식이라고 합니다. 사회가 생산수단을 소유하고 사회구성원이 일하는 생산방식을 사회주의라고 합니다. 사회 대신 꼬뮌 또는 공동체가 소유하면 꼬뮌주의, 공동체주의, 협동조합이 소유하면 협동조합주의 등으로 부릅니다. 노동(labor)이란 말은 자본주의 용어입니다. 광의로는 일(work), 근로라는 말을 사용합니다.
　용어나 개념은 사람이 만들고 사람들이 받아들이면 새로운 개념이 만들어집니다. 동물권 단체나 채식주의 단체가 모여 소, 돼지, 닭, 채소 등도 사람과 동등한 일꾼으로 대우하기로 합의하고 생산물 판매로 얻어진 '잉여'(자본주의 기업에서는 이윤)를 공동으로 분배해 동물복지에 쓰는, 예컨대 '야생족' 생산방식, '생태족' 생산방식을 만들어 낸다면 야생족, 생태족 우클라드가 새로 등장할 수 있습니다.

　꼬뮌은 지역 주민들의 정치 공동체를 말합니다. 서구의 도시는 그 기원이 주로 협동조합으로 뭉친 상인들과 장인들이 봉건영주와 싸워 자유를 쟁취한 자유도시입니다. 한자(Hansa)동맹 등 자유인을 원하던 시민이 강력한 연대연합으로 이룩한 핏자국이 선연한 자유입니다. 서구 도시를 꼬뮌이라고 부르는 것은 이 때문입니다. 손흥민이 10대일 때 처음 입단했던 축구팀 함부르크의 정식 이름은 지금도 '함부르크 자유 한자시'입니다.

농민, 자영업 상공인 등 소생산자가 생산수단도 소유하고 스스로 일도 하는 생산방식을 소생산자 생산방식, 즉 쁘띠 부르조아 생산방식이라고 합니다. 자본가이자 노동자라는 이중 정체성 때문에 마르크스 레닌주의 이론가들이 자본가와 노동자 사이를 오락가락한다고 해서 엄청 공격을 퍼붓고 저주에 가까울 정도로 혐오하던 생산방식입니다. 크로포트킨은 이들과 백팔십도 다르게 중세 자유도시는 소상공인들이 상부상조하는 협동조합 경제였으며 자본주의의 대안을 상호부조의 공동체에서 찾을 수 있다고 역설했습니다.[74]

지금도 사회주의 이론을 옹호하는 지식인들 가운데 상당수는 쁘띠 부르조아, 소생산자들을 경멸하는 경향이 있습니다. 착각도 이런 착각이 없습니다.

마르크스 레닌주의의 숱한 오류 가운데 현실 사회주의를 멸망으로 이끈 근본 원인이 바로 이런 소생산자 경멸과 혐오, 착각에 있습니다. 마르크스 레닌주의는 농민계급은 자본주의가 발전하면 분해되어 사라질 운명이라고 주장했습니다. 그래서 강제로 해체해서 역사발전의 주체인 노동자로 신분을 상승(?!) 시켜야 한다고 생각했습니다. 인민의 세상을 오직 자본과 노동이라는 편광 색안경만 끼고 본 견해입니다. 색안경을 벗고 지구별 생태계와 인간 세상의 온갖 다른 측면을 바라보면 그런 주장이 얼마나 허무맹랑한지 금방 알 수 있습니다.

농업은 마르크스도 인정했듯이 자신이 소유한 농지에서 스스로 농사를 짓는 소농이 생산성이 가장 높습니다. 땅의 성질부터

---

74 크로포트킨, 김영범 옮김, 『만물은 서로 돕는다』, 르네상스, 2005.

어느 작물이 잘 자라고 수확이 많이 날지 소농만큼 훤히 꿰뚫고 있는 사람은 없습니다.

스탈린이 러시아의 상호부조 농민공동체인 미르공동체를 해체하고 농민을 강제로 농업노동자로 신분을 바꾼 뒤 처음에는 농업 생산성이 올랐습니다. 석유에서 뽑은 화학비료 덕분이었습니다. 그러나 곧 농업생산성은 정체 또는 하락하기 시작했고 이윽고 구소련은 식량수입국의 처지로 전락했습니다. 노동을 대충대충 해도 임금과 배급품이 또박또박 나오는데 열심히 노동할 국가 소속 노예노동자는 아무도 없습니다. 구소련 몰락 직전에는 관료주의의 비효율까지 겹쳐 생산된 농산물의 1/3이 유통 과정 등에서 사라졌습니다.[75]

구소련은 이전에는 비옥한 우크라이나를 포함해서 엄청난 곡물을 생산했고, 수위를 다투는 식량수출국이었음에도 그렇게 변해버리고 말았습니다. 불세출의 영웅들이자 신의 자리까지 넘보던 공산당의 위대한 지도자들 덕분이었습니다. 『동물농장』을 쓴 조지 오웰은 정말로 인간의 탐욕과 무지, 그로 인해 벌어질 수 있는 사태를 꿰뚫어 보는 혜안이 있었습니다.

식량을 해외 시장에서 구입할 수 있었던 것은 그나마 시베리아에서도 발견된 유정과 바쿠 지역 등의 석유를 팔아 벌어들인 돈 덕분이었습니다. 구소련은 '덕분'이 많은 국가였습니다. 그런데 1980년대부터 미국의 주도로 석유 가격이 급락했고, 소련은 급전직하로 먹고사는 문제부터 어려움에 부닥치기 시작합니다. 농업전문가였던 젊은 고르바초프를 서기장으로 선출해서 타개

75 마이클 돕스, 허승철 옮김, 『1991』, 모던 아카이브, 2020.

를 시도했지만 뾰족한 해결책을 찾지 못했습니다. 결국 국가가 식량을 배급할 수조차 없게 되자 국가 자체가 해체될 수밖에 없었습니다.

여담이지만 1980년대 전두환 군사독재 체제가 광주 시민 학살극을 벌였음에도 그나마 버틸 수 있었던 것은 바로 이 당시 미국 주도로 이루어진 저유가 덕분이었습니다. 저금리와 저달러를 합해 이른바 3저 호황으로 경제가 고성장을 하면서 국민의 먹고 사는 문제가 일정하게 풀렸기 때문입니다. 여기에는 저곡가가 꼭 들어가 4저 호황이라고 하는 게 정확합니다. 세상은 이렇게 늘 서로 연결된 하나의 세상입니다.

식량 배급을 받지 못하던 구소련의 대도시 인민들은 어떻게 식량을 조달할 수 있었을까요. 다름 아닌 도시인들에게 허용된 도시 텃밭 '다차'를 통해서였습니다. 소비에트 인민들은 도시 텃밭에서 감자와 채소 등 식량작물을 길러 굶어 죽지 않을 수 있었습니다. 축소된 규모로나마 살아남았던 미니멀 소농 도시텃밭이 구소련 인민들을 살려낸 것은 그야말로 역설입니다. 2차대전 당시 독일군의 공습으로 식량공급 체계가 마비된 상태에서 런던을 비롯한 영국의 도시 주민들을 먹여살릴 수 있었던 것도 집 앞의 조그만 미니멀 도시텃밭이었습니다.

구소련과 런던의 시민은 국가가 식량에 대해 아무것도 해주지 못할 때 스스로 이웃들과 함께 씨앗을 나누고 농사 경험을 공유하고 생산된 농산물을 교환했습니다. 이 같은 자연스러운 지역주민들의 상부상조 먹거리 공동체가 시민의 생존을 보장해

주었습니다.

구소련이 몰락하고 석유 공급이 하루아침에 끊긴 뒤 원시시대로 돌아가야 했던 1990년대 초반 쿠바 인민들도 마찬가지였습니다. 그 이전까지 쿠바는 1970년대 이전의 북한처럼 중남미에서는 손꼽힐 정도로 잘사는 나라, 사회주의 모범국이었습니다. 그런데 국가가 식량을 배급해 주지 못하자 쿠바 수도 하바나를 비롯한 도시 지역 인민들은 '바리오' 지역공동체를 중심으로 경작할 수 있는 땅이란 땅은 모조리 도시텃밭으로 만들어 농사를 지었습니다. 국가 비상사태 속에서 쿠바 인민들이 지혜를 발휘해 생존할 수 있었던 비결 역시 바리오 지역공동체와 미니멀 소농의 농사 덕분이었습니다.

소농과 농업을 강조하는 것은 곧 발등에 불덩어리처럼 떨어질 식량위기, 식량전쟁의 광풍 속에서 생존을 모색해야 한다는 절박성 때문입니다. 기후지옥-불평등의 체제에서 살아남기 위해서는 비상사태를 극복할 슬기와 함께 이러한 지역공동체의 서로 연결된 네트워크가 필수불가결한 구명보트입니다. 이런 구명보트와 사회안전망을 마적떼 도둑들에게 기대하느니 차라리 하늘에서 쌀과 구명보트가 떨어지기를 기대하는 게 나을 것입니다.

다시 한번 광장의 정치세력이 만들어 나갈 새로운 세상이 얼마나 소중하고 기적 같은 일인지 그저 이 모든 일에 감사해야 할 것입니다.

체제 전환의 주체는 누구인가

혁명의 주체는 물론 주권자 국민입니다.

20세기 사회주의 혁명은 전위정당 조직을 통해 혁명을 성공시켰습니다. 전위들이 각 지역과 분야의 인민들을 조직해 이들이 주체가 되는 혁명을 일으키고자 했습니다. 레닌의 전위정당론은 거의 모든 제3세계 사회주의 혁명의 지도 지침과도 같았습니다. 전위들이 조직해야 할 혁명의 주력 계급은 노동자 농민계급이었습니다. 단체와 조직을 개혁하고자 하는 모든 활동가, 혁신을 추구하는 기업체의 임원들도 전위, 선각자라고 할 수 있습니다. 다만 목표가 다를 뿐입니다.

농업사회였던 중국의 마오쩌뚱은 러시아와 조금 결을 달리해서 해방구 전략을 수립하고 이를 실행에 옮겼습니다. 전위 활동가가 소비에트 해방군을 조직, 유격전을 통해 농촌 지역을 무력으로 점령한 뒤 토지없는 농민에게 토지를 분배하는 토지개혁을 실시해 사회주의 사회를 실제로 세우는 전략이었습니다. 이 전략은 농민의 호응을 폭발시켰고 결국 마오쩌뚱의 공산당은 혁명에 성공합니다.

중국혁명의 성공에 고무된 제3세계의 수많은 농업국가 사회주의자들이 전위정당을 결성해 유격전의 무장투쟁을 통한 해방구 전략을 실천에 옮깁니다. 유명한 체 게바라도 이런 유격전으로 카스트로와 함께 쿠바 혁명을 성공시킵니다.

전위정당 전략은 20세기 대부분의 노동자와 농민이 문맹인 상태를 염두에 둔 전략이었습니다. 전위 활동가가 맨 먼저 인민들과 함께하는 것이 문맹 퇴치 활동이었습니다. 그리고 끊임없는 사회주의 교양 학습과 토론이었습니다.

오늘날 21세기 한국의 모든 주권자 국민은 거의 모두가 엘리트 지식인입니다. 20세기 말부터 시작된 정보지식 혁명을 넘어 지금은 곧 초지능이 등장하는 AI 혁명 시대입니다. 독서 계급이 지배계급이 되거나 지배계급의 충실한 집행자가 되는 그런 시대는 이미 한참을 지나 잘 보이지도 않습니다.

한국은 무장투쟁을 통한 혁명은 불가능한 지역입니다. 1950년 6.25동란 때도 마찬가지였습니다. 지리산이나 백두대간은 울창한 원시림의 열대림, 온대 밀림이 아닙니다. 공비(共匪)라고 불렸던 수많은 유격대원들이 속수무책으로 죽임을 당했습니다.

극소수 몇몇 엘리트 똥별과 대통령실-내각의 엘리트 측근 중심의 12.3 윤석열의 난은 20세기 사회주의 혁명의 전위 전략과 닮은 무력 쿠데타가 시대착오임을 생생하게 입증해 주었습니다.

1960년 박정희 군사쿠데타가 성공할 수 있었던 비결도 남로당 당원이었던 그가 전위 혁명 전략을 누구보다도 잘 알고 있었기 때문입니다. 박정희의 전력을 알고 있던 미국은 박정희의 쿠데타가 사회주의 혁명인 줄 알고 처음에는 화들짝 놀랐습니다. 김일성도 박정희의 형 박상희의 친구이자 박정희가 친형처럼 따랐던 남로당원 황태성을 밀사로 보내기까지 했습니다. 황태성은 박정희의 남로당 입당에 신원보증을 섰던 장본인이었습니다. 박상희는 1946년 미군정의 쌀값 폭등에 항의하던 10.1 대구 시민의 민중봉기 당시 총살당했습니다. 박정희는 비공개로 황태성을 간첩 혐의로 처형시켜버립니다.

1960년대를 비롯하여 20세기는 전 세계에 걸쳐 군대에 들어간 사회주의자들이 군사쿠데타를 연이어 시도했던 시기이기도 합니다. 1962년 버마의 사회주의자인 네윈이 군사쿠데타를 일으켜 정권을 장악했습니다. 1963년에는 시리아의 바트당 사회주의자들이 일으킨 군사쿠데타가 성공합니다. 1992년에는 실패로 끝나긴 했지만 베네수엘라의 우고 차베스가 군사쿠데타를 시도했습니다. 우고 차베스는 6년 뒤인 1998년 선거를 통해 대통령에 당선됩니다.

이들 군사쿠데타의 주체는 물론 군인들이었습니다. 군인들은 국민이 자신들을 지지할 것이라고 확신하고 있었고, 실제로 그랬습니다. 물론 이들 대부분은 곧 최악의 장기 독재 체제들로 바뀌었고 국민의 지지는 금세 사라져 버리고 말았습니다.

혁명이건 체제 전환이건 주체는 주권자 국민입니다. 그런데 21세기 한국의 체제 전환 주체는 그냥 단순한 국민이 아닙니다. 20세기의 전위도 아닙니다. 누구보다도 먼저 광장으로 나온 자유인들입니다. 그것도 공동선의 자비행을 실천하는 행동하는 자유인들입니다.

1987년 6월항쟁의 승리는 길고도 오랜 군사독재의 억압을 무너뜨리는 대폭발이었습니다. 전 국민이 국가권력으로부터 드디어 자유를 되찾았다고 해방감을 만끽했습니다. 굴레를 벗는 해방은 곧 자유의 대폭발을 가져옵니다. 7·8월 노동자대투쟁으로 수십 퍼센트의 임금인상을 쟁취한 노동자들은 자유가 준 선물을 만끽했습니다. 복식부기 세계관의 언어로는 자유가 곧 돈이었습니다.

체제 전환은 자유인을 탄생시킵니다. 자유인이 되고자 한다

　　　　　주권자 국민이 만든다, 제7공화국

면, 자유인의 삶을 누리고자 한다면 마적떼 도둑들에게 또다시 정치를 위임하는 어리석은 선택은 있을 수가 없습니다.

자유인의 연대합작 사회, 자유인의 연대합작 국가가 곧 제7공화국입니다. 혼자서는 절대로 자유인이 될 수 없습니다. 사회성 뇌를 가진 인간은 이웃과 연결되어 있을 때 비로소 자기 삶의 주인이 될 수 있습니다. 자유인의 삶이란 고립된 원룸에서의 무인도 생활이 아닙니다. 그것은 일종의 뇌질환입니다.

내가 자유인의 삶으로 성큼 한 발 대딛으면 나와 이웃의 네트워크 그물망은 출렁이고 내 이웃의 마음속에 있는 내 마음도 출렁입니다. 내 이웃이 출렁이면서 성큼 한 발 자유인의 세상으로 함께 나아가면 세상이 출렁입니다.

광장에 모인 수십만 수백만 주권자 국민이 한 발을 내밀어 춤을 추고 함성을 지르면 진도8 이상의 지진이 난 것처럼 전국이 흔들리고 6공 기득권 체제에 균열이 발생합니다. 기득권들은 동요하고 밑바닥 인생들은 무슨 일이 일어났는지 골방에서 뛰쳐나옵니다.

그렇습니다. 광장에 모인 주권자 국민은 먼저 한 발을 내밀어 이웃과의 그물망을 출렁이게 만든 장본인들입니다. 예수의 12제자도 유대인 사회의 밑바닥 하층민들의 네트워크를 강하게 출렁이게 만들고 뒤흔들어 기존 체제의 세계관에 갇혀 있던 사람들의 낡고 완고한 세계관을 바꾸고자 한 체제 전환의 선각자들이었습니다. 기존의 세계관을 깨뜨린 혁명가들이었습니다. 붓다의 상가공동체 출가자들도 당시 북동부 인도사회의 인간관계 네트워크를 강하게 출렁이게 흔들어 브라만교의 세계관에 갇혀 있던 사람들의 마음을 해방하고자 한 선각자들이었습니다.

2024/2025년 광장정치의 주권자 국민들은 그냥 자유인이 아니라 먼저 발을 내민 선각자들입니다.

2024년 12월 3일 밤부터 광장에 모인 수십만 수백만 명의 주권자 국민이 다함께 먼저 한 발자국을 내밀었습니다. 6공 구체제의 기득권 네트워크를 출렁이게 만들고 강력하게 뒤흔들었습니다. 출렁임과 뒤흔듦의 선각자들이 피라미드의 최정상에 있던 마적떼 두목부터 굴러 떨어지게 만들었습니다.

이제 다음 날 새벽입니다. 광장의 주권자 정치세력은 자신이 거주하는 풀뿌리 지역에서도 이웃들을 불러모을 수 있습니다. 이미 한 발 내민 선각자로서 자신있게 지역공동체의 더 많은 이웃과 어깨동무할 힘이 있습니다. 이런 이웃들과 더불어 함께 지역에 완고하게 버티고 있는 6공 체제 피라미드의 맨 밑바닥 기초를 출렁이게 하고 강력하게 뒤흔들어 무너뜨릴 수 있는 촉진자로서의 힘이 있습니다.

그것이 다름 아닌 이튿날 새벽의 열정, 지역공동체의 광장정치입니다. 이웃공동체의 힘으로 지역에 더 빽빽한 광장정치의 숲을 만드는 제7공화국의 새벽입니다.

지역공동체의 광장정치, 이것이 6공 마적떼 정치를 무너뜨리고 제7공화국을 건설하는 응원봉들의 숲입니다. 전국의 시군구에서 우후죽순으로 솟아나는 보수-진보 합작의 강력한 연대연합 결사체들입니다.

우리는 지금 춤과 노래로 축제를 벌이며 응원봉으로 주권자 국민의 마음속과 세상을 밝게 비추고 있습니다. 강고한 6공 구체제 시스템을 출렁이게 하고 있고, 강력하게 흔들고 있습니다. 제7공화국으로 들어가는 문을 환하게 열고 있습니다.

우리 모두는 서로 호흡과 살을 나눈 자매 형제들

우리는 역사의 역설에 늘 경이를 느끼며 지금 여기 현존의 삶을 생생하게 알아차릴 수 있습니다. 숨을 깊게 들이쉬고 내뱉습니다. 한 사람이 내뱉은 날숨을 옆에 있는 이웃이 들숨으로 몸 안으로 흡수합니다. 광장에서도 지하철에서도 버스 속에서도 우리는 호흡을 함께 나누는 자매 형제들입니다.

사람은 0과 1의 전기부호가 흐르는 약 1.4kg의 뇌세포 덩어리로 환원되지 않습니다. 결코 유전자가 사람의 주인이자 실체이고, 사람은 유전자의 운반 도구에 불과한 수단이 아닙니다.

사람은 한 사람 한 사람이 온전하게 이 우주와 지구별 생태계에 통합된 소우주이자 그 자체로 지구별 생태계와 완전하게 연결되어 있는 생명체입니다.

우리 몸의 세포는 매 순간 태어나고 죽고 교체됩니다. 1초에 약 380만 개나 됩니다. 하루에 3,300억 개입니다. 우리는 매 순간 태어나고 죽는 '사건'으로서의 생명체입니다.

사람 몸에는 사람 세포 수보다 훨씬 많은 약 100조 개의 박테리아, 바이러스, 곰팡이가 터를 잡고 살고 있습니다. 우리 몸은 매 순간 태어나고 죽는 '나', 그리고 동시에 역시 매 순간 태어나고 죽는 100조 개의 '또 다른 나', 미생물 등이 함께 어울려 공존하는 또 하나의 커다란 복합 생명공동체입니다.

사람이 숨을 들이마시고 내쉴 때 평균 약 25해 개나 되는 분자가 들어왔다 나갑니다. '해'라는 숫자 단위는 25 뒤에 0이 20개 있는 숫자입니다. 사람의 인지 능력 밖의 숫자입니다. 사람 몸과 미생물 세포 수와는 비교조차 되지 않습니다.

우리가 숨을 내쉴 때는 내 몸 안 구석구석 세포에 있던 이산화탄소 분자만 몸 밖으로 나가는 게 아닙니다. 새로 탄생한 세포 대신 교체된 세포도 나갑니다. 숨을 들이마실 때는 내 앞과 옆, 뒤의 다른 사람들이 날숨으로 내뱉은 이웃들의 폐기된 세포가 그대로 내 몸 안으로 들어옵니다.

다른 사람의 몸속에 있던 바이러스와 박테리아, 곰팡이 등도 들어오고 숲에 가득한 휘발성 유기화합물과 수증기, 기타 탄화수소 등도 들어옵니다. 그리고 내 몸 안 온 구석구석을 돌아다니다 다시 내 몸 밖으로 나갑니다.

무게로 치면 하루 약 13.6kg이나 됩니다. 우리가 하루에 먹는 음식은 평균 약 1.8kg입니다. 물은 약 2.3kg 마십니다.

사람의 들숨날숨 호흡은 우주의 빅뱅과도 같은 수축과 폭발입니다.

들숨날숨으로 들어오고 나가는 이 모든 물질은 우주 탄생 이래 138억 년 동안 대물림되어 존재해 오던 우주먼지들입니다. 우주먼지는 햇빛에 분해되어 우주 전체에 퍼졌다가 다시 합쳐집니다.

숨을 쉰다는 것은 우리를 둘러싸고 있는 세계 속에 담긴 우

주권자 국민이 만든다, 제7공화국

리 자신을 흡수한다는 것입니다. 세계 속에서 끊임없이 들락거리며 운동하고 있는 작은 생명의 파편들을 받아들이고, 그것들을 이해하고, 우리 자신의 일부를 다시 내놓는 것입니다.[76]

호흡은 교환이고 소통이고 대화입니다.

내 몸속에는 붓다와 예수, 무함마드의 체세포들이 있고, 맘모스와 도도새와 대왕돌고래들이 배설한 똥오줌의 세포들도 있고, 물푸레나무들이 소통하던 유기화합물도 있습니다.

붓다와 예수와 무함마드가 나이고 너이고, 우리들입니다. 지구별 생명체는 모두 서로 함께 존재하는 '하나'입니다

나와 너, 우리는 세계와 분리된 존재들이 아닙니다. 매순간 태어나고 죽는 사건들입니다. 서로를 조건으로 생기고 태어나고 일어나고 사라지고 죽는 과정으로서의 생명체들입니다.

우리 모두는 자매 형제들이고 온전히 하나입니다.

우리 모두는 지역 주민들

오늘을 사는 한국 사회 시민은 어쩔 수 없이 돈 유일신 체제 안의 생활인 정체성을 강요받습니다. 노동자들은 노동노예 정체성을 강요당합니다. 생존하기 위해서는 노동력을 팔아 돈을 벌어야 하고, 돈으로 모든 의식주 상품과 서비스를 구매해야 합니다.

대량소비의 주요 고객으로 대형 플랫폼에서 '구매하기'를 누르고, 배달앱으로 체인점의 치킨을 시켜먹는 삶을 살 수밖에 없

---

76 원혜·박승옥 함께 걷고 박승옥 적다, 『어떻게 걸어야 하나: 걷기명상』, 기적의 마을책방, 2024.

습니다. 빅테크 거대 기업들을 더욱더 살찌게 하고 기후지옥을
더 가속화한다는 사실을 알고는 있지만, 체제 속에 갇혀 있는
삶이라 어쩔 수 없다고 생각합니다.

홀로 산속에 들어가 '자연인'의 삶을 사는 사람들도 먹거리를
제외한 거의 모든 필수품은 노동력이든 임산물이든 팔아서 돈
을 벌어 구매해야만 합니다. 달리 다른 방법이 없습니다.

그런데 점점 더 많은 시민들이 이런 돈 유일신 체제에 저항하
고 생활의 일부분에서라도 체제 밖의 삶을 선택하고자 노력합
니다. 일본의 프리터족과 비슷한 알바족, 소확행, 욜로 등등의
유행은 이런 저항과 대안의 삶을 추구하고자 하는 몸부림입니
다.

사실 마음을 바꾸고 세계관을 바꾸기만 하면 곧바로 체제 안
에서도 체제를 허무는 다른 생활방식으로 얼마든지 생존해나
갈 수 있습니다. 자본주의 경제의 노동자 정체성과 대안 경제의
조합원 정체성 등등 이중의 정체성으로 살아갈 수 있는 방법은
얼마든지 가능합니다.

아무리 자본의 힘이 막강할지라도 사람의 경제는 사람들이
만들어 나가기 때문입니다. 주권자가 연대합작해 힘을 모으면
협동경제의 조합원 일꾼이라는 새로운 신분으로 생존해 나갈
수 있습니다. 스페인의 협동조합 도시 몬드라곤의 기적이 일찍
이 선례를 만들어 냈습니다. 한살림, 아이쿱, 두레생협 등 한국
의 생협 운동이 자본주의와 사회주의 체제를 넘어서는 생명살
림의 유기농 직거래 시장을 새롭게 개척하면서 사업을 놀라울
정도로 성공시켰습니다. 2024년 현재 생협의 조합원 수는 175
만 명이 넘고 총공급액도 1조 원에 육박할 정도입니다.

시급이 문제지 프리랜서 자유노동자로 사는 것도 가능합니다. 필 존스는 미세노동이 역으로 노동자의 독립성과 유연성을 쟁취할 가능성을 내포하고 있다고도 주장합니다.[77]

우리는 어머니 아버지, 아내 남편, 딸 아들과 같은 가족 정체성에서부터 친구, 동창회 등 모임과 단체 회원, 지역 주민에 이르기까지 다양한 정체성을 갖고 있습니다. 이 중에서도 극단의 기후지옥-불평등-인공지능 시대를 이웃과 함께 헤쳐 나갈 수 있는 가장 유력한 정체성과 신분은 지역공동체 주민입니다.

그동안 세계 최장의 장시간 노동으로 회사에 머무는 시간이 많았기 때문에 한국 노동자에게는 집과 지역은 거의 잠깐 들르는 하숙집 정도에 불과했습니다. 노동자는 이런 구체제를 벗어나 자유인의 '일'을 하기 위해서뿐만 아니라 생존을 위해서라도 스스로 지역공동체 주민 정체성을 회복할 필요가 있습니다.

선거 전문가들은 지역에는 대체로 3개의 주요 계층이 거주하고 있다고 분석합니다. 아이를 키우는 어머니 층, 자영업자층, 노인층이 그들입니다. 선거 입후보자들은 이들 세 계층을 주요 선거운동 대상으로 삼습니다. 정규직이든 비정규직이든 알바족이든 노동자는 지역에 관심을 가질 시간이 없었습니다. 이들은 이른바 중앙의 공중전 선거 공약 대상이었습니다.

그런데 거대한 '쪽수'인 노동자들이 지역 주민으로서 광장정치의 지역공동체 주민 정체성으로 주민등록증을 새롭게 스스로 발급한다면 그것은 체제전환 운동의 거대한 지진을 일으키는 신호탄과 마찬가지가 될 수 있습니다. 물론 혼자서가 아니라 광

77 필 존스, 김고명 옮김, 『노동자 없는 노동』, 롤러코스트, 2022.

장정치의 이웃들과 함께 말입니다.

조만간 한국 노동자들은 인공지능에게 일자리를 빼앗기고 노동자 신분을 상실하게 되는 거대한 변화의 소용돌이에 휩싸일 수밖에 없습니다. 노동운동 자체가 소멸될지도 모르는 상황에 직면하게 될 수도 있습니다. 그러므로 주민 정체성의 회복은 생존을 위해서라도 평생 직업을 갖고 일을 할 수 있는 대안을 미리 확보하는 길이기도 합니다.

기후지옥-불평등과 인공지능 시대 더 확실하게 자립의 삶을 개척할 수 있는 생존의 길은 다양하게 열려 있습니다. 농업과 농촌도 그 가운데 하나입니다. 도시인들이 몰라서 그렇지 지금 한국 농촌에는 일손이 부족할 뿐만 아니라 적어도 굶어 죽는 일은 없습니다. 빈집도 너무 많습니다.

어떤 정치운동도 비옥한 토양 위에서 출발해야 꽃을 피울 수 있습니다. 독일 녹색당은 독일의 68혁명과 신사회운동이라는 거름 위에서 창당했습니다. 지금 독일 녹색당은 소수당의 연정 전략을 뛰어넘어 주 단위에서는 집권을 넘보는 제1당으로 도약하고 있습니다.

한국의 지역 광장정치 주민조직화는 무엇보다도 2016/2017 촛불항쟁이라는 역사와 기반 위에서 출발할 수 있습니다. 주권자 촛불항쟁을 보수 기득권 정권과 하나도 다를 바 없이 진보 기득권 세력의 권력 잔치로 귀결시킨 실패가 오히려 반면교사입니다. 광장정치의 지역공동체 주민조직화가 얼마나 중요한 핵심인지 그 절박성을 더 부각시켜주고 있습니다.

전 세계에서 이산화탄소 농도가 가장 높은 기후지옥 '선진'

악당 국가이자 극단의 불평등 사회인 한국의 참혹한 현실이야 말로 관점을 달리하면 역으로 기후체제 전환과 풀뿌리 직접 민주주의 정치운동의 가장 비옥한 검은 토양이기도 합니다. 푹 썩은 검은 흙은 기후체제 전환의 씨앗을 뿌리고 수확하기에 최적의 땅입니다.

윤석열 마적떼 두목이 일으킨 내란이 도리어 청소년과 이삼십대 신세대의 새로운 광장정치를 연 것은 선물이 아닐 수 없습니다. 이 모두가 목숨걸고 윤석열의 난을 진압하기 위해 달려든 주권자 국민이 스스로에게 준 기적의 선물입니다. 동학농민혁명과 식민지 민족해방투쟁, 광주민중항쟁의 선조들이 물려 준 역사와의 대화와 소통 덕입니다.

우리 앞에는 풍자와 해학이 넘치는 깃발과 밤하늘의 별보다 더 밝은 응원봉의 드넓은 광장정치 시공간이 펼쳐져 있습니다. 초록의 광장 뒤에는 개발과 성장의 마적떼 도둑들이 침몰시키고 있는 음흉한 지하벙커의 6공 타이타닉호가 보입니다. 그리고 우리 앞에는 수백만 수천만 명이 기후학살을 피할 수 있는 구명보트 자재들이 선결제로 산더미처럼 모여들고 있습니다. 이산화탄소 체제 대신 햇빛체제로, 억압과 착취의 경제 체제에서 나눔과 공유의 순환경제 체제로 나아갈 수 있는 구명보트들입니다. 모두 2015년에 만들어 다시 만날 세상, 제7공화국 직접민주주의 체제로의 전환 자재들입니다.

제7공화국 체제 전환의 주역, 지역공동체 광장정치

광장정치의 지역공동체 주민조직화는 무슨 새로운 정당을 창당하는 마적떼 패거리 정치활동이 전혀 아닙니다. 정당을 통해 권력을 획득하고자 하는 대의정 정치운동이 절대로 아닙니다. 전위정당 혁명 전략도 아닙니다.

　광장의 정치활동을 통해 전체 주권자 국민 모두가 본디 갖고 있어야 할 권력을 탈환하고 회복하는 그야말로 진짜 '쌩얼' 민주주의 정치운동입니다. 지역에서 새로운 정당을 조직하는 것은 중앙정치와 똑같이 지역 분열을 자초하고 더 확대하는 무지몽매한 짓입니다.

　광장정치의 지역공동체는 이념과 세대, 직업과 신분, 성별과 종교를 뛰어넘는 연대연합체입니다. 광주항쟁 당시의 저항공동체, 6.10항쟁 당시의 시민공동체, 일제 강점기의 신간회와 해방직후의 인민위원회처럼 주권자 지역주민들이 모인 보수-진보 합작의 신생 자유인 결사체입니다. 지금도 진행되고 있는 내란 세력의 분탕질을 제압하고 다시는 마적떼 도둑들에게 주권을 위임하지 않겠다고 서로 다짐하고 더불어 함께 어깨동무하는 이웃공동체입니다.

　스위스의 꼬뮌 정치, 아테나이의 아고라 광장정치, 보은도회와 만민공동회의 유무상자 공동체 정치, 광주민중항쟁의 저항공동체 정치입니다. 마음으로 한 발을 내민 시민이라면 모두 다 이웃으로서 손을 맞잡습니다.

　때문에 처음부터 지역주민들에게 지겹고도 낡은 진보-보수 정당의 적대적 공존 체제를 뛰어넘는다고 신체제 전환의 선언을 분명히 하는 것이 훨씬 더 주민의 마음속으로 들어가는 지름길이 될 수 있습니다. 보수와 진보, 앞선 세대와 미래 세대가 힘을 합쳐 좌우-전후 합작의 연대 합작 정치운동을 할 것이라고 명확하게 선언하는 것입니다. 분열과 혐오를 배제하고 누구나 서로 인정하고 인정받아야 주민의 삶과 세상을 바꿀 수 있다고 천명합니다. 공동체는 본디 좌우-선후 합작의 공동체입니다.

한국의 보수 양당은 뿌리를 캐고 들어가면 해방 후 친일파 정당인 한민당의 후예들입니다. 각각 경상도와 전라도라는 지역기반을 두고 서로 적대적 공존 관계를 극대화시켜 중앙과 지방 권력을 독점하고 있는 한 뿌리 두 몸의 특권 엘리트 정당입니다. 민주당은 2011년 문성근 등의 '국민의 명령 백만 민란' 운동 이후 수도권과 경상도를 중심으로 10만 명 이상이 당원으로 가입해 전라도 지역 정당의 색깔을 일정한 정도 탈색한 것이 사실이긴 합니다.

그러나 복지와 서민을 늘 양념으로 비벼 넣어 일반 시민들을 착각에 빠뜨리고 있지만 빨강이나 청색이나 모두 껍질을 벗기면 회색의 동색입니다. 이들은 여전히 각종 선거의 정당 공천권을 무기로 중앙과 지방 권력을 하위 머슴으로 부리며 군림하고 있는 마적떼 도둑들의 정체성을 못벗어나고 있는 게 현실입니다.

지역감정은 애향심과는 완전히 다른 종류의 정치 선동 도그마입니다. 가상의 외부 적을 괴물로 키워 내부의 지역주민들을 양식장에 가둬 놓는 심리 착취 기제일 뿐입니다. 내부의 현실을 보지 못하게 눈을 가리는 가장 좋은 방법은 늘 외부로 향한 적개심의 색안경과 전쟁, 갈등입니다.

경상도와 전라도 각각의 맨 밑바닥에서부터 못난 바보들이 새롭게 조직하는 광장정치 지역공동체는 이런 양식장의 그물을 녹여버리고 주민들을 해방하는 용광로입니다. 그야말로 지역정치 혁명, 체제 전환의 대폭발을 예고하는 축제의 용광로입니다.

국민주권의 자유인들이 모인 지역의 이웃공동체에 무슨 보수 공동체 진보 공동체가 따로 있을 리 없습니다. 식량에 무슨 보수 식량이 있고 진보 식량이 따로 있는 게 아닙니다. 햇빛이 보수 햇빛, 진보 햇빛으로 각각 따로따로 이 지상에 내려오지도 않습니다. 사람의 생각과 편벽된 주장이 그럴 따름입니다.

우리는 지금 대한민국과 지역공동체가 붕괴하느냐 마느냐를 눈앞에 두고 있는 절체절명의 시공간에 처해 있음을 자각하지 않을 수 없습니다. 지금은 한가하게 낡은 20세기 서구의 좌우 이데올로기와 국가주의 이데올로기에 갇혀 퇴행의 진영 논리를 반복하고 있을 틈이 없습니다. 해체되고 분열되어 침몰하는 공동체와 국가의 구멍을 틀어막고 물을 퍼내기에도 바쁩니다. 난파선에서 탈출할 구명보트인 자립자치의 지역공동체를 재조직하고 재생시키기에도 시간이 모자랍니다.

1989년 83%의 압도적 찬성으로 하원을 통과한 미국 대통령 직접 선거 제안은 1년 뒤에야 상원으로 이송됩니다. 그러나 결국 상원의원들의 의사진행방해(filibuster)로 무산되고 말았습니다.

토론을 끝내고 투표에 들어가기 위해서는 상원의원 60명의 지지가 필요했습니다. 직접선거 동의안은 상원의원 정족수 100표 중 53표를 얻어 과반수는 됐지만 60표를 얻지 못해 폐기되

주권자 국민이 만든다, 제7공화국

고 말았습니다. 동의안이 가결되고 헌법 개정 투표에 들어갔다 하더라도 헌법 개정이 되기 위한 정족수는 재적의원의 2/3이상, 즉 상원의원 67명의 동의가 있어야 했습니다. 결국 상원의원 제도가 존재하는 한 미국에서 대통령 직접 선거는 불가능합니다.

아무리 깊이 생각해도 나는 미국 헌법을 보다 민주적인 방향으로 개정할 수 있을지에 대해 다소간 회의적인 입장을 취할 수밖에 없다..... 상원이 갖는 극단적인 대표의 불평등성을 줄일 수 있는 가능성은 거의 영에 가깝다. 우리의 헌정체제를 보다 합의제적인 정치체제 혹은 보다 다수제적인 정치체제로 변화시킬 수 있는 가능성 또한 대단히 낮다고 하겠다..... 미국 대통령이 동시에 갖고 있는 행정부 수반과 군주로서의 역할 또한 변할 것 같지 않다.[78]

지금 한국은 윤석열 마적떼 두목이 만든 동물농장이 아직도 지속되고 있는 상황입니다. 돈없고 빽없는 국민은 생존조차 불투명한 불안정한 삶을 이어나가야 하는 정글입니다. 가족까지 갈갈이 흩어지고 있는 1인 가구 원룸의 사막입니다. 이 말도 안되는 마적떼 도둑 패들의 6공 체제를 해체시키고 대한민국을 최소한 국민주권이 실현되는 민주공화국으로 변화시키고자 하는 광장의 정치운동을 불온한 혁명, 빨갱이들의 체제 전환이라고 색깔을 뒤집어씌우려 한다면 기꺼이 국힘당의 빨간색 점퍼라도 걸쳐 입고 불온한 혁명도 불사해야 할 시대입니다.

---

78 로버트 달, 최장집 옮김,『미국 헌법과 민주주의』, 246~247쪽, 후마니타스, 2007.

우리는 그런 시대를 함께 공유하고 아파하고 함께 위로하는
광장의 이웃들입니다.

주권자 국민이 만든다, 제7공화국

제6장

미래를 먼저 사는 사람들

몇 개의 숫자

이제 지구별 행성의 기후지옥으로의 추락은 돌이킬 수가 없습니다. 거의 모든 국민이 잘 알고 있기에 여기서 일일이 더 암울한 기후 묵시록을 설명하지는 않겠습니다.

대신 몇 가지 숫자만 나열해 보겠습니다.

1800년대 초반(산업화 이전) 이산화탄소 농도, 약 280ppm
1958년 하와이 마우나로아 관측소 개설 최초 이산화탄소 측정치, 313ppm
1992년 리우 기후정상회의 개최, 357ppm
2013년 5월, 최초로 400ppm 돌파
2024년 12월, 425.40ppm(2023년 12월, 421.86ppm)[79]

위 숫자는 여러 가지로 참 많은 생각을 하게 만듭니다. 약 2백년 남짓 사이에 대기 중 이산화탄소가 이렇게나 급격하게 늘어날 수 있는지 소스라치게 놀랄 수밖에 없습니다.

계절에 따라 약간 편차는 있지만 우리나라에서만 지금도 매일 약 170만 톤 이상의 온실가스가 주로 화력발전소와 포스코 등 공장 굴뚝에서 콸콸콸 품어져 나와 대기 중에 섞입니다. 25톤 대형 탱크로리로 하루 약 40만 대가 실어 날라야 할 양입니다.

한반도는 1912년~2020년 사이 109년 동안 평균 기온이 1.6도나 올랐습니다. 전 세계에서 가장 빠르게 가장 많이 오른

---

79 https://gml.noaa.gov/ccgg/trends/

지역 가운데 하나입니다. 전 세계 평균은 1.09도입니다.

바다의 표층 수온은 1968년부터 2017년까지 50년 동안 1.23도나 올랐습니다. 세계 평균 0.48도의 무려 2.6배에 달합니다.[80] 제주도 인근 연해는 이미 1/3 이상이 물고기가 살 수 없는 바다 사막으로 변했습니다.

한 가지 더 숫자를 적어보겠습니다. 유엔 산하 기후변화에 관한 정부간 협의체(IPCC)의 보고서에 적힌 확률입니다.

1990년 IPCC 1차 보고서: 기후변화가 인간 영향인지 확신할 수 없다
2001년 3차 보고서: 기후변화가 인간 때문일 확률 66%
2013년 5차 보고서: 기후변화가 인간 때문일 확률 95%
2021년 6차보고서: 기후변화는 모두 100% 인간 활동 때문

수많은 기후 과학자가 1970년대 말부터 끈질기게 이전 시대와 달리 오늘날 기후변화의 원인은 모두 인간 때문이라고 논문과 에세이를 발표하고, 청문회에서 증언하고, 언론에 알리고, 성명서를 내고 시위까지 벌여도 IPCC는 30여 년 동안 끄떡도 하지 않고 제대로 된 비상 대응 행동을 실행한 게 없었습니다.[81]

까닭은 단순합니다. IPCC 보고서는 각국의 정부 관리가 최종 승인해야 통과됩니다. 매년 몇 %씩의 경제성장과 개발에 목을 매는 정권과 그 정권에 기업 사활을 걸고 달려들어 로비를 벌이

80 환경부, 「대한민국 기후변화 적응 보고서」, 2023. 4. 19.
81 너새니얼 리치, 김학영 옮김, 『잃어버린 지구』, 시공사, 2021.

는 초거대 석유와 석탄 메이저들, 글로벌 군산복합체 대기업들 때문입니다.

우리가 살아야 할 세상, 우리의 딸아들과 손녀손주가 누려야 할 세계가 이런 기후지옥입니다. 생각할수록 암울하고, 청소년들에게는 부끄럽고, 그들의 미래가 안타깝기만 합니다.

인간의 몸과 마음은 기적입니다. 이 세상도 기적입니다. 지구별 행성의 모든 생명체 하나하나, 물과 구름과 바다, 흙과 바위와 산과 들 등등도 모두 기적입니다.

그런 기적의 세계를 인간이 지금 아예 송두리째 흔적도 없이 파괴해 가고 있는 중입니다.

숫자가 알려주는 지옥이 하나 더 있습니다. 앞서도 일부 소개했지만 극단의 불평등 지옥입니다.

전 세계 억만장자 26명의 재산은 전 세계 하위 인구 절반의 재산과 같습니다.[82]

아마존 대표 제프 베이조스가 시간당 1,300만 달러를 벌 때 아마존 메커니컬 터크에서 라벨링을 하며 일하는 미세노동자들은 대부분 2달러도 못 법니다.[83] 코로나 팬데믹 기간 중에 불어난 베이조스의 자산은 지구촌 80억 인구 모두에게 안전하게 백신을 공급하고도 남았습니다. 코로나 사망자는 전 세계에 걸쳐 약 7백만 명이 넘습니다.

제프 베이조스의 자산은 2023년 3월 기준 1,140억 달러, 우리 돈으로 약 150조 원에 달합니다.

82 옥스팜, 죽음을 부르는 불평등, 2023.
83 필 존스, 김고명 옮김, 『노동자 없는 노동』, 롤러코스트, 2022.

우리나라도 똑같습니다. 2021년 기준 소득 하위 50%가 전체 소득의 16%를 벌고 있음에 견주어 상위 10%는 절반인 46.5%를 벌었습니다. 종합소득세 기준으로는 상위 0.1% 소득자가 소득 비중의 10%, 상위 10%가 56%를 차지했습니다. 부동산 불평등은 이보다 더하고, 무주택자 수는 전체 가구의 절반에 육박합니다.

이 같은 극단의 불평등은 통제받지 않는 디지털 자본주의의 당연한 귀결입니다. 사람 몸과 마음의 디지털 데이터화를 통한 착취와 자연 착취 또한 자본주의의 극단화된 시장경제 논리에서는 당연한 일입니다.

1992년 리우 기후정상회의로부터 30년도 넘게 기득권 엘리트 정치인은 오직 '기후변화 중엉중얼중얼' 회의만 끝도 없이 되풀이 하고 사진을 찍고 선언을 발표해 왔습니다. 더 이상 이런 자본에 포획된 대의정 정치인들에게 기후지옥-불평등 정치를 기대할 수는 없습니다. 세상 자체가 사라지고 있는데 이들 눈먼 자들에게 세상의 정치를 맡겨둘 수는 없습니다.

이웃의 말을 경청하면
연민과 자비의 공동체 세상이 열립니다

우리의 귀는 내 몸 안의 소리를 듣기 위해 있는 게 아닙니다. 우리 몸 밖의 소리를 듣도록 열려 있습니다. 무엇보다도 뇌 구조가 다른 사람의 말과 소리를 듣도록 진화해 왔습니다. 그런데 정작 사람들은 천지로부터 부여받은 귀의 소명을 잊고 귀를 닫는 경우가 많습니다. 귀를 닫는 문맹(聞盲)과 경청의 능력을 잃어버린 실청(失聽)은 사람을 어리석음으로 이끕니다.

잘 생각해봅시다. 지금까지 우리는 여러 사람이 모인 자리에서 이웃의 말을 제대로 경청한 적이 별로 없습니다. 옆 사람의 얘기를 들으면서도 주로 내가 어떻게 얘기할까 내가 무슨 얘기를 해야 하지 등등 내 생각만 하다가 정작 중요한 다른 사람의 말을 놓치기 일쑤입니다. 대화 도중에 다른 사람의 말을 중간에 끊고 각자 자기 얘기만 하는 경우가 허다합니다.

우리는 내 얘기를 하기에 앞서 이웃의 얘기를 먼저 듣는 훈련이 필요합니다. 붓다와 예수는 사람들의 얘기를 경청해주고 그런 다음 깨달음의 말씀을 들려주는 스승들이었습니다.

붓다와 예수의 말씀이 이웃에게 있습니다. 선각자의 그 말씀을 듣는 것이 내 마음과 '나'를 들여다보고 알아차리고 꿰뚫어 이해하고 그리고 깨달음을 얻는 지름길입니다.

예수의 말씀을 들어야만 하느님의 나라를 내 마음속에 건설할 수 있습니다. 경청은 붓다가 제시한 여덟 가지 올바른 삶의 수행법, 팔정도의 전제이기도 합니다. 그리고 어리석음을 벗어나는 확실한 기회입니다.

우선 먼저 나와 이웃 두 사람이 대화하는 훈련부터 시작해보는 게 좋습니다. 내 마음을 속속들이 들여다보게 되고 이웃의 마음이 내 마음이었구나 깨닫게 되는 놀라운 경험을 할 수 있습니다. 아무 얘기라도 좋습니다. 신세 한탄도 좋고 허장성세도 좋습니다. 그냥 먼저 진심으로 귀를 기울여 들어주기만 하면 됩니다. 이웃의 얘기는 틀림없이 내 얘기일 것입니다. 대부분의 사람들은 내 얘기를 들어줄 사람이 필요하고, 얘기 들어주는 사람이 가장 가까운 절친, 이웃사촌이 됩니다.

처음에는 인내심이 필요할지도 모릅니다. 했던 얘기를 또 하기도 하고 한참 듣다 보면 얘기가 산으로 갔다 들로 갔다 합니다. 인간의 생각(想, sankhara)은 그렇게 고삐 풀린 망아지 마냥 동에 번쩍 서에 번쩍합니다. 인간 뇌의 이야기와 기억 시냅스가 그렇게 외부로부터의 자극과 연상작용으로 매 순간순간 활성화되었다가 꺼졌다가 그럽니다.

잘 생각해보면 나도 늘 그렇게 점프하듯이 이 얘기 했다가 저 얘기 했다가 두서가 없다는 사실을 알아차릴 수 있습니다. 이런 의식과 무의식의 흐름을 소설 작품화하는 것이 20세기에 유행한 적도 있습니다. 그렇게 한참을 듣다 보면 말을 하는 이웃이 어, 내 얘기만 했네 하며 비로소 자기 얘기에서 벗어나 타인의 얘기도 들을 자세가 됩니다.

우리는 누구나 인간관계와 사회관계 속에서 자신의 존재를 인정받고 싶어 하는 욕구를 가지고 있습니다. 인정 욕구가 조금만 지나치면 과시와 허장성세가 되고 사기꾼이 됩니다. 자신의 현존에 대한 자신감의 부재가 역으로 과시와 허장성세, 사기로 표출됩니다. 남보다 뛰어난 존재가 되고 싶고 부자가 되고 싶고 권력자가 되고 싶고 유명 인사가 되고 싶습니다.

국가주의와 경쟁 이데올로기가 고스란히 투사된 인정 욕구입니다. 숱한 재벌 드라마나 로맨스 드라마는 이런 인간 욕망을 반영하면서 동시에 또 자극하고 증폭시키는 사실같은 허구의 서사입니다. 그러면서 동시에 사람들로 하여금 자신의 마음속 실상과 허구의 서사를 들여다보게 만드는 거울이기도 합니다.

거의 모든 인간은 자신을 주인공으로 하는 재벌 드라마나 로맨스 드라마를 매일매일 일장춘몽처럼 쓰고 지우고 또 쓰고 지우는 구성작가들입니다. 이런 일장춘몽의 구성작가인 장삼이사 국민이 나이고 이웃입니다.

우리는 미디어를 통해 미남미녀 탤런트와 배우들을 너무도 많이 봅니다. 백인처럼 눈도 크고 코도 큰 그런 미인들입니다. 한국인들은 동남아시아나 아프리카 유색인종의 미인에 대해서는 관심도 없습니다. 오직 백인 기준의 미인만을 받아들인 것은 한국의 근대화 산업화의 서구 추종주의 결과입니다.

1백여 년 전의 조선인들은 지금과는 사뭇 다른 미인관을 가지고 있었습니다. 하멜 표류기를 보면 하얀 피부, 쏙 들어간 눈, 높은 코, 고슴도치같이 풀어 헤친 노란 머리의 이국인은 19세기 조선 인민의 눈에는 견양(犬羊, 개와 양)같은 양추(洋醜), 즉 서양의 추물이었습니다.

미의 기준은 시대에 따라 지역에 따라 기준이 다 다릅니다. 태국 카렌족은 목이 긴 여성을 미인으로 여겨 목을 길게 만들기 위해 어릴 때부터 일부러 목에 링을 채운다고 합니다.

대화를 시작하고 경청할 때는 당연히 스마트폰이나 컴퓨터, 티브이 방송은 전원을 끕니다. 디지털 미디어는 집중을 못하게 하는 가장 강력한 방해물입니다. 동시에 몇 가지 일을 한다는 멀티태스킹이란 인간의 뇌 구조상 불가능합니다.

마주 앉아 상대방의 눈을 똑바로 보면서 얘기를 나누는 것이 좋습니다. 전자통신 매체를 통하지 않고 그냥 땀 냄새나고 각각 독특한 버릇들을 하나 이상씩은 갖고 있는 사람들을 있는 그대로 대면하는 것이 진정한 대화와 소통, 이웃 관계의 전제입니다.

내 앞에 있는 사람은 황인종 특유의 누런 피부에 광대뼈가 튀어나오고 머리칼은 억세고 눈은 작고 코는 펑퍼짐하고 기미에 주근깨 투성이 얼굴입니다. 이런 얼굴은 지금의 보통 사람들 눈에는 결코 잘생긴 얼굴로 보이지 않을 것입니다.

그 얼굴과 몸 전체를 찬찬히 뜯어보고, 냄새도 맡고, 육감으로 느껴지는 것까지 받아들입니다. 찬찬히 내 앞의 사람을, 남성이건 여성이건 그저 바라보면 됩니다. 무안하게 뚫어져라 보지는 말고 경청하면서 자연스럽게 담담하고 편안하게 바라보기만 하면 됩니다. 그렇게 있는 그대로의 얼굴을 바라보기만 하면 시간이 갈수록 이윽고 그 사람의 얼굴이 익숙해집니다. 그리고 세월이 한참 지나면 그 익숙한 얼굴이 어느 순간 드디어는 아름답게 보일 때가 생길 것입니다.

아름다움이란 앎이고 익숙함입니다. 우정입니다. 우리가 알고 지내는 이웃의 정이 가는 익숙한 얼굴, 그것이 아름다운 얼굴입니다. 무슨 절대미 같은 것은 이 세상에 절대로 없습니다. 에리히 프롬은 사랑이란 앎(knowledge)이라고 정의했습니다.[84]

아이를 가진 여성은 누구나 다 알고 있는 사실입니다. 모든 엄마에게 누가 제일 예쁜 아이냐고 물어보면 누구나 내 새끼라고 답합니다. 내 뱃속에서부터 익숙했고, 내 피와 몸으로 이 세상에 태어난 존재입니다. 그 어머니도 어머니의 가장 예쁜 아이였고, 그 어머니의 어머니도 가장 예쁜 아이로 태어났습니다.

---

84 에리히 프롬, 황문수 옮김, 『사랑의 기술』, 문예출판사, 2006.

사람과 사람 사이의 정과 사랑은 앎이고 익숙함입니다. 이웃 관계와 공동체란 익숙함이고 인정이고 그리고 아름다움입니다.

있는 그대로 아름다운 이웃끼리의 광장이 세상을 아름답게 바꿀 수 있습니다.

사실 우리는 다른 사람의 말과 주장을 경청하다 보면 그 사람의 주장이나 의견의 내용도 내용이지만 비로소 그 사람이 어떤 사람인지 그 사람 자체가 보이기 시작하는 것을 경험하게 됩니다. 왜 이 사람이 이런 주장을 하는지 묻게 되고, 그 배경을 들으면 절로 고개를 끄덕이게 되고 그럴만한 상황과 조건들을 이해하게 됩니다.

태극기 부대의 노인, 히틀러의 표현으로 '지식 수준이 가장 낮은' 저급한 지능의 할머니 할아버지와 일부러라도 만나 대화를 해보시기 바랍니다. 대개 교회에 나가시는 분들일 것입니다. 그분이 살아온 일생을 듣다 보면 저절로 고개가 끄덕여지는 대목들이 많을 것입니다. 히틀러가 경멸하면서 말한 그런 지식수준이 낮은 저급한 지능의 할머니 할아버지가 절대 아님을 금방 알아차릴 수 있을 것입니다. 인간은 어느 분야이건 하나 이상씩의 남다른 재능과 재주가 있다는 사실도 알게 됩니다.

경청이야말로 보수-진보, 앞선 세대와 미래세대 합작의 한 걸음입니다. 내 삶이 이웃과의 네트워크에 연결되어 있고, 공동체 전체, 사회와 국가에 하나로 연결된 그물망의 그물코 삶임을 깨닫게 해줍니다. 경청은 나의 이야기, 내 안의 기억 시냅스 네트워크, 내 삶의 서사 뭉텅이를 듣는 가장 빠른 지름길입니다.

손녀손자가 할머니-할아버지 생애를 구술받아 기록하는 격대(隔代) 구술생애사 활동이 있습니다. 은빛기획협동조합에서 2015년부터 꾸준히 해오고 있는 사업입니다.[85] 여기서 펴낸 격대 구술사 문집 『아침마루의 그날들』, 『화양연화, 우리들의 이야기』 등을 읽다 보면 깊은 울림을 주는 대목이 많습니다. 전문 작가가 아닌 중고등학교 학생들이 어머니 아버지나 할머니 할아버지의 과거 서사들을 정리해서 쓴 글이 오히려 더 생생하게 인간 삶의 그 수많은 굽이굽이와 굴곡진 서사를 전해줍니다. 읽다 보면 노년 세대도 누구나 다 화양연화의 젊은 날이 있었다는 사실을 새삼 다시 확인하게 됩니다. 전쟁과 가난과 가족 해체의 쓰라린 트라우마도 갖고 있는 분들이 많고, 비록 견해가 다를지라도 수긍이 가는 인식과 세계관을 접하게 되기도 합니다.

구술생애사는 구술을 하는 앞선 세대도 그렇고 뒷세대인 학생들 또한 구술받고 글을 쓰면서 서로를 새롭게 다시 보게 되고, 자신들의 삶을 새롭게 다시 돌아보게 합니다. 이런 세대간 대화와 소통은 서로 자신의 삶을 깨닫는 각성이자 자유인으로 거듭나는 재탄생의 좋은 기회이기도 합니다.

경청과 세대간 글쓰기는 그래서 상호 이해를 통한 지역공동체 구축의 중요한 수단입니다.

바보들의 행진, 지역공동체 광장정치

1969년 6월 평화시장 노동자 전태일은 친구들과 함께 '바보

---

85 http://www.mylifestory.kr

회'를 만듭니다. 1970년 11월 13일 전태일은 바보로서 스스로 자신의 몸을 불태워 평화시장 노동자들과 전 국민의 마음속으로 들어가 불을 훤히 밝히면서 노동자도 인간임을 일깨웠습니다.

일찍이 전태일은 아무도 나서려 하지 않을 때 노동자가 사람 대접받는 세상을 꿈꾸며 못난 놈들끼리 바보회를 만들었습니다. 전태일은 너무도 소박하게 근로기준법을 지키라고 외치며 자신의 삶과 세상을 바꾸고자 했습니다.

전태일이 살았던 1970년에서 반세기가 지난 지금은 그때와 비교하면 연봉 1억이 넘는 생산직 노동자가 수두룩할 정도로 분명 노동조건은 일부분 좋아졌고, 노동조합도 당연하게 합법화된 세상을 살고 있습니다. 그러나 전태일이 그토록 희망했던 노동자가 사람답게 사는 세상이 되었다고 자신있게 말할 수 있는 사람이 얼마나 될지는 모르겠습니다. 한국의 국민주권 시계는 여전히 바보들이 나서서 자신의 삶과 세상을 바꿔야 하는 1970년입니다.

2024년 12월 3일 밤. 국회 앞에 모여든 숱한 '바보'들이 계엄군의 총부리 앞에 자신의 몸을 내밀고 국민의 마음속으로 들어가 마음을 밝히는 응원봉을 들었습니다.

돈 유일신의 바벨탑 성 안에 갇혀 다른 세상은 보지도 못하고 생각지도 못하던 수많은 주권자 국민이 바벨탑을 뛰쳐나와 똑같은 바보가 되었습니다. 그리고 이렇게 다른 눈부신 세상이 있다는 사실을 알고 감격했습니다.

주권자 국민이 못나고 능력 없어서 경쟁에서 탈락하고 패배자가 되는 것이 아닙니다. 파편화되고 고립된 개인이 못나고 능력 없는 것입니다. 고립을 벗어나 자유인으로서 연대와 합작을 하는 순간 주권자 국민은 거대한 힘을 자각한 막강한 권력자, 국본, 위대한 수령, 지존으로 변합니다. 그리고 저마다 기발하고 개성 있고 소질 있는 문화 창조자로 금세 탈바꿈해 날개를 답니다.

마적떼 도둑들과 재벌, 족벌 언론의 능력은 사실 고립되고 원자화된 수많은 개인의 힘과 능력을 빼앗아 축적하고 집적한 장물 덕분입니다. 단절되고 파편화된 개인이 사라지면 이들 마적떼 도둑들과 재벌, 족벌 언론의 돈과 권력도 연기처럼 흔적도 없이 사라지고 맙니다.

기득권자들은 광장정치의 주권자 국민을 기를 쓰고 해산시키고 분리하려 합니다. 수단 방법을 가리지 않고 국민과 국민 사이를 갈라놓아 고립시키고 개별화시키고 파편화시키려 합니다. 주권자가 모이는 것을 극도로 경계하고 방해하고 힘을 동원해 막습니다. 가짜뉴스나 사건까지 조작해 편가르기를 해 서로가 서로를 공격하고 싸우도록 부추깁니다. 이이제이(以夷制夷)입니다.

그러거나 말거나 우리는 그냥 너무도 자연스럽게 이웃과 함께 모여 웃고 떠들썩하게 이야기하면 됩니다. 그냥 물 흐르듯이 흐르고 흘러 동네 사랑방이나 광장에 모여 응원봉을 들고 춤을 추면 됩니다. 길을 걸어가다 우연히 만나 수다 떨듯 너무도 자유롭게 마을에서 지역에서 서로 터놓고 삶의 다양한 정보와 생활의 지혜를 공유하면 됩니다.

바보들의 우애와 환대는 못나고 능력 없는 주권자를 특권 관료와 재벌보다 훨씬 막강한 능력과 힘을 갖춘 자유인으로 일으켜 세우는 확실한 보약입니다.

자유인들의 부와 권력은 분산형 부와 권력입니다. 다함께 고르게 나누어 갖는 평등과 나눔의 부와 권력입니다. 마적떼 도둑들, 재벌-관료-언론 등 1% 기득권 카르텔의 부와 권력은 집적과 집중의 부와 권력입니다. 자유인들이 이웃과 소통의 광장을 만들게 되면 집적과 집중은 중단되고 흩어질 수밖에 없습니다.

중앙의 집중과 집적을 분산시킬 수 있는 유일한 무기는 바벨탑에서 걸어 나와 광장으로 가는 것입니다. 광장정치의 이웃들과 함께 이웃 생명체들의 그물코가 출렁이는 체험을 하면 됩니다.

예로부터 지방은 국가의 군현제 지배 체제가 관철되는 중앙의 하위 단위로서 고을을 지칭하는 용어였습니다. 민이 스스로 모여 사는 지역과 마을공동체와는 명확히 구별되었습니다. 고을 수령, 지방 수령이라고 하지 마을 수령이란 말은 존재하지도 않았습니다.

국가 권력으로부터 멀면 멀수록, 중앙권력과 지방권력으로부터 소외된 변두리의 변두리 마을일수록 주권자 주민이 권력의 지배와 감시에서 벗어나 자율과 자치의 삶을 살 수 있는 여지가 더 많아집니다. 자유인으로서 삶의 혁명은 막강한 힘을 가진 중앙권력과 재벌의 떡고물이 떨어질 가능성이 별로 없는 멀디먼 변경의 풀뿌리 밑바닥 마을 주민으로부터 나옵니다.

주권자 국민이 만든다, 제7공화국

주권자 자유인들이 모일 수 있는 곳이 바로 그런 변방의 풀뿌리 지역 광장과 지역공동체입니다. 농업사회와 달리 산업사회인 오늘날에는 교통의 발달로 시군구가 지역공동체 광장정치의 기초 단위입니다. 12.3 윤석열의 난을 진압하기 위해 모인 시민도 모두 중앙에서 먼 변방의 풀뿌리 시군구 지역에서 온 지역주민들입니다. 서울 사람들도 모두 대통령실과 여의도 국회에서 멀디먼 서울의 변방, 25개 구 지역에서 온 주민들입니다.

민주주의와 자유는 공짜로 나누어주는 무료입장권이 아닙니다.

1980년 5월 27일 새벽. 전두환의 사병들이었던 쿠데타 계엄군이 총과 수류탄을 난사하면서 전남도청에 진입했습니다. 전날인 26일 저녁, 한 청년이 전남도청 앞에서 시민군들에게 외쳤습니다. "여러분! 조국의 민주화를 위해 기꺼이 죽을 수 있는 사람만 남고 나머지는 돌아가십시오." 대변인 윤상원을 비롯한 4백여 명 이상의 시민군은 학살당할 줄 뻔히 알면서도 전남도청을 사수하겠다며 남았습니다.

바보들이 나서지 않으면 민주주의는 아득히 먼 신기루로 머물러 있을 뿐입니다. 우리는 지금도 전남도청에서 몇 명의 '바보'들이 죽었는지 모릅니다. 계엄군이 발표한 사망자는 13명입니다. 시신을 어디다 암매장했는지 지금도 명확히 밝혀지지 않았습니다.

역사는 발전하지 않습니다. 전두환에서 전두광 윤석열로 이름만 교체될 뿐입니다.

그럼에도 역사는 단 한 순간도 머무르지 않고 흐르고 또 흐릅니다. 거대한 댐에 막혀 고여있는 것처럼 보일 때도 있습니다. 그러면 겉으로는 꼼짝없이 갇혀 흐름도 중단되고 고요히 고여 있는 바보들이 됩니다. 겉으로는 그렇게 답답하게 보입니다. 그러나 그 안과 깊은 밑바닥에서는 흐르고 또 흐르면서 소용돌이치고 점점 더 수위가 차오르고 때를 기다립니다.

역사는 무상합니다. 아무리 튼튼하게 설계한 댐도 언젠가는 무너지고 터집니다. 마침내 2024년 12월 3일 초대형 태풍이 몰아닥쳤습니다. 댐이 무너지고 터져버렸습니다. 거대한 물폭탄이 온 산하를 휩쓸고 지나갔습니다.

우리는 견고하던 6공의 건축물들이 속절없이 도미노처럼 이어달리기로 붕괴되는 현장을 똑똑히 지켜보고 있는 중입니다. 댐 안에 나같은 바보들이 그렇게나 많이 숨죽이고 모여 있었는지 놀라서 낯선 옆 사람을 바라봅니다. 옆에 있는 바보도 놀라서 나를 바라봅니다.

우리는 지금 코로나바이러스보다 더 무섭게 번지는 바보 바이러스의 팬데믹 사태, 우후죽순처럼 솟아나는 파릇파릇한 바보들을 목격하고 있습니다. 그렇습니다. 역사는 늘 무상한 바보들이 바꿉니다.

광장에서, 떠들썩한 잔치밥이 만드는 연결과 결속

우리는 광장정치의 지역공동체를 재건하는 일을 늦출 수가 없습니다. 한국인들은 무엇이든 시간을 압축하는 데는 소질이 있습니다.

우리는 대부분 국가 권력의 그 막강한 힘을 일상생활에서 늘 느끼며 주눅이 들어 살아왔습니다. 서초동의 대검찰청이나 대법원 건물, 서대문의 경찰청 건물은 구조물 자체부터 콘크리트가 집적-집중된 사각형의 거대한 바벨탑입니다. 주권자 일개인은 그 앞에 서면 한 개의 점이나 티끌에 불과합니다.

어쩌다 참고인 신분으로라도 지방 검찰이나 경찰의 소환통지서가 날아오면 덜컥 겁부터 납니다.

그런데 이제는 아닙니다. 점이 모여 대열이 되고 아스팔트 위의 거대한 광장 정치세력을 만들면 쿠데타도 진압할 힘이 생긴다는 사실을 통렬하게 깨달았습니다. 국가 권력이 힘이 아니라 주권자의 연대합작이 힘이고 권력이라는 사실을 실감했습니다.

그동안 주권자 국민은 마적떼 두목이 국가 권력 그 자체라고 착각하고 있었습니다. 공무원은 주권자가 품을 사서 일을 시키는 품삯 일꾼입니다. 그런데 그 품삯 일꾼이 게거품을 무는 개로 둔갑하더니 허구한날 격노로 멍멍 짖다가 드디어는 어느날 갑자기 주인을 미친 듯이 마구 물어뜯기 시작했습니다.

루쉰같은 통찰력있는 작가만이 아니라 평범한 우리 모두가 알고 있듯 미친개는 생포해 광견병 주사를 맞히거나 우선 당장의 조처로 두들겨 패서라도 사람을 물지 못하게 해야 합니다. 그렇게 한국의 장삼이사 국민은 12.3 윤석열의 난을 비폭력의 응원봉으로 두들겨 패면서 제압했습니다.

국가 권력의 주인은 원래 주권자 국민이라는, 잊고 있었던 상식을 우리는 새삼 다시 기억하고 또 행동으로 학습했습니다. 우리는 이제 이전의 점이었던 티끌 주권자가 전혀 아닙니다.

사람이 사는 데 먹고 사는 일만큼 중요한 것은 없습니다. 식구(食口)는 말 그대로 밥을 함께 먹는 사람들입니다.

예수는 늘 돈 없고 힘없는 당시 유대인 사회 맨 밑바닥 백성들과 함께 밥을 먹었습니다. 한국으로 치면 서울역 노숙자나 쪽방에 사는 사람들, 인력시장에 모인 일용직 노동자, 지하 셋방의 비정규노동자들이 끼니를 해결하지 못해 밥을 먹으러 찾아오면 그들의 발을 씻어주고 함께 밥을 먹었습니다. 일부러 찾아가서 함께 밥을 먹기도 했습니다.

예수가 건설하고자 했던 지상의 천국은 밥을 함께 먹는 오병이어의 기적 공동체였습니다. 병든 마음을 함께 치유하고 자비와 공동선의 나눔을 함께 실천하는 치유와 생존의 밥상공동체였습니다. 예수는 마지막 순간에도 제자들과 함께 최후의 만찬을 나누었습니다.

지금 당장 맨 먼저 생각나는 벗이 있다면 전화를 걸어 함께 밥을 먹자고 청합니다. 맨 먼저 생각나는 이웃이 있다면 그 이웃집 문도 두드려 함께 밥을 먹자고 청합니다. 될 수 있으면 한둘이 아니라 여럿이 좋습니다. 많으면 많을수록 더 좋습니다. 물론 여성과 남성, 앞선 세대와 미래세대가 함께 어울려 먹어야 더 좋습니다.

음식점에 갈 필요는 없습니다. 정말 오래간만에 마음을 고쳐먹고 사람과 사람이 함께 밥을 먹는 데 누가 밥값을 내야 하는지 서로 눈치를 보거나 1/n로 돈을 걷는 것도 함께 밥먹는 취지와는 조금 어긋납니다. 약삭빠른 이해관계와 수지 타산 없이 그야말로 사람 냄새가 나는 함께 밥먹기, 호혜의 함께 음식 나누기를 실천하는 것입니다. 돈 중심의 함께 밥먹기가 아니라 사람 중심, 관계 중심의 잔치밥 먹기입니다.

솜씨가 있건 없건 나와 벗, 나와 이웃이 직접 만든 음식으로 함께 나누는 잔치밥 먹기가 제일 좋습니다. 부득이 그럴 형편이 안되면 시장이나 소상공인 김밥집에서 김밥이라도 사오면 됩니다.

집에서 먹는 집밥 나누기라면 더 좋습니다. 내 방이나 내 집에 기꺼이 다른 사람을 들어오게 하는 것, 내가 벗과 이웃의 방에 기꺼이 들어가는 것, 이것이 이웃공동체입니다. 겨울이 아니라면 가까운 공원으로 나가도 좋습니다. 여럿이 모일 수 있는 사무실이나 가까이 구할 수 있는 단체 사랑방도 좋습니다.

지역에서 요일을 정해 주민들이 모여 광장정치를 직접 행하고 있다면 공지를 통해 추우면 추운대로 그에 걸맞게 광장을 잔치밥 나누기로 바꾸면 됩니다.

함께 잔치밥 먹기는 맨 처음 시작하기가 어렵지 일단 한 번 해보면 거의 대부분 그 즐거움과 기쁨 때문에 두 번째 잔치밥 먹기 약속은 그리 어렵지 않습니다. 그만큼 이웃도 나도 사람 사이의 정과 호혜, 나눔, 사람다운 인간관계에 목마름이 있었다는 것을 금방 깨닫게 될 것입니다.

이 같은 지역 광장정치의 떠들썩한 잔치밥상 나누기는 주민들에게는 새로운 세상의 입구입니다. 민주주의 정치란 여의도의 육중한 회의실 회전의자에 앉아 발언 시간을 초과했느니 어쩌니 고함지르고 어처구니없는 말싸움이나 하고 서로 죽일 듯이 으르렁거리는 그런 회의정치가 아닙니다. 이웃과 더불어 함께 먹는 잔치밥상이 이웃민주주의이고 직접 민주주의 공동체 정치입니다.

자유란 맨 먼저 밥을 함께 먹을 수 있는 자유입니다. 노예의 집단수용소 식사란 그저 목숨을 부지하기 위해 에너지를 얻는 차원의 홀로 밥먹기일 뿐입니다. 가구별로 부엌을 아예 없애고 공동식당을 만들어 가족을 해체하고자 했던 구소련의 집단 아파트 단지나 집단농장의 공동식당 식사 시간은 자유인들이 서로 소통하고 함께 나누는 밥먹기가 아니었습니다. 그것은 그냥 생존을 연명하기 위한 일종의 가축 여물과도 같은 음식 먹기였습니다. 우리도 자본주의 체제에 순응하면서 어느 틈엔가 그런 여물과도 같은 밥 먹기에 익숙해져 있는 자신을 발견하곤 합니다.

그러므로 노동자끼리 또는 농민끼리 또는 여성끼리 또는 초록가치를 추구하는 사람끼리 서로서로 떨어져서 따로국밥을 먹기보다 지역의 장삼이사 자유인들이 떠들썩하게 어울려 잔치밥을 먹는 것이야말로 새로운 광장정치 운동의 첫걸음이라 하지 않을 수 없습니다. 지역의 독거노인들과 결식아동들을 초대하면 더 좋습니다. 자존감을 세우면서 자연스럽게 어울릴 수 있도록 배려하면 됩니다. 그것이 지역의 광장정치 공동체가 나눔과 공유의 자비행으로 실천하는 민주주의 공동체 복지입니다.

피터 모린의 '쉬운 에세이'는 교회와 자본주의, 공산주의에 대한 거침없는 직설의 비판으로 사람들에게 깊은 성찰의 기회를 줍니다. "그리스도는 환전상들을 / 성전 밖으로 몰아내셨다. / 하지만 오늘날은 아무도 감히 돈놀이꾼들을 / 성전 밖으로 몰아내지 못한다. / 돈놀이꾼들이 / 성전을 담보로 잡았기 때문이다."

피더 모린은 도로시 데이와 함께 자본주의의 천박한 개인주의와 공산주의의 천박한 집단주의를 넘어서 공동선과 프란치스코의 자발적 가난을 기초로 가톨릭 노동운동을 통해 '푸른 혁명'을 실천하고자 했습니다. 그의 쉬운 에세이를 모은 『푸른 혁명』은 종교를 떠나 '사람들이 선하기 쉬운 사회'를 이루기 위해 그가 온몸으로 밀어붙인 '환대의 집' 공동체 운동의 한 걸음 한 걸음을 짤막하고도 명료하게 전해주고 있습니다.[86]

도움이 필요한 사람들 / 그리고 구걸하기를 두려워하지 않는 사람들은 / 도움이 필요치 않은 사람들에게 / 선행 자체를 위해 선행할 기회를 주고 있다. / 현대 사회는 구걸하는 사람들을 부랑자요 거지라고 부른다. / 그러나 그리스인들은 / 도움이 필요한 사람들을 / 신들이 보낸 사자라고 말하곤 한다. / 비록 당신들은 / 부랑자요 거지라고 불리울지 모르지만 / 실상 당신들은 하느님의 사자들이다. / 하느님의 사자들로서 / 당신들에겐 식량과 옷과 피난처가 / 그것을 줄 수 있는 사람들에 의해 주어져야 한다. / 마호멧의 교사들은 우리에게 / 하느님은 환대를 명령하시고 / 이 환대는 아직도 / 마호멧 국가에서 실천되고 있다고 말해준다. / 그러나 그리스도 국가에서 / 이 환대의 의무는 / 가르치거나 실천되지 않고 있다... / (시립 수용소가) 소외되고 낙오된 이들에게 주는 환대는 / 더 이상 환대가 아니다. / 그것은 세금을 내는 사람들의 지갑에서 나오는 것이지 / 그의 마음에서 나오는 것이 아니기 때문이다...

86 피터 모린, 박웅희 옮김, 『푸른 혁명』, 공동선, 1998.

우리는 부자들에게 / 가난한 사람들을 섬길 수 있는 기회를 주기 위해 / 환대의 집들이 필요하다.[87]

피터 모린은 국가가 아니라 자립자치의 공동체에서 사람들끼리 나누는 우애와 환대를 하느님의 명령이자 사랑이라고 강조합니다. 피터 모린이 2024/2025년 한국의 광장정치 현장을 본다면 예수의 명령이자 사랑을 실천하는 곳이 여기에 있다니! 하고 놀랄 것입니다.

그는 공동체 운동은 오직 토론과 인식의 명료화를 통해 이룩될 수 있다고 강조했습니다. 피터 모린이 말한 토론은 오늘날 한국 문화의 개념으로 바꾸어 말하면 대화와 소통, 경청과 인정입니다.

흔히 나이든 사람들이 종편이나 극우 유튜브 방송을 하루 종일 틀어놓고 있는 것을 부정의 시각으로만 비판하는 사람들이 많습니다. 극우 음모론과 가짜뉴스의 세계관에 갇혀 윤석열의 내란을 지지하는 층의 핵심이 70대 이상의 노년층이라는 것이고 그것이 종편만 봐서 그렇다는 것입니다.

그렇게만 생각하면 지역공동체도 불가능하고 주민들 사이의 대화와 소통도 불가능합니다. 대화와 소통이란 주의 주장과 견해 차이가 있는 사람들 사이의 대화이고 소통입니다. 소통이란 서로를 외면한 채 따로따로 떨어져 집회하는 사람들이 고함지르고 호통이나 치는 게 아닙니다. 상대방에 대한 인정과 경청은 늘 소통의 전제입니다. 먼저 진솔한 마음으로 그 분들의 주장과

---

87 참사람되어, 「피터 모린의 쉬운 에세이 "무엇이 인간적인가?"」, 『가톨릭 일꾼』, 2020/ 2. 6. catholicworker.kr.

왜 그렇게 생각하는지 까닭과 연유, 나아가 그분들의 생애를 들어보려고 마주 앉아 보십시오.

노년층의 정치에 대한 지나친 관심은 역으로 꾸준한 정보와 소식의 공유, 대화와 소통을 통해 바꿀 수 있는 동력이기도 합니다. 그런 노력을 하지 않고 그냥 무턱대고 마적떼 패거리들의 세계관이라고 외면하면 지역 주민들의 네트워크는 조금도 출렁이지 않습니다. 한 걸음 다가서서 손을 붙잡고 광장으로 한 걸음만 내딛게 하면 됩니다. 그러면 지역정치의 네트워크는 출렁이고 뒤흔들리게 됩니다.

지역에서 잘 아는 이웃으로 70대 이상 노년층이나 2030 남성들과 여성들을 만나 얘기를 들어보면 실상은 미디어의 프레임 씌우기 주장들과 많은 차이가 있다는 것을 금방 알아차릴 수 있습니다. 지역 주민들의 마음이 급속하게 바뀌고 있다는 점도 실감할 수 있습니다. 지역의 사랑방 민심은 출렁이고 지진을 일으키고 있습니다. 서울의 광장에도 여친이 손잡고 나왔건 남친이 손잡고 나왔건 2030 남성들과 여성들로 북적거리기만 합니다.

극우 음모론도 사실 조금만 주의깊게 지역의 실정과 정보, 지식을 제기하면 금방 허물어지고야 말 허위와 날조로 가득 차 있습니다. 즉시 반박하고 논쟁하는 것은 어리석은 설득 방법입니다. 논쟁을 통해서는 거의 설득이 되지 않습니다. 지금까지 한국의 논쟁은 설득하고 승복하는 논쟁이 아니라 승패와 우열을 가리는 일종의 전투였기 때문입니다. 호통은 소통이 아닙니다.

광장정치의 지역공동체 네트워크는 이 같은 지역정치의 정보와 소식을 나누는 플랫폼으로 기존 체제 세계관 허물기의 대형 포클레인으로 기능할 수 있습니다.

지역공동체 광장정치의 잔치판에 이웃 지역의 사람들을 초청해서 다른 지역은 어떻게 하고 있고 어떤 내용과 방식으로 광장정치를 열어가고 있는지 들어보는 것도 좋습니다. 연대연합의 연방주의는 마찬가지로 늘 대화와 소통을 통해 가능해집니다.

독립과 고립은 전혀 다릅니다. 우애와 협동이란 지역에 갇힌 축소지향의 우애와 협동이 아닙니다. 지역이기주의에 눈이 먼 닫힌 지역주의나 님비족 담쌓기 또는 도로 가로막기도 아닙니다. 우애와 협동의 민주주의 정치는 연대연합의 연방주의를 통해 비로소 구현됩니다.

나치 독일은 국가가 사회를 흡수하고 지역공동체도 해체시키면서 오직 국가공동체만을 내세웠습니다. 북한은 지역공동체와 사회를 아예 국가가 통합해버렸고, 나아가 아예 국가마저 수령이 흡수해 버렸습니다. 지역공동체가 사라진 국가란 파시즘에 다름 아닙니다.

수많은 온라인 코뮤니티도 공동체입니다. 그러나 가상의 공동체는 현실의 오프라인 공동체와 결합해야 힘 있는 공동체로 활발하게 확대되고 확장될 수 있습니다. 자유인의 삶과 지역공동체는 가상이 아니라 현실입니다. 현실의 광장정치 지역공동체, 각종 지역 모임과 단체, 지역 생협과 같은 협동조합, 지역 노동조합, 지역 공제조합 등 무수히 다양한 지역 모임이 온라인과 오프라인에서 연대 합작하면 그것이 힘입니다.

이런 지역공동체야말로 다가오는 지후지옥-불평등의 쓰나미를 극복할 수 있고, 서로를 위로하고 도울 수 있는 최후의 사회

주권자 국민이 만든다, 제7공화국

안전망입니다. 나와 가족, 이웃을 지키며 생존해나갈 수 있는 거의 유일한 안전공동체입니다.

국가주의를 뚫고 솟아난 앞 세대 선각자들

공동체는 자본주의나 기득권들이 아무리 공을 들여 해체하고 무너뜨려도 또다시 솟아나 싹을 틔우는 씨앗과 같습니다. 공동체로 무리생활을 하는 것이 사회성 동물인 호모 사피엔스의 본성이기 때문입니다. 공동체가 없으면 인간은 생존해나갈 수도 없고 홀로죽음, 고독사를 맞이할 수밖에 없습니다. 우리는 이웃과의 연결이 없는 삶을 상상할 수조차 없습니다.

그래서 공동체를 해체하면 그 즉시 다시 새로운 공동체를 만들고자 하는 바보들이 나타납니다. 호모 사피엔스는 이기적 인간이면서 동시에 공동선과 자비행을 실천하는 이타행의 보살들이기도 합니다.

6.25동란으로 거의 모든 사회운동이 초토화되고 금압되고 있던 시절 박현채를 비롯한 소수의 바보들이 농촌 지역에서 지역 농협운동과 소비자협동조합의 일종인 구판장 운동을 벌이기 시작합니다. 당시에는 지금과 같은 농협이 없었고 일제 강점기에 만들어진 금융조합이 제대로 기능하지 못해 농민들은 고율의 고리채로 신음하고 있었습니다.

박현채는 광주일고 학생이던 1950년 지리산에 입산해 빨치산 투쟁을 하던 골수 '빨갱이'였습니다. 조정래의 『태백산맥』에 등장하는 소년 중대장 조원제는 박현채를 모델로 한 실제 인물입니다. 아버지의 헌신 덕에 구사일생으로 살아난 그는 서울대 상대에 입학합니다. 그의 석사학위 논문은 러시아 혁명 직후 차야노프 소농 논쟁을 정리한『자본주의와 소농경제』였습니다. 그만큼 그는 농민과 노동자 등 우리 사회 밑바닥에서 일하는 민중들에 대해 따뜻한 애정, 자비와 연민의 동지의식을 한 번도 버린 적이 없었습니다.

박현채는 사회주의의 인간 해방에 대한 믿음을 버리지 않으면서도 러시아나 중국, 북한 등 교조주의의 이데올로기에 갇힌 눈먼 사회주의자가 아니었습니다. 그는 자유인으로서 시대의 변화에 따라 바뀌는 다른 주의주장과 견해도 폭넓게 수용할 줄 아는 열린 마음의 소유자였습니다. 무엇보다도 그의 민족경제론과 자립경제론은 21세기인 지금 지후지옥-불평등 시대에 다시 재해석되고 재생될 수 있는 상식의 자립자치 공동체 경제이론이었습니다.

박정희가 경제개발 계획 초기에 '자립경제의 달성'을 목표 가운데 하나로 설정한 것은 북한을 의식한 대항 목표인 측면도 있지만 박현채와 박희범 등의 이론 활동이 일정한 영향을 미친 것도 사실입니다. 박정희의 자립경제 구호는 그러나 곧 미국의 압력으로 사라지고 맙니다. 1971년 대선 당시 김대중의 '대중경제론'을 비밀리에 성안시킨 주역도 박현채였습니다.[88]

박현채와 그의 동료들, 농민들의 지역농협 운동과 소협 구판장운동은 박정희가 금융조합을 재편해 관제농협을 출범시켜 이들을 흡수하면서 좌절되고 말았습니다. 박현채와 동료들의 실

---

88 고 박현채 추모집·전집 발간위원회, 『아! 박현채』, 해밀, 2006. 『박현채전집』(전7권).

주권자 국민이 만든다, 제7공화국

천 행동은 솔제니친의 글쓰기처럼 감옥 국가에서 꿈틀거리고 있던 선각자의 자비행이었습니다.

지역공동체 운동이 다시 시작된 것은 1960년대 후반 급속한 산업화와 대규모 이농으로 도시건 농촌이건 마을공동체가 해체되기 시작한 직후부터였다고 할 수 있습니다.

1971년 청계천, 성남 등 서울 지역의 변두리 무허가 판자촌에서 활동하던 개신교 목회자를 중심으로 수도권특수지역선교위원회가 출범했습니다. 이들은 최하층의 밑바닥 도시 빈민들을 조직해 주거권 운동과 생활공동체 운동을 벌여나가기 시작합니다. 예수가 맨발로 걸어다니며 밑바닥 이스라엘 백성들과 함께 밥을 먹고 마음속에서부터 함께 나누는 유무상자의 공동체, 하느님 나라를 건설하고자 했던 그 가르침을 따르고자 한 것입니다. 진정한 예수살이 운동이었습니다.

1965년 가톨릭의 제2차 바티칸 공의회는 "구제해야 할 것은 인간이며 개혁해야 할 것은 인간사회"라고 선언하고 교회의 사회참여를 촉구합니다. 고여있는 자본주의 체제의 댐을 부수고자 한 가톨릭의 일대 혁명이었습니다.

1965년 신설된 원주교구의 주교로 44살의 지학순 신부가 부임합니다. 그는 바티칸 공의회의 사회선교 지침을 충실하게 따르고자 했고, 사목지침도 '빛이 돼라'로 정합니다. 원주교구는 원주시와 삼척, 영월 등 면적은 넓었지만 인구는 적은 지역이었습니다. 원주 인근의 농촌 지역을 빼고 대부분 깊고 깊은 산골이었고 한국 최대의 탄광 지대도 속해 있었습니다. 교통도 불편했고, 서울에서도 가장 멀고 먼 변두리 중의 변두리였습니다.

농민들은 살길을 찾아 도시로 떠나고 있었고, 탄광 노동자들은 악성 고리채로 시달리고 있었습니다.

지학순 주교는 부임하자마자 가톨릭 사회운동을 함께 할 평생의 지기로 장일순을 만납니다. 그도 박현채처럼 박정희 국가권력의 감시를 받고 있는 '빨갱이'였습니다.

서울대 미대 1회 입학생인 그는 6.25동란으로 학업을 중단하고 1954년 대성학원을 설립합니다. 장일순은 4.19혁명 이후 중립화 통일운동 등 사회운동을 활발하게 벌였고, 낙선하긴 했지만 사회대중당 후보로 국회의원 선거에도 출마했습니다. 이로 인해 박정희의 5.16 군사쿠데타 내란 직후 '깜빵'에 갔다와 포도농사를 짓고 있었습니다.

두 사람은 의기투합해서 먼저 신협운동을 벌여나갑니다. 장일순은 박재일 등 동료들과 함께 탄광 지역에 신협을 설립, 노동자들의 고리채를 없애는 데 큰 기여를 합니다.

1972년 집중폭우로 남한강 일대와 탄광 지대에 엄청난 피해가 발생합니다. 지 주교는 독일까지 가서 독일 선교재단으로부터 거액의 수해복구 자금을 지원받아 돌아옵니다. 이 지원금을 바탕으로 장일순과 동료들은 재해대책사업위원회를 조직, 지역의 노동자-농민-소상공인 등과 함께 신협운동을 더 확대 강화하고 소비자협동조합운동, 지역공동체 개발운동 등을 활발하게 벌여나갑니다. 오늘날 원주는 스페인의 몬드라곤처럼 한국의 협동조합 도시로 널리 알려져 있습니다.

도시빈민운동은 이후 철거반대투쟁과 노점상운동으로까지 확산되어 수많은 투쟁의 성과를 얻기도 했습니다. 그렇지만 도시개발 광풍과 철거에 밀려 주민이 뿔뿔이 흩어지고 공동체 자체가 해체되면서 침체일로를 걷게 됩니다. 원주 지역의 지역공동체 사회운동 또한 1980년대 들어서면서 거대한 이농의 물결로 인해 농촌공동체 자체의 급속한 해체 앞에서는 속수무책일 수밖에 없었습니다. 지역개발 사업은 실패로 돌아갔고, 때마침 원주교구의 지원 중단과 함께 새로운 모색을 하게 됩니다.

그러나 강력한 국가주의가 모든 사회활동을 금압하고 압도하던 그 당시에 자본주의의 급속한 성장과 함께 해체되어 가던 지역공동체를 복원하고자 했던 사회운동은 참으로 의미 있는 선각자들의 행동이었습니다. 달걀로 바위를 깨고자 한 대단히 무모하면서도 소중한 바보들의 시도였습니다. 국가의 맨 밑바닥 변방에서 도시 빈민들과 농민-노동자를 조직해 자본주의와 사회주의를 모두 극복하는 새로운 자유인들의 연대와 합작 공동체를 모색했다는 사실 자체가 남한 사회에서는 기적 같은 새로운 공동체 사회운동의 시작이었습니다.

지역농협과 구판장 운동과 도시빈민운동, 원주의 지역 협동공동체 사회운동 등은 6.25동란 이후 한국 민주주의 운동의 진정한 재생이었습니다. 그들 선구자 바보들의 개척과 경험이 있었기에 지금 여기 21세기 바보들이 자유인으로서 직접 민주주의 지역 광장정치 운동을 앞으로 밀고 나아갈 수 있는 것입니다. 현재가 과거의 현재와 대화하면서 위로하고 위로받고 있습니다.

도시빈민운동은 21세기 들어 자활공동체 운동으로 이어졌습니다. 원주 지역의 협동공동체 운동은 생명운동과 밥상공동체의 한살림운동을 비롯한 한국 협동사회경제 운동으로 부활해 지금까지 연면히 이어져 내려오고 있습니다. 여기에 성미산 마을운동 등 1990년대부터 시작된 도시 마을운동은 공동육아부터 시작해서 국민주권을 일상생활에서부터 실천하는 새로운 형태의 직접 민주주의 마을공동체 운동이었습니다.

한국의 주민공동체 운동 경험을 바탕으로 한국의 역사와 문화에 맞는 주민조직화 촉진자 역할에 대해 여러 가지 원칙이 세워져 있습니다. 그중에서도 핵심은 촉진자는 주민보다 더 똑똑하고 잘난 엘리트가 아니며, 아상(我相)을 내려놓으라는 지적입니다.

가장 커다란 장애물 가운데 하나는 주민조직화를 지원하는 활동가들과 지식인들의 엘리트의식이다. 예컨대 우리는 가난한 여러분을 돕고 가르치기 위해서 왔다고 말하는 따위의 태도는 주민조직 활동가들과 주민간의 격차를 더욱 깊게 할 뿐이다.[89]

20세기 지역공동체 운동의 바보들이 지금 여기 광장정치의 바보들과 나누는 생생한 대화는 시민이 주체로, 주인으로, 주권자로, 국본, 지존, 수령으로 일어서라는 강력한 서사입니다.

2024/2025년 광장정치의 시민들은 시민들 자신이 이미 촉진자도 없이 주체로 우뚝 선 선각자, 촉진자들입니다. 체제 전환을 스스로 시작하고, 그레타 툰베리처럼[90] 구명보트의 햇빛발전

89   한국주민운동정보교육원, 『주민운동의 힘, 조직화』, 2012.

90   현윤경, 「16살 소녀, 기후변화 심각성 알리려 소형요트로 대서양 횡단」, 연합뉴

요트를 스스로 만들어 타고 대항해에 나선 주권자들입니다.

미래를 먼저 사는 사람들

과거가 지금 여기에 없듯이 미래도 지금 여기 없습니다. 아닙니다. 과거도 지금 여기에 있고 미래도 지금 여기에 있습니다. 과거 현재 미래는 지금 여기 사회성 인간들이 공유하는 네트워크 세계의 그물망 속에 공존하고 있습니다.

지구촌 전체에 걸쳐 기후지옥-불평등의 미래를 먼저 사는 사람들은 숱하게 많습니다. 이문재 시인은 이를 몬스 사케르(거룩한 산)의 파업, 기존 체제를 외면하고 이탈해서 얻은 공생공락(共生共樂)의 공동체 삶이라고 말합니다. 고인이 된 녹색평론 김종철의 글도 인용되어 있어 좀 깁니다.[91]

> 현재 수준의 삶의 방식, 현재 수준의 산업시스템, 현재 수준의 민주주의로는 악순환이 지속될 수밖에 없다. 그렇다면 우리가 바라 마지않는 미래는 어떻게 가능한가. 결국 민주주의다. 우리가 소비자에서 주권자로 거듭나는 길 말고 다른 길은 없어 보인다. 우리가 국민을 넘어 시민으로, 그것도 세계시민으로 성숙하면서 민주주의를 쇄신하는 수밖에 다른 방도가 없어 보인다. 다행스럽게도 우리는 그런 역사를 기억하고 있다. 로마 평민들이 연대해 거둔 빛나는 성취가 그중 하나다.

스, 2019. 8. 14.
91 이문재, 「켄 로치, 봉준호, 몬스 사케르」, 녹색평론 2020 3/4월호, 2020. 3. 1.

로마 공화국 초기, 평민들은 전쟁이 계속되면서 끊임없는 징용에 시달렸고 전쟁이 끝나고 나서도 삶의 질은 향상되지 않았다. 늘 빚을 지고 살아야 했으며 빚을 갚지 못하면 채무노예가 되거나 심지어 죽임을 당하기도 했다. 이런 고통에서 벗어나기 위해 평민들은 광장에 모여 부채 탕감, 토지 재분배, 참정권을 요구하며 시위를 벌였다. 하지만 지배층은 눈 하나 깜짝하지 않았다. 평민들은 더 이상 참지 못하고 기원전 494년 '총파업'에 돌입한다. 로마에서 5km 떨어진 '거룩한 산(몬스 사케르)'으로 올라가 요구 사항이 관철될 때까지 내려가지 않겠다고 선언했다. 다급해진 원로원이 여러 경로를 통해 하산하라고 권유했지만 평민들은 굽히지 않았다. 결국 원로원이 손을 들었다. 채무노예를 해방시키고 부채를 탕감하는 것 말고도 평민의 이익을 대변하는 호민관 제도를 신설했다. 이와 같은 비폭력 투쟁을 통해 평민들은 권리를 쟁취했고 로마는 보다 안정적이고 질서 있는 사회를 유지할 수 있었다(김종철, 「몬스 사케르」, 경향신문, 2016. 9. 1.)

지금 우리가 손잡아야 할 '평민'은 누구인가. 그리고 우리가 함께 올라갈 '몬스 사케르'는 어디인가. 쉽게 희망을 가져도 안 되겠지만 쉽게 절망해서도 안 된다...

낯익은 사람을 다시 보고 낯선 사람도 다시 보자. 온몸으로 지구의 살갗을 느껴보자. 그리고 옆에 있는 사람과 서로 '나의 이야기'를 나누자. 이웃과 마주 앉아 우리가 원하는 미래를 마음껏 상상하자. 그래야 우리가 바라 마지않는 전환의 첫걸음을 뗄 수 있을 것이다. '거룩한 산'으로 올라가는 길, 즉 기생이 공생으로 전환하는, 서로가 서로에게 숙주가 되는(환대하는), 그리하여 지구-숙주와 인간-기생충이 공생공락하는 미래로 가는 길은 그때 생겨날 것이다.

김종철과 이문재는 오래 전부터 이미 2024/2025년의 광장정치 첫걸음을 뗀 선각자였습니다. 영남대 영문과 교수였던 김종철은 1991년 11월 대구에서 녹색평론 창간호를 발행할 그때부터 이미 미래를 먼저 산 시대의 예언자였습니다.

호모 사피엔스는 약 4만~4만 5천년 전부터 언어를 사용한 것으로 보입니다. 동굴벽화와 장신구, 복잡한 무기, 악기, 불피운 자리의 보존, 매장 등이 그 증거들입니다. 이는 언어를 통한 사유와 상상, 상징의 전달, 모방 학습 행동 등 언어가 없으면 불가능한 문화와 기술의 산출물들입니다. 인류 문화의 '도약'이라고 일컬어지는 신석기 혁명이 이때 일어납니다.

인도네시아 술라웨시 섬에서 발견된 4만 3,900년 전 동굴벽화에는 작고 사나운 물소와 이를 사냥하는 6명의 작은 사냥꾼이 그려져 있습니다. 창을 들고 있는 이들 사냥꾼들은 새의 부리가 달려 있거나 꼬리가 달려 있습니다. 반은 사람 반은 짐승인 '반인반수'입니다.

인간이 반인반수라는 상상의 동물을 창조해 내고, 부족 구성원 무리와 함께 후대까지 기억을 광범위하게 공유할 수 있도록 그림이라는 상징을 만들 수 있는 것은 오직 사회성 언어의 대화와 소통이 있어야만 가능한 일입니다. 세계에 대한 해석과 함께 애니미즘과 종교의식의 등장도 마찬가지입니다.

오랫동안 수렵채취인으로 살던 인류는 빙하기가 끝나가던 약 1만 3천 년 전부터 정착생활을 먼저 시작한 뒤 시차를 두고 농경을 발명해 냈습니다.[92] 농업은 약 2만 4천 년~1만 8천 년 전 건조하고 차가운 '영거 드라이아이스기'가 지나가고, 기후가 급격하게 따뜻해진 기후변화의 산물이었습니다.[93] 그러나 기후변화가 곧바로 농업을 낳은 조건은 아니었습니다. 정착생활의 시작과 농업의 발견, 인류 문명의 발생은 사회성 동물인 인간의 뛰어난 환경 적응력이 창조한 새로운 세상이었습니다. 지구별 생태계의 다른 수많은 생명체와 달리 오직 인간만이 언어를 사용했기 때문에 가능한 일이었습니다.

이 당시 중동의 비옥한 초승달 지역은 1년 중 반은 우기였고 반은 건조한 날씨가 이어졌습니다. 이런 기후에서 나무는 자랄 수 없었고, 드넓은 초지가 펼쳐졌습니다. 한해살이 풀들은 건조한 계절이 다가오면 말라 죽기 직전에 다량의 씨앗을 퍼뜨리고 우기가 돌아오면 우후죽순으로 풍성하게 솟아났습니다. 수렵채취인들은 동물들을 사냥하고 이런 식물의 열매를 채취하면서 살아갈 수 있었습니다.

수렵채취 생활에서 정착 생활로 전환한 주요 요인으로 학자들은 대부분 인구압박을 듭니다. 아프리카와 유럽, 아시아와 아메리카, 호주까지 지구상의 모든 대륙으로 퍼져나간 호모 사피엔스에게 그 당시 이동해서 수렵채취 생활을 할 수 있는 더 이상의 땅은 남아 있지 않았습니다. 이웃 수렵채취 부족공동체와의 전쟁을 통하지 않고 생존해 나갈 수 있는 방법은 유일하게 정착 생활뿐이었습니다.

---

92 위르겐 카우베, 안인희 옮김, 『모든 시작의 역사』, 김영사, 2019.
93 브라이언 페이건, 『기후는 역사를 어떻게 만들었는가』, 중심, 2002

비옥한 초승달 지역에서 살던 사람들은 초지를 생존의 터로 삼고 살아가던 초식동물 가운데 양, 염소, 소, 돼지 등을 가축으로 만들었습니다. 한해살이풀 가운데 100여 종을 식량작물화 하는 데도 성공합니다. 그리고 점차 품종을 개량에 나가기 시작했습니다. 최초의 유전자 변형 실험이었습니다. 1만 2천년에서 1만년 사이 최초의 농경은 이렇게 시작되었습니다.

언어 사용 인간은 최초의 실증 과학자들이자 식물학자, 동물학자, 박물학자, 의학자였습니다. 주변 환경과 식물, 동물들을 세밀하게 관찰하고 그 가운데 식량과 의약품, 도구 제작이 가능한 동식물과 물건, 광물질이 무엇인지 실험하고 부족민 모두가 토론하고 이를 후대에 전승시켜 주었습니다. 마을과 도시의 건설, 농업의 발명은 언어를 통한 대화와 소통, 유무상자의 문화, 경제, 정치가 만들어 낸 공동체의 창조물, 인류 문명의 시작이었습니다.

부족공동체의 주거지에는 부족마다 서로 다른 이름으로 부르는 공동체 공간, 광장과 회의 공간이 있었습니다. 부족민들은 여기서 춤추고 노래하고 다른 부족 사람들을 초대해 청춘남녀의 짝짓기 행사를 하고, 회의하고 토론하고 새로운 행동을 결정했습니다. 새로운 지식과 의식, 새로운 문화와 전통, 새로운 정치경제 제도와 문명의 세계가 창조되는 집단 크리에이터들의 마당, 광장, 사랑방이었습니다.

이런 새로운 세계 창조의 공간이 다름 아닌 지금 여기 2024/2025 대한민국의 광장정치 현장입니다. 그리스 아테나이 아고라 정치의 재현입니다. 미래를 먼저 사는 사람들의 축제 마당이자 새로운 직접 민주주의 시민혁명 폭발의 실험 장소입니다.

정착생활과 농경 생활이 시작된지 몇 세기가 지난 기원전 9백년~2백년 사이, 중동과 동아시아, 아프리카와 유럽 등지에서 시차를 두고 제국의 발생과 몰락, 국가의 발생과 몰락이 끊이지 않고 이어졌습니다. 이 과정에서 계속된 전쟁과 폭력으로 사람들의 삶은 불안정하고 불안했습니다. 대량살육과 살인은 일상이었고 불평등은 극에 달했습니다.

바로 이런 시대 상황 속에서 이전과는 완전히 다른 종류의 삶을 스스로 실천하고 모범을 보이는 현자와 예언자들이 나타났습니다. 칼 야스퍼스는 이 시대를 '축의 시대'라고 이름지었습니다.[94]

이들은 인간 내면의 깊숙한 바닥까지 들어가 존재의 근원을 탐구하고 명상과 초월 체험을 통해 인간 삶의 원리와 세상의 진리를 깨달았습니다. 이들은 사람들에게 지금까지와는 완전히 다른 인간, 다른 삶을 창조할 수 있다고 가르쳤습니다. 나아가 기존의 지배 체제를 허물고 완전히 다른 세상을 만들 수 있다고 설파했습니다. 인도에서는 붓다와 우파니샤드 명상가들이, 중국에서는 공자와 맹자, 노자, 묵자 등의 사상가들이, 이스라엘에서는 엘리야, 에레미아, 이사야 등의 선지자들이, 그리스에서는 소피스트와 소크라테스, 플라톤, 아리스토텔레스 등의 철학자들이 그들이었습니다.

이들이 공히 사람들에게 깨우친 지혜는 자기중심주의를 버리라는 상호주의의 도덕이었습니다. 이들은 내가 당하고 싶지 않은 일을 다른 사람에게 행하지 말라고 누구나 고개를 끄덕일 수밖에 없는 당연한 상식에서 출발했습니다. 타인 나아가 타민족에 대한 공감과 자비행의 실천이야말로 나의 삶을 고양시키

---

94 카렌 암스트롱, 정영목 옮김, 『축의 시대』, 교양인, 2010.

고 전쟁과 폭력을 근절하는 지름길이었습니다. 나는 곧 너이고 우리이며, 모든 존재는 서로 연결돼 있는 '서로 주체'의 이웃이었습니다. 중요한 것은 무엇을 믿느냐가 아니라 어떻게 행동하느냐였습니다. 훈련을 통해 습관이 되는 자비심의 실행이었습니다. 윤리와 도덕을 실천하는 삶이었습니다.[95]

이들 선지자들이야말로 지금 여기에서 미래를 먼저 산 사람들이었습니다. 다가올 전쟁과 폭력의 아비규환을 막기 위해 사람들의 마음속으로 들어가 더불어 함께 삶의 실상과 사회, 국가의 실상을 깨닫고, 더불어 함께 공존하는 이웃 공동체의 삶을 역설했습니다.

예수는 함께 십자가 형을 받고 처형당한 유대 민족해방투쟁의 열심당원들과 백팔십도 다르게 유대 사람들에게 다른 선택지가 있음을 실제 현실에서 생생하게 입증해 보여주었습니다. 나와 이웃의 깊은 마음속으로 들어가 해방된 자유인의 삶으로 깨어나 지상에서 천국 공동체를 건설하고자 했습니다. 그것도 당시 유대 사회 엘리트 지배층이 개돼지로 멸시하던 최하층의 밑바닥 인생들과 함께 오병이어의 기적 공동체를 선보였습니다.

예수의 말씀을 전하는 제자들의 기록은 자존감을 회복한 먼지와 티끌들이 모여 자비와 연민으로 충만한 삶으로 깨어났을 때 그것이 구원이고 해방이고 자유인의 삶이라고 비유를 들어 끊임없이 반복 설명하는 것으로 가득 차 있습니다. 비폭력의 강한 유무상자 공동체야말로 가장 강력한 지상의 천국이었습니

95 울리히 두크로·프란츠 힌켈라메르트, 한성수 옮김, 『탐욕이냐 상생이냐』, 생태문명연구소, 2018.

다. 그리고 그런 하느님의 나라 공동체가 억압과 착취의 기존 체제를 뒤흔드는 가장 강력한 진앙지였습니다.

축의 시대 예언자들은 자신의 가르침에 따라 정신의 고양을 잠깐 체험했다가 다시 자기중심의 삶으로 돌아가는 사람들에게는 늘 자비행의 삶을 다시 환기시켰습니다. 이들은 정치를 외면한 것이 절대 아니었습니다. 가장 철저하게 정치의 근본 원점으로 들어가 국가 폭력과 국가간 전쟁을 근절하기 위해서는 먼저 인간 개개인들이 탐욕과 성냄, 어리석음을 버려야 한다고 역설한 '근본 정치' 활동가들이었습니다.

붓다는 꼬쌀라국의 위두다하 왕이 붓다의 출신 부족인 샤까족을 멸망시키기 위해 군대를 몰고 쳐들어갈 때 세 번씩이나 침략을 저지했습니다. 붓다의 고향이기도 한 샤까족의 수도 까삘라왓투로 가는 길 중간의 죽은 고목 나무 아래 뙤약볕 속에서 홀로 가부좌를 틀고 앉아 꼬쌀라국의 대군을 가로막았습니다. 당시 붓다는 모든 나라에서 존경받는 수행자이자 스승이었고 위두다하도 붓다의 재가신자였습니다. 위두다하는 군대를 되돌릴 수밖에 없었습니다. 마가다국의 아자따쌋투 왕이 왓지족을 공격하려고 할 때도 붓다는 이를 저지했습니다.

전쟁을 막고자 홀로 군대 앞을 가로막은 붓다의 모습은 1989년 천안문 사태 당시 맨 몸으로 홀로 탱크 부대 앞에 선 중국의 어떤 청년을 떠올리게 합니다. 2024년 12.3 윤석열의 난 당시 맨손으로 계엄군의 총과 장갑차를 가로막은 수많은 한국 시민은 붓다와 중국 청년의 부활입니다. 예수가 성전으로 들어가 환전상들을 성전 밖으로 몰아내면서 소리치는 일갈은 2024/2025년 한국의 시민들이 광장에 들어가 윤석열 마적떼 무리들을 내쫓자는 함성으로 되살아났습니다.

광장정치의 시민이 선각자이자 예언자, 보살들이고 예수의
제자들입니다. 미래를 먼저 살고 있는 사람들입니다.

지금 여기 생명체로 깨어나 재연결되는 사람들

6공 구체제의 억압과 착취로 해체되어 고립되고 단절된 삶을
해방시키는 첫걸음은 재연결입니다. 생명체로 깨어나 '나의 나'
인 이웃과 강하게 네트워크의 그물코 매듭을 다시 묶는 결속입
니다.

기계 소모품들의 산업조직에서 자유인들의 자연조직으로 주
민등록을 옮기는 탈출과 삶의 혁명은 생명의 재연결이고 회복
(resilience)입니다. 귀향이고 생명의 복원입니다. 다시 땅에
뿌리를 내리는 가정과 마을공동체로의 재출발이고 진정한 삶의
재생입니다.

광장에 모여 노래 부르고 춤을 추고 구호를 외치는 시민들의
정치문화 행위는 재연결이자 새로운 결속이면서 동시에 새로운
공동의 집단의식이기도 합니다. 광장정치의 집단행동 의식은 시
민 개개인의 파편화된 일상에 충격을 가해 엄청난 공동의 힘을
불어넣어 줍니다.

끊어진 연결을 재연결하고, 무너진 공동체를 재생하고, 생명
체로 다시 깨어나 빼앗긴 자유인으로서의 나와 이웃 삶을 회
복하는 방법에 대해서는 이미 수많은 워크숍과 훈련 프로그램,
학습과 교육 가르침들이 있습니다.

조애나 메이시는 『생명으로 돌아가기』에서 우리의 마음과 행동을 바꾸는 4단계 공동 수련회 방식, 워크숍에 대해 아주 세세한 부분까지 소개하고 있습니다. ① 고마움으로 시작하기, ② 세상에 대한 고통 존중하기, ③ 새로운 눈으로 보기, ④ 과거 세대, 미래세대와 다시 연결하기 등이 그것입니다. 메이시 자신이 직접 참여해 진행했던 숱한 사례들이 소개되고 있는 일종의 '재연결 워크숍' 안내서(manual)이기도 합니다.[96]

조애나 메이시는 미국의 역사와 문화 속에서 성장하고 지금 여기를 살고 있는 미국인입니다. 그래서 한국인의 정서와는 자소 차이를 보이는 부분도 있습니다. 예컨대 미국인들에게 지금 현존하는 가장 큰 충격과 트라우마는 2001년 9.11 테러입니다. 이와 달리 한국인들은 광주 학살과 6.25동란입니다.

캐스퍼 터 카일은 『리추얼의 힘에서』 살아있음의 충만함을 느끼고 우리 삶에 의미와 공동체의 힘을 깨닫게 해주는 연결 리추얼(Ritual, 의식)을 역시 4단계의 심화과정으로 보여주고 있습니다. 신성한 텍스트 읽기, 안식일 갖기, 마음챙김 기도, 이웃과 함께 식사하기, 자연을 찾기 등 나의 내면과 주변과의 리추얼을 일상의 삶 속에서 만들고 실천하는 방식입니다. ① 자신과의 연결, ② 주변 사람들과의 연결, ③ 자연과의 연결, ④ 초월자와의 연결이 그것입니다.

사람들은 자신에게 더 열심히 일하고, 더 잘하고, 더 많이 벌고, 더 많은 일을 하라며 한계 이상으로 몰아붙인다. 그

---

96 조애나 메이시·몰리 영 브라운, 『생명으로 돌아가기』, 이은주 옮김·유정길 감수, 모나무무, 2020.

로 인해 그 어느 때보다 많은 약을 복용하면서 우울감과 불안감에 시달리며 살아가고 있다. 젊은 세대는 빚더미에 빠지고, 기성세대는 조금이라도 은퇴 시기를 늦추기 위해 안간힘을 쓰고 있으며, 극심한 빈부격차와 차별주의의 중압감 속에서 살아가고 있다. 그동안 인터넷과 소비자 자본주의가 불러온 급격한 변화 속도는 모든 영적 환경과 공동체 지형을 재편하고 있다. 내가 아는 거의 모든 사람은 세상이 정해 놓은 엄격한 기준에 자신의 능력이 미치지 못한다고 생각하여 힘들어 한다. 그 때문에 의미있는 순간을 제대로 즐기지 못한다. 이런 구조적 불평등이 우리의 행복과 기쁨을 앗아 가는 것이다.[97]

사실 이런 생명체로 깨어나고 돌아가 재연결하는 수행 방식은 근대 이전 조선에서는 붓다 가르침과 유교, 선도 등 종교와 철학을 막론하고 면면히 내려오던 삶에 대한 깨달음과 마음 닦음 방식이었습니다. 동학의 마음 수련과 그를 이어받은 원불교의 마음공부에서 지금도 그런 유산을 확인할 수 있습니다.

그런데 19세기 말 서구 근대화 산업화를 지상과제로 받아들이면서 전통을 모조리 미신과 미개한 전근대로 파괴하고 무너뜨리는 일이 벌어졌습니다. 성장과 발전의 무한경쟁 이데올로기, 무한 탐욕과 무지 무명이 한국을 오늘날 지금 여기 극단의 기후지옥-불평등 사회로 만들었습니다. 극단의 서구 개인주의가 붓다 가르침뿐만 아니라 거의 모든 종교와 철학의 수행방식도 탈사회, 탈공동체의 개인화로 가두어 버리고 말았습니다. 지금 한국의 참선 수행은 사회성이 제거된 모래알 개인수행으로

97 캐스퍼 터 카일, 박선령 옮김,『리추얼의 힘』, 227~228쪽, 마인드빌딩, 2021.

닫혀 있는 경우가 비일비재합니다.

근대 이후 19세기 유럽에서는 불교 경전 일부가 영어, 독일어, 프랑스어 등으로 번역되면서 붓다 가르침과 수행 방식이 소개되기 시작했습니다. 쇼펜하우어는 스스로 불교 신자라고 할 정도로 불교에 심취했습니다. 그는 인간은 본래 자유의지가 있다는 칸트류의 서구 주류 철학을 부정하고, 현실 세계를 욕망이 부딪치는 고통의 세계로 인식했습니다. 쇼펜하우어는 자아란 맹목의 생존의지이며 세계는 이런 의지의 표상일 뿐이라고 주장했습니다.

그러나 서구의 철학자와 불교에 관심 있는 사람들이 넘기 어려운 벽은 물질과 정신, 몸과 마음, 나와 세계를 분리된 실체로 보는 뿌리깊은 이원론이었습니다. 붓다의 무아론은 수용하기가 어려운 가르침이었고 깨달음이었습니다.

1960년대 말부터 이전과는 전혀 다른 흐름이 서구의 젊은 과학도와 의학도, 심리학도, 철학도 등의 학생들과 서구 물질문명에 환멸을 느낀 청년들 사이에서 일어납니다. 이들은 직접 인도와 스리랑카 등 동남아에서 명상과 참선 수행을 하고 출가도 결행합니다. 청년들은 본국으로 다시 돌아가 대학의 연구소와 의과대, 병원 등에서 연구하면서 수행하는 삶을 삽니다. 이들에 의해 뇌과학 연구 논문이 속속 발표되고, 명상 수행의 심리치료 효과와 임상 실험 데이터 등이 공개되면서 붓다의 명상 수행은 점차 일반 시민의 관심을 끌게 되고 붐이 일어나게 됩니다.

때마침 달라이 라마와 틱낫한은 일반 시민의 일상어로 이원론의 서구인들 사고를 일상 생활 속에서 쉽게 허물며 붓다의 명상 수행을 일반인들에 가르치고 보급하기 시작합니다. 이들은 서구에서 불교와 명상이 보급 확대되는 데 크게 기여합니다. 붓다 가르침의 빨리어 경전도 거의 대부분 번역됩니다.

이런 기반 위에서 한국의 숭산 스님 제자이기도 한 존 카밧진이 '마음챙김에 기반한 스트레스 완화 프로그램(MBSR)'을 만듭니다. 카밧진의 MBSR 명상법이 1990년대부터 미디어에 소개되어 널리 퍼지고 수천 곳의 병원과 치료센터 등에서 실행되면서 명상은 이제 서구인들에게 일상생활의 한 부분이 되었습니다. 21세기인 오늘날 실리콘밸리 빅테크 기업의 과학자, 개발자 대부분이 명상수행자라고 할 수 있을 정도입니다.

미국과 서구의 수많은 시민이 양자역학과 결합된 새로운 시대의 깨달은 자 붓다의 수행하는 삶을 살고 있습니다. 자아를 버리고 붓다의 연민과 자비행을 실천하는 보살들입니다. 이들은 지금 여기 오늘의 중국인들도 알아들을 수 없는 천 년 전 한자어로 뜻도 모르면서 중얼중얼 주문처럼 붓다 가르침을 외우는 그런 이상한 보살들과는 차원이 다릅니다.

미국과 서구의 불교와 명상에 대해 다소 길게 쓴 까닭은 이들 가운데 상당수의 보살들이 종교를 떠나 지금 여기 인간의 탐욕과 사회의 구조악에서 해방된 자유인의 사회성 실천, 공동선의 자비행 실천을 극명하게 보여주고 있기 때문입니다. 이들은 참여불교라는 기치 아래 역사적 예수 운동의 그리스도 시민과 폭넓게 소통하고 연대하면서 더불어 함께 구체제에 맞서 광장의 자비행을 실천하고 있습니다. 아니 참여불교라는 기치도 언제든 버릴 수 있는 하나의 개념일 뿐이라고 무애의 인식과 행동을 보여주고 있습니다. 참여와 실천과 자비행은 도그마와 우상이 아닙니다.

틱낫한 스님을 비롯한 이들 보살들이 서구가 일으킨 개발과 성장의 기후지옥-불평등 세상을 변화시키기 위해 내디딘 한 걸음은 이미 한국에도 도착해 있습니다. 지금 여기 한국의 광장정치가 보여주고 있는 시민들의 공동선과 자비행은 다름 아닌 이들 서구의 보살들과 그리스도인들, 수많은 세계 시민의 자비행과 밑바닥에서부터 서로 연결되어 있고 연대하고 있다는 사실을 일깨우고 있습니다.

우리는 생명체로 깨어나 연결된 하나입니다.

생명체로 깨어나 공동체에서 재연결 되는 사람들, 지금 여기에서 미래를 먼저 사는 사람들은 한국에서도 무수히 많습니다. 광장정치에 함께하는 선각자들에 앞서 먼저 자비행을 실천한 사람들입니다.

가톨릭과 기독교의 수많은 종교 공동체, 지역 시민사회단체의 회원 공동체, 노동조합과 농민단체, 한살림, 아이쿱, 두레생협 등 협동공동체를 비롯하여 자활공동체와 생태공동체, 녹색평론의 독자모임, 각종 카페 공동체와 SNS 공동체... 일일이 다 적을 수도 없는 수많은 모임과 공동체 속에서 자비행을 먼저 실천하던 사람들이 그런 선각자들입니다.

서울 마포의 성미산 마을, 강북의 삼각산 재미난 마을, 동작의 성대골 마을, 은평의 전환마을 은평 등을 비롯하여 25개 자치구 마을넷이 이런 마을공동체 운동의 선각자들입니다. 보수-진보를 떠나 이런 공동체에서 달려와 모인 사람들이 광장정치에서 춤추고 노래하는 주권자 시민입니다. 우리는 광장의 시민과 함께 시간을 압축해서 빠르게 지역공동체로 묶어 연대하고 합작하는 광장정치를 아테나이의 아고라보다 더 확고하게, 스위스의 꼬뮌 광장보다 더 확고하게 세울 수 있습니다.

충남 공주에서는 지역 주민들을 주체로 세우면서 광장정치의 지역공동체를 재건 재생하는 유력한 하나의 방안으로 온오프 공유플랫폼 사업을 실행해 나가고 있습니다.

오직 최대이윤만을 추구하는 거대 온라인 플랫폼 기업의 가장 큰 문제점은 신뢰의 문제입니다. 숨고, 당근마켓, 네이버스토어 등 직거래 플랫폼의 사기 피해는 수십만 건으로 해마다 급증하고 있으며, 한 해의 당근마켓 사기 피해액만 수천억 원이 넘습니다.

이를 극복하는 방법은 신뢰의 인간관계를 기반으로 지역별로 공유플랫폼을 개설하는 사업입니다. 예컨대 1~2시간 정도 아이를 맡겨야 하거나 1인 가구 직장 여성이 수도-전기 등에 사소한 문제가 생겨 기술자를 부르고 싶을 때, 친정 오빠나 친정 엄마같은 신뢰의 이웃이 있다면 사기나 기타 피해 걱정 없이 안심하고 문제를 해결할 수 있습니다.

'공주 지역살림 공유플랫폼'은 농산물 등 직거래, 일자리 중개, 돌봄, 집수리, 재활용, 자영업, 교육, 의료 등 생활세계의 모든 분야에서, 한 알의 씨앗이 마을을 지키는 거대한 느티나무가 되고 숲이 되듯이 지역순환경제의 주춧돌이 될 수 있을 것입니다.

공주에는 제민천의 대통사지 바로 옆에 통통통이라는 조그만 지역 농산물 직거래 가게가 있습니다. 소규모이고 아직 품목도 그렇게 많지 않지만 나날이 품목이 급속하게 늘어나고 있습니다. 농민들이 생산한 쌀과 콩 등 곡식과 배, 사과 등의 과일에서부터 두부, 콩나물 등의 가공식품과 수제빵, 지갑, 도마 등 생활용품까지 다양합니다. 인근에 살고 있는 할머니가 집에 있는 오래된 모과나무의 모과를 가져와 아주 싼 값에 팔아달라고 맡기기도 합니다. 기타를 배우는 모임도 하고 바느질 모임도 합니다. 사통팔달 사랑방입니다.

여러 단체와 함께 통통통 등이 1년 전부터 준비한 공유플랫폼은 각종 모임과 학습의 플랫폼이기도 하고 공주 지역의 미디어 플랫폼으로도 기능할 것입니다. 12.3 윤석열의 난 진압 이후 광장정치 기운을 한꺼번에 받아 압축 창립을 하고 있는 중입니다.

박재일 등이 1986년 12월 제기동에 쌀가게 '한살림농산'을 차리고 쌀과 잡곡, 참기름, 유정란 등 7~8개 품목의 유기농 농산물 직거래를 시작합니다. 공주의 통통통 직거래가 이와 비슷합니다.

그 당시 농약 중독으로 죽는 농민은 1987년 한 해만 1,400여 명에 이르렀습니다. 장일순을 중심으로 원주에서 모심과 살림의 한살림 생명운동을 몇 년 동안 준비한 뒤 한살림생협 운동을 본격 시작하고자 싸전 가게부터 연 것입니다.

2008년 대구 북구에서 김기수가 시작한 농부장터도 마찬가지로 생산자와 소비자의 농산물 직거래로 공동체운동을 시작한 경우입니다. 농부장터 협동조합은 조합원이 3천 명이 넘고, 생협처럼 소비자협동조합이 아니라 전국에서 유일하게 생산자와 소비자가 다함께 조합원인 협동조합입니다.

직거래 사업은 전국에 걸쳐 무수히 많은 지역에서 그 지역 사정에 맞게 이미 실행되고 있습니다.

이처럼 전국 각지에서 지역공동체 운동은 끈질기게 꿈틀거리고 있었습니다. 그리고 이제 12.3 윤석열의 난 진압이라는 새로운 임계점을 만나 그야말로 비 온 뒤 대나무 순처럼, 얼어붙었던 수도관이 녹아 터진 것처럼 폭발하고 있습니다. 광장정치의 등장과 함께 펼쳐지는 새로운 세상은 전국 각지에서 무지개처럼 다양한 연대와 합작의 신세대 광장정치 문화운동과 결합해 지역공동체 운동의 울창한 숲을 선보일 것입니다.

　이상한 도시의 이상한 시장, 스페인 안달루시아의 작은 도시 마리날레다 이야기를 들어보신 분들이 있을 것입니다. 주민이 2,700명 정도 됩니다. 한국에는 녹색평론에서 처음 소개한 바 있습니다.[98] 도시의 모든 주요 정책은 주민 총회에서 결정합니다. 경찰을 없애고 그 돈을 주민 복지로 돌렸습니다. 모든 도시 주민의 무상 주거를 현실화시키고, 10년 이상 귀족의 땅을 점거해 토지개혁과 재분배에 성공합니다. 주민 모두가 스페인 최저임금의 2배 이상 소득을 올리는 협동조합 도시입니다.
　그런 직접 민주주의 정치를 실천한 시장이 후안 마누엘 산체스 고르디요 시장입니다. 1979년 이래 마리날레다 주민들은 그를 계속 시장으로 선출해 왔습니다. 그는 장기집권을 했으면서도 독재자가 되지 않고 시민의 진정한 비서, 행정관으로 계속 남았습니다.
　그는 말합니다. "우리는 우리가 미래에 원하는 것을 지금 하려고 합니다. 우리는 내일까지 기다리고 싶지 않습니다. 오늘

98　소피 매카덤, 「자유도시 마라날레다: 살아있는 로빈후드의 도시」, 『녹색평론』 132. 2013. 9/10.

하고 싶습니다. 우리가 오늘 하기 시작하면 그것이 가능해지고, 다른 사람에게 보여줄 수 있는 본보기가 됩니다."[99]

산체스 고르디요 시장의 말처럼 본보기도 있는데, 대통령을 5명이나 끌어내린 위대한 한국의 시민이 국민주권의 직접 민주주의 실천을 미룰 하등의 이유가 하나도 없습니다.

---

99 댄 핸콕스, 윤길순 옮김, 『우리는 이상한 마을에 산다』, 위즈덤하우스, 2014.

주권자 국민이 만든다, 제7공화국

마치고 광장으로!

마침내 '탈환'과 '점령'의 때가 왔습니다

마치고 광장으로!
'탈환'과 '점령'의 때가 왔습니다

전쟁은 심리전입니다. 적군의 병사들 심리를 자극하고 전의를 잃게 만드는 심리전도 있지만 지휘부의 전략전술 또한 고도의 심리전입니다. 삼국지의 제갈량은 그런 심리전의 달인이었습니다.

예수와 붓다, 마호메트는 전쟁을 통해서는 사람들의 삶을 바꿀 수 없고, 근본의 해결책이 될 수 없다고 깨달은 인류의 스승이었습니다. 예수와 붓다는 인간의 심리를 꿰뚫어 보고 그 마음상태와 눈높이에 맞추어 민중의 언어로 대화하고 치유하고 깨달음으로 이끌었던 심리치료의 달인들이었습니다. 붓다의 이런 설법을 대기(對機)설법이라고 합니다.

무학의 보따리장수 최시형은 오직 스스로 실천하는 모심과 섬김의 말과 행동으로 수많은 사람들을 감화시켜 동학교도로 입도하게 했습니다.

12.3 윤석열의 난은 하늘이 준 지역공동체 재생과 재건의 기회입니다. 하늘은 국민의 머리 위 저 높은 곳에 있는 게 하늘이 아닙니다. 사람이 하늘입니다. 시민 마음속에 있는 나, 나의 나인 이웃이 하늘입니다. 광장에 모인 수십만 수백만 주권자 국민이 하늘입니다.

똑같은 하늘 아래 똑같은 공기로 숨을 나누면서 사는 공동체 구성원들끼리 도대체 왜 그렇게 윤석열 지지냐 이재명 지지냐로 싸워야 하는지 시작과 뿌리에서부터 성찰해 볼 기회가 우리에게 기적의 선물처럼 주어졌습니다. 윤석열을 지지했던 국민도

주권자 국민이 만든다, 제7공화국

이재명을 지지했던 국민도 모두가 이 선물을 스스로 받을 수 있게 만든 산타클로스 주권자, 시민, 수령들, 국본들, 지존 공로자들입니다.

다만 한 걸음입니다. 네트워크를 출렁거리게 하고 흔들거리게 만드는 마음의 혁명입니다. 마음의 체제 전환이 한 걸음입니다.

우리 모두는 저마다 마음속에 예수를 모시고 있고 붓다를 모시고 있고, 해월과 전봉준과 박중빈을 모시고 있고, 장일순과 윤상원과 그리고 무엇보다도 나 스스로와 이웃을 모시고 있습니다. 나 자신이, 이웃들이 내 마음의 혁명과 체제 전환을 부추기는 지금 여기의 선각자들, 촉진자들 그리고 선동자들입니다. 광장의 수백만 시민이 선각자 선동자들입니다.

우리는 마음에서부터 6공 마적떼 도둑 체제를 허물어뜨릴 수 있습니다. 인간답게 살고자 간절히 소망하는 시민이라면 지금은 혁명을 선택하지 않을 수 없는 지천태(地天泰)의 때입니다. 얼치기 점술과 사술이 판치는 마적떼 패거리들과 달리 시민은 스스로 주역의 지천태 괘사와 스토리를 만들어 가는 주체들입니다. 마적떼 두목 윤석열이 밑바닥 지하벙커로 들어가고 밑바닥 3류 인생들이 수령으로 우뚝 서는 체제 전환은 지금 바로 우리 눈앞에 현실로 다가와 있습니다.

빼앗긴 주권을 탈환하는 방법 또한 간명합니다.

주권자 국민 하나하나가 바로 옆 사람의 마음속으로 들어가 함께 한 발을 내밀면 됩니다. 그리고 어깨동무하고 지역공동체 광장정치의 행동에 한 걸음 내디디면 됩니다.

그러면 놀랍게도 지역 주민들의 각종 네트워크 그물망이 출렁거리기 시작하고 뒤집혀지기 시작합니다. 그것을 우리는 생생하게 보았습니다. 서울에서 일어난 지진이 이제 밑바닥 6공체제 전환의 지진으로 지역에서도 더 깊고 더 강도 높은 지진으로 일어서고 있습니다.

주권 탈환이란 도둑맞은 물건을 되찾는 행위가 아닙니다. 그냥 주권을 당연하게 행사하는 것이 탈환입니다. 국민주권 탈환의 기존 도로가 없다면 가시나무를 쳐내며 새로 길을 만들면 됩니다. 우리는 지금 국민주권이 실현되는 제7공화국 세상의 국민발의와 국민소환 행동을 미리 연습하고 실천해보고 있습니다.

바벨탑을 버리고 바보들의 세상으로 나아갑시다

티끌모아 태산이라는 말처럼 정확한 말은 없습니다. 6공 마적떼 흡혈귀들의 권력과 부는 국민 개개인의 티끌 같은 주권과 부를 빼앗고 긁어모아 집중시키고 집적한 거대한 바벨탑입니다.

이런 거대한 바벨탑과 싸워 이기기 위해 똑같이 힘과 부를 집적 집중하는 것은 불가능할 뿐만 아니라 백전백패의 어리석은 짓입니다. 수많은 국민이 그 과정에서 학살당하고, 시민들은 깊은 패배감과 절망감과 함께 집단 정신질환을 앓게 됩니다.

우리는 이제 굳이 애써 바벨탑과 싸워 이기려고 안간힘을 쓸 필요가 전혀 없습니다. 승산 없는 싸움에 굳이 목숨을 걸 까닭

주권자 국민이 만든다, 제7공화국

이 하나도 없습니다. 시민이 싸움을 걸면 걸수록 저들 개발과 성장의 바벨탑, 마적떼 도둑들의 힘은 시민의 투쟁 에너지를 흡혈귀처럼 흡수해 더욱더 강해지기 때문입니다.

　오늘의 삶을 누리는 데도 바쁜데 공연히 분노와 적개심과 투쟁으로 심신을 낭비할 시간도 없고 까닭도 없습니다. 오늘 하루를 춤추고 노래하고 즐겁게 누리는 것만으로도 우리는 시간이 아깝고 바쁩니다.

　우리는 그저 외면하면 됩니다. 바벨탑의 권력과 부에 대해 그저 무시하면 됩니다. 그리고 다른 가치, 다른 세계관으로 광장에 모여 이웃과 함께 수다 떨고 함께 노래하고 함께 춤추고 함께 잔치밥 먹으면서 오늘 이 순간을 마음껏 누리면 됩니다.

　그들과 상대할 필요도 없고 시간도 없습니다. 이들과 맞서 이기려고 용쓰지 않는 게 눈먼 권력자들과 부자들을 이기는 가장 확실한 백전백승의 현명한 지략입니다. 외면과 무시야말로 주권자가 국민의 고혈을 빠는 흡혈귀들, 마적떼 도둑들을 이길 수 있는 가장 통쾌하고도 통렬한 수단입니다.

　다만 몬스 사케르에 올라 이들이 바벨탑 안에서 어떻게 움직이는지 불가근불가원의 날카로운 관찰과 조사, 그리고 경계는 항상 필요합니다. 저들은 늘 국민의 피를 빨기 위해 무슨 핑계를 대서라도 국민을 다시 바벨탑 안으로 들어오도록 유혹하기 때문입니다.

　다시 거듭 되풀이 반복하지만 이들 흡혈귀들의 힘의 원천은 국민 개개인의 티끌 먼지같은 피와 땀입니다. 간디의 성찰처럼 이들 마적떼 도둑 흡혈귀들을 만든 건 다름 아닌 주권자 국민

자신입니다. 국민이 스스로 착취당함과 억압당함을 받아들였기 때문에 이들이 그렇게 괴물로 성장할 수 있었습니다.

국민이 스스로 전통 시장 대신 재벌의 대형 마트나 집에서 가까운 재벌의 프랜차이즈 편의점에서 물건을 사고, 소상공인 제품 대신 재벌의 브랜드 상품을 구매했기 때문에 재벌이 저렇게 부를 축적할 수 있게 되고 국민을 마음껏 착취하고 억압할 수 있는 힘을 갖게 된 것입니다.

힘없는 티끌들이 모두 바보가 되어 봅시다. 주권자 모두 바보가 되어 봅시다. 국민이 권력과 부를 아예 싹 외면하고 무시해 봅시다. 그리고 시선을 옆으로 돌려 똑같은 바보 이웃의 손을 잡아봅시다. 국민이 모두 바벨탑과 바벨탑의 태산을 외면하고 거기 가서 농사도 짓지 말고 넘치고 넘치는 상품 만드는 일도 하지 말고 거기 가서 시장도 보지 말아 봅시다.

바벨탑 밖에서 몬스 사케르에 올라가 모든 국민이 그저 즐겁게 춤을 추면서 이웃의 티끌과 바보들과 함께 스스로 잔치밥 만들어 같이 나누어 먹어 봅시다. 자연 속에서 함께 농사짓고 함께 일하고 함께 전통 시장에 가고 함께 소상공인들 물건 사고, 그렇게 세상의 하루하루를 즐거운 하루하루로 바꾸어 봅시다.

그러면 바벨탑 안에서 마적떼 도둑들은 모두 굶어죽을 수밖에 없습니다. 태산같이 쌓아둔 돈과 금궤들, 산더미를 이룬 상품과 각종 채권 문서들은 그냥 종이뭉치와 돌멩이, 휴지조각으로 변하고 맙니다.

멈춤과 외면이야말로 바보들이 실천할 수 있는 가장 현명한

주권자 국민이 만든다, 제7공화국

행동이고 최상의 지혜입니다. 바보들이 착취당함과 억압당함을 멈추는 그 순간 바보들의 삶과 세상은 생명으로 깨어나 기적의 삶과 세상으로 바뀝니다. 티끌들이 자유인이 되고 자유의 삶을 이웃과 누리는 것, 그것이 저 권력과 부를 허무는 최상의 지혜, 싸우지 않고 이기는 길입니다. 6공 구체제와 신자유주의를 이기는 가장 슬기롭고 즐거운 비법입니다.

이제 시민은 광장에서 그럴 수 있다는 사실을 깨달았습니다. 의식주 모든 생활 분야에 재벌의 돈이 만들어 낸 고에너지 투입의 상품 대신 연대의 인간들이 만든 우애와 환대의 적정기술 제품은 얼마든지 가능하고 또 지금도 널리 사용되고 있습니다. 생협의 먹거리는 건강하기까지 합니다.

가톨릭 수도원에는 스타치오(statio)라고 부르는 장소가 있습니다. 멈춘다는 라틴어에서 유래한 말로 정거장, 역(station)의 어원입니다. 성전에 들어가기 전 잠시 멈춰 서서 호흡을 가다듬고 자신을 성찰하는 곳입니다. 불가의 참선 수행에서도 멈추고(止) 알아차리고(念) 단지 바라만 보는(觀) 일은 현실을 직시하고 진리를 깨닫기 위한 핵심 수행입니다.[100]

멈춤은 아무것도 하지 않는 중단을 의미하지 않습니다. 멈춤은 성찰이자 되돌아봄이고 지혜의 축적이자 용기입니다. 멈춤은 새로운 삶과 새로운 깨달음으로 가는 길이며 새로운 기운을 축적하는 행위입니다. 그런 새로운 기운이 없으면 파국을 극복하는 비상구나 탈출구는 찾아질 수 없습니다.

가장 중요한 멈춤은 앞만 바라보던 시선을 옆으로 돌리는 것입니다. 나를 돌아보고 나의 나인 이웃을 발견하는 것입니다.

---

100 원혜·박승옥, 『어떻게 걸어야 하나: 걷기명상』, 기적의 마을책방, 2024.

이웃과 손을 잡는 이웃관계의 회복, 그것이 내 삶을 바꾸고, 새로운 세상으로 나아가기 위한 첫걸음, 광장으로 가는 연대와 합작의 집단 발걸음입니다. 이웃과의 우애와 환대야말로 가장 귀중한 재화이며, 가장 안전하고도 강력한 사회안전망입니다.

멈춤은 지역공동체 광장정치의 시작입니다. 그러고 나서 이튿날 아침의 한 걸음 행진은 6공 체제를 허물고 마적떼 도둑들을 쓸어버리는 댐 붕괴의 서막입니다. 지역공동체는 그 진앙지입니다.

예수도 붓다도 전태일도 바보들이었습니다. 권력과 부에 눈먼 자들이 세상을 지배하고 있을 때 멈추고 먼저 눈을 떠 세상을 제대로 직시한 바보들이었습니다. 눈먼 권력자와 바벨탑의 광풍에 휩쓸려 들어가는 사람들의 그 눈먼 시각으로 보면 바보들이었습니다. 이들 바보는 그가 본 사람들의 실체를, 그가 번쩍 뜬 눈으로 본 세상의 실상을 사람들에게 설파한 선각자들이었습니다. 권력과 부에 눈멀지 말고 자신의 삶을 제대로 보라고, 눈을 떠 이 기적 같은 세상의 삶을 누리라고 소리쳤던 대자유인들이었습니다.

그리고 오늘 광장에 서서 춤을 추는 나와 나의 나인 이웃들, 수령이자 국본이자 지존인 주권자 국민은 모두 예수이고 붓다이고 전태일입니다. 제7공화국을 만드는 새벽의 건설자들입니다.

주권자 국민이 만든다, 제7공화국

지금 여기 이웃과 함께 기적의 삶을 누립시다

누구도 죽음을 기다리는 삶을 살고 싶지는 않을 것입니다. 살아 있는 동안만큼은 기적인 오늘의 삶을 마음껏 누리는 것은 적어도 이 지구상에 기적으로 태어난 인간의 권리입니다. 사람은 누구나 이런 선택을 자유롭게 할 수 있습니다. 국민이 자유인으로 사람답게 살고 자신의 삶을 누리는 것, 이것이 주권입니다.

국민이 사랑하는 사람과 이웃들과 함께 광장의 잔치밥을 먹고, 지금 여기 오늘의 삶을 같이 누리는 것, 이것이 이웃 민주주의입니다. 이웃과 자유롭게 만나고 소통하고 듣고 말하고 경청하고 대화하는 것, 이것이 주권자가 만드는 제7공화국 직접 민주주의 정치의 첫걸음입니다.

내일의 삶을 위해 오늘의 삶을 희생하는 것은 어리석은 짓입니다. 내일의 자유를 위해 오늘의 자유를 포기하는 것은 내일의 잔칫집 산해진미 때문에 오늘 하루 세 끼를 쫄쫄 굶는 것만큼이나 미련한 짓입니다. 오늘 밤 허기진 배를 움켜쥐고 기진맥진 길을 건너다 갑자기 교통사고를 당할 수도 있습니다. 지진이 일어나 잔치 자체가 취소될 수도 있습니다. 내일 어떤 일이 벌어질지 어떤 세상을 맞이하게 될지 아무도 모릅니다.

2002년 12월 2일 젊은 학생과 함께 다음 주말의 세미나 계획을 논의한 이반 일리치는 학생이 돌아간 뒤 거실 의자에 누웠습니다. 그의 거처는 독일 브레멘 대학의 근처에 있었습니다. 그는 오랫동안 객원교수로서 브레멘 대학에서 학생들이 연구자들과 함께 세미나를 해왔습니다. 몇 분 후 그의 한 친구가 들어왔을 때 이반 일리치는 조용히 잠든 상태에서 이미 다른 세상으로 떠나 있었습니다. 1926년 오스트리아 비엔나에서 지상의 생명체로 몸을 받아 울음을 터트리고 나서 76년이 지난 때였습니다.

한국에는 이반 일리치를 신앙의 이웃으로, 존경하는 스승으로, 옆에 없지만 대화를 할 수 있는 말벗의 동무로 여긴 사람들이 많았습니다.

이반 일리치는 평생을 제도와 이데올로기의 가면을 벗겨 그 폭력성과 위선을 폭로하는 작업을 한 사상가였습니다. 1971년 『학교 없는 사회를 위하여』에서는 노예를 양성하는 근대 국민교육제도를, 1974년 『에너지와 평등』에서는 현대 산업사회의 에너지 고소비 체제를, 1976년 『의료의 한계』에서는 병원이 병을 만드는 현대 의료체계를 밝은 햇빛에 낱낱이 드러내 그 실체를 사람들이 깨닫도록 했습니다. 그를 통해 개발과 성장의 현대 산업사회가 파괴한 우정과 환대의 공동체를 사람들이 스스로 재생할 수 있도록 조언하고 촉진하고자 했습니다.

이반 일리치는 사회주의자였던 살바도르 아옌데 칠레 대통령을 만났을 때 그에게 자전거를 타고 출근해야 한다고 말했습니다. 아옌데는 대통령으로서 그렇게 할 수는 없고 너무 위험한 일이라고 대답했습니다. 그러자 일리치는 당신의 집무실에서 살해되는 것보다 자전거를 타고 살해되는 것이 더 낫지 않을까요? 말합니다. 두 사람의 논쟁은 그렇게 끝나고 맙니다.

그로부터 얼마 지나지 않은 1973년 9월 11일 아옌데는 대통령궁에서 미국이 사주한 피노체트 쿠데타군에 의해 사살당합니다. 아옌데가 사살당했다는 뉴스를 듣고 일리치는 아주 튼튼한 보행

용 신발 한 켤레를 삽니다. 그리고 그것을 20년이 지난 1993년 어느날 그의 우정어린 친구이자 협력자였던 리 호이나키에게 1천 km나 되는 산티아고 순례를 권하면서 선물로 줍니다.[101]

일리치는 아옌데에게 자동차 중심 교통체계가 야기하는 에너지 과잉 소비 대신 에너지 소비가 없는 자전거와 두발 걷기의 적정기술 교통체계를 대안으로 제시했던 것입니다. 사회주의의 산업화와 개발 성장 정책 대신 산업화를 극복하는 새로운 대안의 순환경제 체제를 제시했던 것입니다.

그는 산업사회는 에너지뿐만 아니라 교육, 의료, 기술 공학 등 모든 분야에서 지속 불가능하다고 끊임없이 지적했습니다. 인간을 착취하고 억압해 노예로 만들 뿐만 아니라 '오래된 미래'인 공동체마저 파괴한다고 반복해서 환기했습니다. 일리치는 늘 대안으로 우애와 환대의 공생공락 공동체를 제시했습니다. 실제로 그는 늘 어디에 가든 친구들과 나이 어린 학생들과 함께 우정과 환대의 작은 공동체를 이루어 살았습니다.

가톨릭 신부였던 그는 체제를 뒤엎는 그의 급진성 때문에 로마 교황청에서 그를 파문하려고 소환하자 스스로 먼저 사제직을 던져 버립니다. 가장 오래된 종교 제도 가운데 하나인 로마 가톨릭 제도에서 벗어난 그는 사제 아닌 사제이자 자유인으로 평생을 살았습니다.

미래를 먼저 산 선각자로서 이반 일리치의 확신에 찬 예언은 오늘 2024/2025년 광장정치의 한국 시민들에게 확신에 찬 한 걸음의 메시지를 던져줍니다.

---

101 마릴린 스넬, 「이반 일리치: 상투성과 기계에 맞서는 현인」, 『녹색평론』 37호, 1997년 11/12월호.

"우리 모두는 절름발이들이다. 어떤 사람들은 신체적으로, 어떤 이들은 정신적으로, 어떤 이들은 정서적으로 절름발이들이다. 그러므로 우리들은 새로운 세계를 만들기 위하여 협력적으로 노력해야 한다. 파괴, 분노, 증오에 쓸 시간은 없다. 우리는 희망과 기쁨과 기념 속에서 건설해야 한다."...

"우리는 이 비인간적인 체제들로부터 도망갈 수 있다. 앞으로 나아가는 길은 산업화 시대의 모든 것을 지배하는 힘과 구조들 속에 구속되기를 원하지 않는 사람들이 발견할 것이다. 우리의 자유와 힘은 미래를 위한 책임을 받아들이는 우리의 의지에 의해 결정된다."[102]

생명살림의 한살림생협 운동 철학을 정립한 장일순은 사람을 한울임으로 모시는 동학의 인내천(人乃天, 사람이 하늘이다) 사상을 실제 일상생활에서 실천한, 말 그대로 스승이었습니다. 그는 스스로 '건달'을 자처하기도 했던 공식 칭호 서예가로서 한평생 붓으로 서화를 그려 많은 사람에게 선물로 나눠주었습니다. 1994년에 숨을 거둔 그의 그림은 지금은 꽤 고가이지만 소장자들이 대부분 가보로 여겨 매물로 나오는 게 거의 없다고 합니다.

장일순의 일화 가운데 진짜와 가짜 글씨에 대한 일화가 있습니다. 글 쓰는 작가에 대해 부업이 아니라 온힘을 다한 생업의 마음으로 간절하게 글을 써야 한다는 가르침입니다.

---

102 리 호이나키, 「이반 일리치, 1926~2002」, 『가톨릭 일꾼운동 이야기(Ⅲ)』, 참사람되어, 2010. 9.

한자의 사자성어로 술이부작(述而不作)이 있습니다. 쓰거나 말하거나 그리되 인위로 새로 지어내지는 않는다는 뜻입니다. 바른 이름, 정명(正名)을 강조하는 공자의 글쓰기 원칙이었습니다. 동양의 역사서 편찬 원칙들이기도 합니다.

어느 초겨울 저녁이었습니다... 선생님이 갑자기 한 곳에 시선을 집중하시는 것이었습니다. 무엇을 보시는가 했더니 군고구마를 파는 포장마차였습니다... "군고구마 자시겠어요?" 하고 여쭈었더니 "아니, 그게 아니고..." 하시더니 잠시 후 걸음을 멈추고 보고 계신 것에 대해 말씀하셨습니다.

"저기 군고구마라고 쓰인 글을 보게. 초롱불에 쓰여진 저 글씨를 보게. 저 글씨를 보면 고구마가 머리에 떠오르고, 손에는 따신 고구마를 쥐고 싶어지고, 가슴에는 따뜻한 사람의 정감이 느껴지지 않나. 결국 저 글씨는 어설프게 보이지만 저게 진짜고 내가 쓴 것은 죽어있는 글씨야. 즉 가짜란 말이야. 그러니까 내 글씨는 장난친 것밖에 아무것도 아니란 말이야."[103]

광장정치의 시민이 외치고 있는 구호와 응원봉, 어깨동무와 집단 행진, 수많은 유무상자의 자비행, 그것이야말로 장일순이 깨달은 간절한 진짜입니다. 생명으로 깨어나 일어서고 있는 진짜 삶입니다. 그리고 미래를 앞서 살고 있는 '진짜' 한 걸음입니다. 끝.

103 김종철, 「나락 한 알 속의 우주」, 『너를 보고 나는 부끄러웠네』, 무위당을 기리는 모임 엮음, 녹색평론사, 2004.

[붙임] 동무, 인민이란 말을 되찾아야 사상이 꽃핍니다

(* 이 붙임 글은 2005년 12월 6일 인터넷 신문 프레시안에 실린 글을 수정 보완한 것입니다.)

북극 지역에 거주하는 이누이트족은 어떤 종류의 눈과 얼음, 그리고 바람이 사람과 개와 카약의 무게를 견뎌주고 활동을 가능하게 하는지 누구보다도 더 잘 압니다. 그것이 생존에 필수 사항이기 때문입니다. 그들은 그런 눈과 얼음과 바람에 각기 다른 이름을 붙입니다. 한국인은 눈을 함박눈, 싸라기눈, 진눈깨비 등 몇 개 정도로 분류해서 부르고 있지만 이누이트족은 서로 다른 눈 종류에 따라 눈을 부르는 수십 개의 말이 있습니다.

해양 생물학자인 R. E. 요하네스는 1894년에 태어난 팔라우 어부 한 사람을 인터뷰한 적이 있습니다. 이 어부는 서로 다른 물고기 300종 이상을 알고 있었고, 전 세계 과학 문헌에 기재된 어종 자료의 몇 배나 되는 어종에 대해 그 음력 산란 주기를 정확히 알고 있었습니다. 필리핀 북서쪽 민도르 섬에 사는 하우누족은 450종 이상의 동물과 1,500종 이상의 식물을 구별합니다. 이 지역 식물에 대한 하우누족의 분류는 서구 과학에 따른 분류보다 400종 이상이나 많은 것입니다.

인류학자인 다니엘 네틀과 언어학자인 수잔 로메인이 함께 집필한 『사라져 가는 목소리들』에는 이런 사례가 수도 없이 나옵니다.[104]

---

104 다니엘 네틀·수잔 로메인, 김정화 옮김, 이제이북스, 2003.

서시베리아에 살던 한티족의 언어에는 '새'나 '물고기'로 번역할 수 있는 단어가 없습니다. 특정 종에 해당하는 말만 있을 뿐입니다. 한티어의 80%는 동사이며 특히 소리에 관련된 단어가 엄청나게 많습니다. '오리가 물 위에 조용히 내려앉는 소리'가 따로 있고 '곰이 크랜베리 숲을 걸을 때 내는 소리'를 지칭하는 단어가 따로 있습니다. '풍부'라는 단어는 한티어로 '산딸기가 많다'는 의미이고, '행복'은 '내 마음이 즐겁다'입니다. 한티족은 유럽의 문명을 받아들이면서 이름을 붙일 때 자연에서 표현을 빌려왔습니다. '사진'은 '물이 고요히 고여 있는 웅덩이'라 불렀고, '모자'는 '비를 맞지 않게 해주는 위쪽이 넓은 나무'로 번역했습니다.[105]

언어는 문화 다양성이 살아 숨 쉬는 보물창고입니다. 언어는 언어 발생 이래 인간이 자연 속에서 자연과 더불어 살아오면서 자연을 이해하고 세계를 인식하는, 세계관을 그대로 보여주고 있는 역사이기도 합니다. 사실상 생태계 보전과 문화 종다양성 보존의 열쇠는 언어 속에 있다고 해도 지나친 말이 아닙니다.

그런데 그 언어가 지금 자살이 아닌 학살을 당하면서 멸종을 향해 치닫고 있습니다.

1974년 영국령 맨 섬에서는 맹크스어를 할 줄 알았던 마지막 사람 네드 매드럴이 세상을 떠났습니다. 그의 죽음과 함께 옛 맹크스어는 이 지상에서 영원히 사라져 버렸습니다. 1987년 캘리포니아주에 살던 로신다 놀라스케스가 94살의 나이로 죽자 쿠페뇨어 사용자는 한 사람도 남아 있지 않게 되었습니다.

105　안나 레이드, 윤철희 옮김,『샤먼의 코트』, 98쪽, 미다스북스, 2003.

와포어의 마지막 사용자 로라 소머설도 1990년에 죽었습니다. 현재 미국과 캐나다의 원주민 언어 187개 가운데 80% 이상이 이제 아이들이 더 이상 배우지 않는 언어로 추정됩니다. 1992년 카프카스 북서부 지역에 사는 마지막 우비크어 생존자 테비크 에센크의 죽음과 함께 우비크어도 이 지상에서 멸종되고 말았습니다. 유럽과 접촉하기 전까지 250여 종에 달하던 오스트레일리아 원주민 언어는 이제 거의 사멸되어 버렸습니다.

이제 아메리카 원주민의 언어는 미국의 일부 주 이름으로, 다시 말해 대평원이란 뜻의 인디언 말에서 유래한 와이오밍, 친구라는 말인 텍사스와 다코타, 잔잔한 물결이란 뜻인 네브라스카, 붉은 사람이란 뜻의 오클라호마, 미래의 땅이란 뜻의 켄터키 등으로 남아 있을 뿐입니다.

지난 몇백 년 동안 세계에 알려진 언어 가운데 절반가량이 사라졌습니다. 그와 함께 자연에 깊이 뿌리내린 삶 속에서 꽃피웠던 문화, 지역 생태계에 대한 풍부한 지식과 지혜도 사라져 버렸습니다. 그와 함께 자연 속에서 자연의 한계 안에서 살 수밖에 없던 생태 순환의 공동체 삶도 사라져 버렸습니다.

이것은 정확히 얼굴 흰 사람들의 제국주의 침략과 원주민 대량 학살과 일치합니다. 영국인은 오스트레일리아의 태즈메니아 원주민을 짐승보다 못한 동물 취급하면서 강간하고, 사냥하듯 가죽을 벗기며 마구잡이로 잔인하게 죽임으로써 처음 접촉한 지 75년 만에 모두 몰살시켜 버렸습니다. 물론 태즈메니아어는 언어학의 관점에서 매우 희귀하면서도 가치 있는 언어였음은 두말할 나위가 없습니다. 우비크어의 사멸도 19세기 말 러시아의 시베리아 침략과 원주민 대학살의 결과였습니다.

가끔 우리 사회에서도 영어 공용화 주장이 심심찮게 나오는 것을 볼 수가 있습니다. 참으로 단순무식하면서도 그처럼 위험한 파시즘 발상이 나올 수 있는 우리 사회의 토양이 우려스럽기만 합니다. 그것은 그만큼 우리 사회에는 미국이나 서양의 문화제국주의에 깊숙이 침윤된 '누런 피부 흰 가면'의 친미파들이 너무나 많다는 사실을 입증하는 증거가 아닐 수 없습니다.

1950년 6월 25일 일어난 6.25동란 당시 수백만에 이르는 민간인이 억울하게 대량 학살당했습니다. 이 끔찍한 홀로코스트의 상처는 아직도 우리 사회 곳곳에 남아 유령처럼 떠돌고 있습니다. 6.25동란 이후 남한에서는 '빨갱이'란 용어가, 북한에서는 '반동분자'라는 용어가 무소불위의 저승사자 역할을 하며 남북한 사회를 각기 기형의 정신병동 사회, 증오와 학살을 당연시하는 전체주의 사회로 만들어 버렸습니다.

그 가운데 남쪽의 가장 심각한 문제는 사상과 문화를 반공이라는 가시철망투성이의 절대 감옥에 가두어 놓아 버렸다는 점입니다. 반공 이외의 다른 모든 것을 아예 싹까지 잘라내 버리는 기형의 사상과 문화가 몇십 년을 지배하고 있었고, 여전히지금까지도 시시때때로 위세를 떨치고 있습니다. 물론 북쪽 또한 반미와 주체사상이라는 극단의 고립된 철벽 감옥을 높이 쌓아놓고, 자유로운 사상과 문화의 꽃을 아예 질식시켜 버렸다는 점에서는 똑같습니다.

'동무', '인민'이란 말의 역사는 아마도 제일 도드라진 경우일 것입니다. 동무와 인민이란 말은 해방 후 좌우대립과 6.25동란

과정에서 무참하게 학살당한 언어입니다.

동무는 친구라는 조금은 딱딱한 듯한 한자어나 동지라는 다분히 이념의 냄새가 풍기는 말에 비해 정말 따뜻하고 어릴 적 함께 뛰놀던 뒷동산의 풀과 흙냄새가 물씬 풍기는 정감 어린 말입니다. 그런데 우리는 이 말을 근 반세기 동안이나 마음놓고 쓸 수 없었습니다.

인민이란 말도 마찬가지입니다. 인민이 천부인권을 받은 개개인의 자유와 권리를 강조하는 말이라면 지금 우리가 흔히 쓰는 국민이란 말은 엄밀히 하면 서구 근대 국민국가의 탄생과 함께 만들어진 용어로서 국가주의 용어입니다. 특히 일본 제국주의자들은 '황국신민'을 줄여서 쓰던 황민과 함께 국민이란 말을 대일본제국을 강조할 때 늘 사용했습니다. 인민과 국민은 명백히 다른 개념의 말인 것입니다. 굳이 선후를 따지자면 인민이 먼저이며, 인민이 있어야 국민도 생길 수 있습니다. 국가가 없어도 민, 인민은 살아갈 수 있지만 국가가 없으면 국민은 흔적도 없이 소멸하여 버립니다.

인민이란 말은 영어의 피플을 번역한 것입니다. 링컨이 게티스버그에서 민주주의를 정의한 그 유명한 연설은 "인민의, 인민에 의한, 인민을 위한 정부는 지상에서 영원히 사라지지 않을 것"이라고 번역합니다. 루소의 정치사상은 인민주권론이라고 번역합니다. 이런 데서나마 인민이란 말을 가끔 발견할 수 있을 정도로 지금 한국에서는 인민이란 말은 소멸 직전의 위기로 내몰리고 말았습니다.

애초에 대한민국의 제헌국회 헌법 초안은 인민이란 말을 사용하고 있었습니다.

제1초고. 1948년 4월

전문. 유구한 역사와 전통에 빛나는 우리들 조선 인민은....

제2조. 국가의 주권은 인민에게 있고 모든 권력은 인민으로부터 발생한다.[106]

그런데 초대 국회의장으로 대통령으로 선출될 것이 거의 확실한 이승만이 인민이란 말은 공산주의자들이 쓰는 말이기 때문에 써서는 안 되고 국민이라는 말을 쓰라고 명령을 내렸습니다. 그러자 윤치영이란 자가 국회에서 이의를 제기해 결국 헌법 초안에서 인민이란 말이 국민으로 전부 바뀌고 맙니다. 나중에 일본 제국주의의 식민지 지배 체제와 비슷한 독재체제를 유지하려다가 4.19혁명으로 '인민'에 의해 쫓겨난 이승만다운 짓거리였습니다. 제헌국회 헌법 초안 제정 작업을 했던 유진오는 회고록에서 인민이란 말을 쓰지 못하게 된 것에 대해 정말 아까운 말을 빼앗겼다고 안타까워했습니다.

인민이라는 용어에 대하여 후에 국회 본회의에서 윤치영 의원은 인민이라는 말은 공산당의 용어인데 어째서 그러한 말을 쓰려 했느냐, 그러한 말을 쓰고 싶어 하는 사람의 사상이 의심스럽다고 공박하였지만, 인민이라는 말은 구대한민국 절대군권 하에서도 사용되던 말이고, 미국 헌법에 있어서도 인민people, person은 국가의 구성원으로서의 시민 citizen과는 구별되고 있습니다. 국민은 국가의 구성원으로서의 인민을 의미하므로, 국가 우월의 냄

---

106 유진오, 『헌법기초 회고록』, 108~111쪽, 일조각, 1980.

새를 풍기어, 국가라 할지라도 함부로 침범할 수 없는 자
유와 권리의 주체로서의 사람을 표현하기에는 반드시 적
절하지 못합니다. 결국 우리는 좋은 단어 하나를 공산주
의자에게 빼앗긴 셈입니다.[107]

물론 국민이란 말은 조선 시대에도 존재했던 용어이긴 합니
다. 1395년 태조 당시에 여진족이 모두 조선의 '국민'이 되기를
원합니다(皆願爲國民)는 말이 조선왕조실록에 나옵니다. 조
선 시대 내내 주로 쓰인 민(民), 신민(臣民)이란 말 대신 아주
특별한 경우에 다른 지역의 민과 견주어 나라를 강조하기 위해
국민이란 말도 사용했던 것입니다.

또 임진왜란 당시 군사를 모집하기 위해 면천법(免賤法)을
시행하면서 사천(私賤)을 제외하려는 움직임에 대해 유성룡은
사천은 국민이 아니냐고 주장을 하고 있기도 합니다. 두 경우
다 모두 나라의 백성 민이라는 의미였습니다. 조선 시대 내내
국민이란 용어는 거의 사용되지 않았습니다.

19세기 말 이래 조선에서 사용한 국민이란 말은 명백히 서구
의 국민국가 개념이 도입된 용어였습니다. 1904년 창간된 대한
매일신보는 처음부터 국민이란 용어를 동포, 민, 신민이란 용어
와 함께 사용했습니다. 국채보상운동이 한창이던 1907년 2월
16일 자 대한매일신보 기사를 보면, "지금 국채 1,300만 원이
있으니... 삼천리 강토는 우리나라의 소유도 우리 국민의 소유
도 되지 못할 것이라... 2천만 동포가 석 달만 담배를 끊어..."라
고 쓰고 있습니다. 당시 막 태동하고 있던 국민 정체성은 일본

107 유진오, 『헌법기초 회고록』, 65쪽, 일조각, 1980.

에 저항하는 국민국가의 주체라는 정체성으로 형성되고 있음을 엿볼 수 있습니다. 그래서 때로는 국민이란 말과 인민이란 말은 서로 비슷하게 혼용되어 사용되는 경우가 더 많았습니다.

　인민이란 말은 19세기 말 서구 근대 문명이 아시아로 물밀듯이 밀려 들어올 때 한중일 3국에서 영어 피플(people)의 번역어로 선택한 용어입니다. 사람 인(人)과 백성 민(民)을 절묘하게 조합해서 만든 조어였습니다. 20세기 내내 동아시아에서 자유인이자 근대 국민국가의 주권자로서 인민이란 용어는 말이건 글이건 어디서나 늘 사용되는 상식의 용어였습니다.

　무엇보다도 국민이란 근대 국민국가의 등장과 함께 만들어진 상상의 산물이자 조어였습니다. 특히 식민지 조선에서 국민이란 일본제국주의의 황국신민을 줄인 말이었습니다. 조선인은 '조선'이란 국가의 국민이 아니라 대일본제국의 전체주의 국민이었습니다. 그래서 거의 모든 식민지 조선인은 늘 조선 국민이라고 하지 않고 조선 인민이라고 자신들을 호명했습니다. 물론 극소수 친일 매국노들은 대일본제국의 국민으로서 국민을 찬양하고 친일 부역 행위의 대가로 호의호식하며 살긴 했습니다. 그러나 그들도 본토인과 대비되는 2등 국민으로서 조센진이란 비하 표현으로 멸시를 받기는 마찬가지였습니다.

　일제시대 내내 그리고 해방 이후 6.25동란 이전까지 인민이란 말은 누구나 입에 달고 쓰던 말이었습니다. 당연히 이승만도 일제 식민지 시대 내내, 그리고 해방 이후에도 인민이란 말을 사용했습니다. 심지어는 1948년 7월 17일 제헌 헌법이 탄생한 뒤에도 이승만은 공식 기념사나 담화문에 인민이란 말을 사용했습니다. 그 자신이 빨갱이 용어를 사용한 위험 분자였던 셈입니다. 아래는 독립기념관에서 운영하는 한국독립운동사 정보시스템에서 검색한 자료 가운데 몇 가지만 추린 것입니다.

美國人民으로 하여금 韓國의 情形을 알지 못하게 하며 또 美國政府를 속이여 曰 韓國人民은 日本의 保護國됨을 情願합니다 하니 그 外交手段의 怪惡함을 可知하리로다.
- 이승만 연설, 독립신문, 1919. 12. 2

동서양 각 주에서 국제적 강도들에게 압박받는 나라 중 우리 한국 인민의 고통이 가장 극심하지 않았습니까... 대한민국 임시정부 주미외교위원 부위원장 이승만
- 태평양전쟁 발발에 즈음한 이승만의 성명서/공포서, 국민보, 1942. 1. 28

그런데 이 협의회는 인민의 여론을 대표하는 기관으로서 우리 정부가 수립될 때까지 과도기관이기 때문에...
- 이승만 독립촉성협의회에 대하여 언명, 동아일보, 1945. 12. 11

이때에 우리의 유일한 진행 방법은 대외 선전이니 선전만 잘하여 미국 인민의 동정을 얻어 가지면 통치문제와 38도 문제가 다 해결될 것이니 여러 동포는 이에 주의하시오.... 민국 27년 12월 4일 서울에서 이승만
- 미-포(미국 하와이) 우리 동포에게, 북미시보, 1946.

3. 1.

맥아더장군은 금반 일본 인민의 민주주의적 의사 발표의 기회를 주기 위하여 신선거를 실시하리라고 언명하고 있으나...
- 미국 체재 이승만 조선 문제에 관해 담화 발표, 동아일보, 1947. 2. 12

나는 전 민족에게 충고하노니 미국정부나 우리 인민이나 전적으로 정권 이양 키를 결정지은 것이요
- 이승만 행정권 이양교섭 경과 발표, 조선일보, 1948. 8. 11

이 제도로 성립된 정부만이 인민의 자유를 보장하는 정부입니다.
- 이승만 대통령의 대한민국 정부 수립 국민축하식 기념사, 한성일보, 1948. 8. 16.

그러나 한 사람의 비법 행위가 있더라도 이를 방임하면 모든 법을 무효로 만들기 쉬우니, 그 결과는 순량한 인민에게로 돌아가는 것입니다.
- 이승만대통령 양곡 매입에 적극 협력할 것을 당부하는 담화를 발표, 국제신문, 1948. 11. 2

남한공화국 대통령 이승만씨는 말하기를... 미국 인민으로 하여금 자기들의 집들을 공산파 침격(侵擊)에서 방어

하게 될 시일을 재촉하게 되는 것입니다.
  - 일본 철군설에 관하여, 국민보, 1949. 2. 23.

  옹진반도의 전투 보고는 내가 믿기로는 침략을 악하다 혐의해서 자치에 대한 인민의 권리를 존중하는 모든 인민을 고무할 것입니다. 사실들은 분명합니다. 우리는 동 지역에 그 안전을 확보하기에 충분한 우리 군대를 이동시켰다.
  - 이승만씨의 성명, 국민보, 1949. 8. 3.

  그리스 도시국가에서는 노동을 하지 않으면서 정치에 참여하는 도시의 구성원을 시민이라고 불렀습니다.
  로마법은 모든 사람을 자유민과 노예로 구분하고 자유민을 다시 시민과 비시민으로 구분했습니다. 로마 시민은 로마 제국에 거주하는 전체 주민을 가리키는 개념이 아니라 정치 경제 특권을 향유하고 있던 특별한 계급, 비시민과 노예가 아닌 자유민 계급을 지칭했습니다.
  서구 중세 시대에는 새로운 유형의 도시공동체가 생겨나면서 시민 개념에도 변화가 일어납니다. 그리스 로마와 달리 상인과 수공업자 중심으로 조세를 납부하지 않을 자유를 쟁취한 자유도시가 생겨나면서 신민이면서 동시에 자유인인 시민계급이 생겨났습니다. 이들은 투쟁을 통해 새로운 지위와 신분을 획득해 나갔습니다. 이들을 부르조아라고 불렀습니다.

  6.25동란이 끝나고 남과 북에는 각각 인민과 국민이 체제 이데올로기 용어로 명확하게 자리 잡았습니다. 국민은 반공 정신

주권자 국민이 만든다, 제7공화국

병동과도 같은 군사독재 체제, 유신체제에 순응해야만 하는 수동의 국가 신민으로 전락했습니다. 인민은 오직 수령의 올바른 영도에 의해서만 주체성을 갖고 역사 발전의 주체 지위를 얻을 수 있는 수동의 인민대중으로 전락했습니다.

다시 강조하지만 인민과 국민은 개념이 다른 말입니다. 인민을 빨갱이 용어라 사용할 수 없다고 하는 주장은 인민의 자유와 권리를 하찮게 여기고 주권을 갖고 있는 주인으로서의 주체성을 무시하는, 정말 무식하고 무지막지하기 짝이 없는 독재자나 하는 소리입니다.

국가에 앞서 먼저 인민이 있습니다. 주권자인 인민은 국가를 만들어 삶을 영위할 수도 있고, 국가 없이 살아가는 방식을 선택할 수도 있습니다.

인민이 제대로 서야 진정한 애국자 '국민'이 나올 수 있습니다. 노예에 가까운 존재로 전락해 버리는 국가주의 파시즘의 국민으로부터 진정한 애국심을 기대하기는 어렵습니다.

동무란 단어를 빨갱이 단어로 낙인찍고 인민이란 말을 쓰기가 겁나는 세상에서 사상이 깊어지고 문화가 꽃피울 것을 기대하기는 어렵습니다. 그것은 사상과 문화가 꽃을 피우기는커녕 사상과 문화의 사막화를 초래하는 야만의 언어 학살, 사상 학살, 문화 학살입니다. 그런 사회는 절름발이 사회, 아주 천박한 사상만이 판치고 단세포의 문화가 지배하는 불임 사회일 뿐입니다.

단일민족이나 단일종의 위험성에 대해서는 굳이 더 설명하지 않아도 널리 잘 알려져 있습니다. 단일민족이나 단일종은 종다양성이 꽃피는 경우에 비해 비교할 수 없을 정도로 금방 멸종되어 버릴 위험성이 높습니다. 환경 적응력이 그만큼 취약하기 때문입니다. 1840년대 아일랜드 대기근은 단일 품종의 감자만을 재배한 결과, 병충해가 돌자 아예 감자씨가 말라버려 생긴 재앙이었습니다. 오늘날 바나나가 이런 단일종과 단작의 위험에 노출되어 있어 조만간 바나나가 멸종되고 말 것이란 우려가 나오고 있는 것도 이 때문입니다.

극단으로 치닫는 우리 사회의 양극화와 빈곤층 문제를 해결하기 위해서는 사회 각 분야가 모두 나서서 다양한 해법을 진지하게 모색해야 합니다. 그런데 아직도 어떤 대안에 대해 그것은 사회주의 발상이다, 공산당 견해와 똑같다, 종북 빨갱이와 똑같은 짓이다 등등의 간 떨어지는(!?) 소리를 하는 경우를 보게 됩니다. 그것도 집권당이나 그 영향력이 막강한 언론, 경제단체 등에서 공공연하게 주장합니다. 이것은 참으로 근시안의 안타까운 일이 아닐 수 없습니다.

아직도 그런 주홍글씨의 낙인을 찍으려는 반공 전체주의자들이 자유로운 사상을 억압하고 표현의 자유를 압살하려 한다면 이는 대한민국 헌법 정신과 민주공화국의 정체성을 부인하는 이적행위라고 보지 않을 수 없습니다. 정확히 말하면 북한 전체주의자들과 똑같이 대한민국을 유일사상의 감옥으로 만들고자 획책하는 매국 행위입니다. 이런 행위는 인민으로 하여금 아무런 대안을 모색조차 하지 못하게 하고 우리 사회를 미래의 싹이 자라지 못하는 불모의 사회로 전락하게 만듭니다.

주권자 국민이 만든다, 제7공화국

동무와 인민을 다시 되살리는 것은 우리 사회를 사상과 문화의 종다양성이 꽃피는 사회로 나아가기 위한 첫걸음입니다. 동무와 인민이란 말 위에 엄청나게 많이도 쳐진 가시철망들을 벗겨내고 거리낌 없이 사용하는 일은 우리 사회의 대안을 찾고 미래의 종다양성을 진지하게 모색하기 위해서 반드시 해야만 하는 일입니다. 그래서 저는 '동무'와 '인민'이란 말을 당당하고 또 거리낌 없이 쓰고자 합니다.

　이웃을 내 몸처럼 생각하는 '동무'들이라면, 저 쪽방에서 시들어가는 '인민'의 고통을 한 번만이라도 느낀다면, 열대 밀림이 껍질까지 벗겨지고 있는 지구 생태계의 신음소리를 단 한 번만이라도 들을 수 있다면, 그러면 이제 더 늦기 전에 한 발짝 행동으로 나서야 합니다. 동무, 인민 만만세! 끝.

주권자 국민이 만든다, 제7공화국

1판 1쇄   2025년 2월 15일

지은이   박승옥

편집   서동민
인쇄   상지사

펴낸이   박승옥
펴낸곳   기적의 마을책방
출판등록   2018년 1월 3일 제712-96-00538호

주소   충남 공주시 사곡면 운정길 35 햇빛학교
전화번호   041-841-2030

ISBN 979-11-988211-2-6

값 15,000원

기적의 마을책방 출판사의 책

한 권의 책일지라도 기적의 마을책방 카페에 올리거나 직접 연락해주시면 바로 책을 보내드립니다.
(기적의 마을 책방 카페 https://cafe.naver.com/miraclecombook)

///

『어떻게 걸어야 하나: 걷기명상』
원혜·박승옥 함께 걷고 박승옥 적다

우리는 대부분 걸으면서도 걷기에 집중하지 않고 다른 일, 다른 생각을 하며 걷습니다. 이 책은 어떻게 하면 걷기에 집중할 수 있는지, 어떻게 하면 몸과 마음의 근력을 키울 수 있는지 조언하는 안내서입니다.

///

『지금 여기 전태일』 민종덕·박승옥 지음

21세기 극단의 불평등, 극단의 기후지옥, 초지능 등장 시대에 노동자들이 자유인으로 해방되기 위한 〈지금 여기 전태일행동〉

「어떤 작별」
　　　민종덕

「초지능과 기후지옥 세상, '지금 여기 전태일'은 어떤 삶을 선택할 수 있을까」
　　　박승옥

☀ 지금 여기 전태일 행동은 이런 일을 합니다.

마음이 불타고 있습니다. 나와 우리의 마음이 만들어낸 세상이 불타고 있습니다. 욕망과 성냄과 어리석음으로 인한 고통이 나와 이웃의 삶, 세상을 감옥에 가두어 놓고 있습니다.

지금 여기 멈추고, 숨을 깊이 들이쉬고 내쉬면 자비와 연민으로 불타는 우리의 마음과 세상을 껴안을 수 있습니다. 감옥에서 탈출해 대자유인의 삶으로 나아갈 수 있습니다.

앞으로가 아니라 옆으로 시선을 돌리면 백팔십도 다른 삶과 세상이 펼쳐집니다. 새로운 삶으로 전환하는 첫걸음은 '질문하는 책읽기'입니다. 나를 낯설게 하고 질문하는 성찰의 글쓰기와 독서토론입니다.

햇빛학교 기적의 마을책방은 이런 활동을 합니다.(리모델링 공사 중인 책방은 2025년 가을에 개소할 예정입니다.)

☀ 〈책읽는 기적의 마을 주민〉을 모집하고, 마을 주민들과 함께 책읽기-글쓰기 온라인 플랫폼을 운영합니다.
☀ 〈지금 여기 오늘의 책〉 캠페인을 전개하고, 매달 저자와의 대화를 엽니다
☀ 1박2일 북스테이, 예술치유 명상 캠프 등을 운영합니다.
☀ 〈나를 위한 글쓰기〉, 비경쟁 독서토론, 심야 책방 등의 프로그램을 진행합니다.